핀란드가 말하는

핀란드 경쟁력 100

100 SOCIAL INNOVATIONS FROM FINLAND

일까 따이팔레 엮음　**조정주** 옮김

비아북
ViaBook Publisher

■ 핀란드 대통령 추천사

혁신은 더 많은 기회를 창출한다

일까 따이팔레 교수는 기막히게 난처하거나 매우 즐거운 상황에 놓여 있을 때 유용한 아이디어가 떠오른다고 합니다. 그런 아이디어 중 하나가 바로 핀란드의 사회적 혁신으로 이어집니다.

혁신이라는 단어는 새로운 물질의 개발이나 상업적 서비스에 자주 쓰이지만, 사회적인 면에서도 '혁신'을 찾아볼 수 있습니다. 사회적 혁신은 시민들의 참여를 촉진하고 생활수준, 건강, 교육 그리고 참다운 삶을 향상시키는 실질적인 해결책입니다. 이렇게 혁신의 개념을 넓히는 것은 좋은 일입니다. 참다운 삶이란 기술적 발달뿐만 아니라 사회적 창안에서 나오기 때문입니다.

이 책은 다양한 종류의 사회적 창안과 혁신을 담고 있어 재미있게 읽을 수 있습니다. 이러한 사회적 혁신들이 얼마나 훌륭한지, 중요한지, 독창적인지 구분할 필요는 없습니다. 이 모든 창안은 일상생활을 더 편리하게 할 뿐만 아니라 중요한 정치적 결정과 국가의 안녕을 위한 사회정책을 실행하는 데 실질적인 도움을 주는 해결책입니다.

제가 개인적으로 좋아하는 혁신은 평등을 위해 더 많은 기회를 창출해내는 것인데, 무상교육과 학비 보조가 바로 그러한 예입니다. 사회·경제적 배경에 상관없이 누구나 교육을 받을 수 있게 하는 것은 매우 중요한 가치입니다. 이 책은 또한 전통적으로 매우 인기 있는 '아프리카의 별'이라는 보드게임을 비롯하여 그 외 많은 흥미로운 창안을 담고 있습니다.

전 편집장인 아이모 카이라모는 따이팔레 교수와의 작업이 언제나 가치 있는 일이었으며, 이 책 또한 그 좋은 예가 된다고 하였습니다. 핀란드의 사회적 혁신에 다른 나라에서도 관심을 가진 덕분에 여러 언어로 번역된 것으로 알고 있습니다.

참다운 삶을 촉진하고 보장하기 위해서는 언제나 계속적인 개발과 개선이 필요합니다. 이 책이 여러 분야에서 이전보다 더 새롭고, 더 나은 혁신을 창조해내는 데 기여하기를 바랍니다.

사울리 니니스토 Sauli Niinisto

혁신, 삶의 일부가 되다

『핀란드 경쟁력 100』이 어느덧 세계 17개국 언어로 출판되어 전 세계인의 주목을 받고 있습니다. 일까 따이팔레 박사가 엮은 이 책은 핀란드의 주요 사회적 창안을 흥미로운 방식으로 소개하고 있습니다. 여기 소개된 대부분의 혁신은 이미 핀란드인의 일상에서 아주 당연하고 기본적인 삶의 일부로 자리 잡았는데, 외국 생활을 하는 동안 새삼 그 중요성과 가치를 절감하게 되었습니다. 핀란드인 역시 최근에야 이 사회적 창안들이 핀란드가 복지국가를 이루는 데 직·간접적으로 기여했다는 사실을 깨달았습니다.

『핀란드 경쟁력 100』을 통해 한국인이 핀란드와 핀란드인의 삶의 방식을 더 잘 이해할 수 있기를 진심으로 바랍니다. 이 책은 흥미로운 이야기뿐만 아니라 진중한 사안들도 다루고 있습니다. 예를 들어 단원제 의회부터 탁아 서비스, 식기 건조 캐비닛부터 문자메시지 서비스, 자일리톨부터 사우나에 이르기까지 핀란드라는 나라와 핀란드인의 삶의 방식을 방대하리 만큼 다양한 각도에서 조명합니다.

마지막으로, 이 책을 한국어로 훌륭하게 번역하고, 출판되도록 아 낌없는 노력과 기여를 해준 조정주 님께 깊은 감사를 표합니다.

마띠 헤이모넨Matti Heimonen

크고 작은 창안들이
핀란드를 만들었다

'서양 문명이 무엇이라고 생각합니까?'라는 물음에 마하트마 간디 Mohandas Gandhi 는 이렇게 대답했습니다.

"그것은 하나의 좋은 아이디어(a good idea)가 아닌가."

북유럽 복지국가는 오늘날 승승장구하는 노르딕 국가로 거창하게 소개되고 있습니다. 핀란드 외교부가 최근 북유럽 국가들이 국제적으로 성공한 사례를 소책자로 발간한 것도 좋은 예입니다. 아직까지 우리 사회에는 빈곤·취약 계층과 해결하지 못한 사회문제가 남아 있는데, 이 소책자가 작은 부분이나마 이들 문제를 다루고 있어 다행입니다.

다른 나라와 마찬가지로 핀란드 역시 오랫동안 기술 발명이 경제 발전의 기초였습니다. 그래서 공과대학이나 노키아 Nokia 와 같은 하이테크 기업에 대한 평판이 높고, 국민총생산의 약 4퍼센트를 연구개발에 쏟아붓고 있습니다.

최근에는 사회적 화합의 기초로, 그러나 특허화하기는 힘든 사회적 창안 innovation 에 대한 관심이 높아지고 있습니다. 특히 양성평등, 무상

교육, 보편화된 사회안전망, 의회민주주의, 그리고 이들이 어우러져 이루어내는 사회의 안정은 핀란드의 사회복지를 유지시켜주고 있습니다. 이 책에서는 핀란드의 100가지 사회적 창안 이야기가 진지하면서도 흥미롭게 펼쳐집니다. 글쓴이들은 새로운 아이디어를 고안하거나 받아들이거나 적용해온 사람들로, 연령대도 제각각이고 핀란드 사회의 다양한 부문과 이념적 성향을 대표하고 있습니다. 이 책에서 그들은 핀란드가 시작한 단원제 의회 이야기를 하는가 하면 식기 건조 캐비닛을 설명하고 탁아 서비스, 리눅스, 심지어 산타클로스와 나무껍질 빵의 뒷이야기를 들려주기도 합니다.

분명 이 책에 포함되지 않은 훌륭한 창안도 있을 것입니다. 그것들은 개정판에서 추가할 것이므로 부디 좋은 제안을 많이 내놓으시기 바랍니다. 핀란드의 100가지 창안을 다루고 있는 이 책은 핀란드어로 출간된 이후 영어, 일본어, 중국어, 러시아어, 스웨덴어로 번역되었습니다. 또 앞으로는 핀란드의 과학적 창안이나 기술 발명을 다루는 책이 출간될 수 있고, 다른 나라에서도 이러한 책들이 출간된다면 지구촌의 많은 나라는 서로에게 새로운 자극이 될 것입니다.

글을 써준 모든 분들, 그리고 입법보좌관 까트리 쉐데르홀름Katri S derholm과 올가 보로프코바Olga Borovkova, 책의 구성과 표지디자인을 해준 삘비 따이팔레Pilvi Riikka Taipale, 삽화를 그려준 요오나스 루오또넨Joonas Luotonen에게 감사하다는 말을 전하고 싶습니다.

정말 즐거운 마음으로 이 책을 만들었습니다!

일까 따이팔레Ilkka Taipale

핀란드의 힘은 어디서 왔는가

핀란드는 세계 상위권의 국가경쟁력, 선진적인 복지정책, 교육의 우수성으로 국내에서뿐만 아니라 해외에서도 많은 관심을 받아 왔습니다. 저도 늘 핀란드가 어떤 나라인지 내심 궁금했는데, 운 좋게도 그 궁금증을 해소할 수 있는 기회가 생겼습니다.

2008년 주 핀란드 대사로 부임한 남편과 함께 참석한 외교단 리셉션에서 핀란드의 전 국회의원이자 이 책의 엮은이인 일까 따이팔레Ilkka Taipale 박사를 만나 『100 Social Innovation From Finland』라는 책을 소개받았습니다. 이 책은 핀란드의 역사와 독특한 제도, 사람들의 사는 모습, 선진 경제를 이룩하게 된 배경 등을 이해하는 데 큰 도움이 되었습니다.

핀란드는 한반도 면적의 1.5배가 넘는 국토를 갖고 있으며, 인구는 550만 명입니다. 2014년도 IMF 보고서에 따르면 1인당 국민소득은 5만450달러입니다. 국가 청렴도와 국가경쟁력 평가에서 세계 최상의 순위를 유지하고 있고 국제학업성취도평가PISA에서도 우수한 성적을 거두고 있습니다.

핀란드의 경쟁력은 꾸준한 타협의 문화와 사회통합, 투명성 그리고 사람을 가장 소중한 자원으로 여기는 교육의 힘에서 나오는 것 같습니다. 국가를 위해 일하는 사람뿐만 아니라 일반 국민도 투명성과 신뢰를 중시하고 실천하고 있습니다.

핀란드의 복지는 현장과의 긴밀한 소통, 투명하고 체계적인 재정 관리, 정부의 구체적이고 진정성 있는 복지 정책이 선순환 구조로 효율성 있게 이루어진 결과입니다. 세금 납부에 대한 국민들의 거부감이 크지 않아 안정적인 세수 확보를 통해 원활한 복지가 이루어지고 있습니다.

덕분에 기업가도 사회 전체의 공익을 생각합니다. 핀란드의 한 기업가는 이런 말을 남겼다고 합니다. "내 자녀들은 나와 같은 부자 부모를 만나 편안하게 공부할 수 있지만, 불행하게도 가난한 가정에서 태어나 어려운 가정 형편 때문에 학업을 계속할 수 없는 아이들이 있다면 나는 그 아이들의 미래와 희망을 위해 기꺼이 세금을 내겠다."

핀란드 교육의 힘은 질 높은 교사 그리고 그들에 대한 국가적 차원의 투자와 재투자, 교사를 존중하는 학생과 학부모, 사회 전반적인 교사에 대한 신뢰에서 나온다고 봅니다. 이러한 배경 아래서 학생은 우수한 학업 성취를 이루고 교사는 자율권을 부여받습니다.

핀란드에는 무조건적인 교사들의 자율권의 주장, 무조건적인 하향 평준화식 평등, 무조건적인 복지가 없습니다. 핀란드에도 분명 경쟁은 존재합니다. 하지만 언제나 누구에게나 균등한 기회가 제공되고 평가는 공정하게 진행됩니다. 핀란드 사람들은 교육에서뿐만 아니라 사회에서도 한 사람의 낙오자도 만들지 말자는 생각을 갖고 있습니다.

핀란드는 대체 어떤 나라이기에 이런 경쟁력들을 갖고 있는 것일까? 이 책은 그러한 궁금증에서 시작되었습니다. 핀란드와 우리나라는 역사적, 문화적, 사회적 배경이 다르지만 그들에게 배울 점은 무엇인지, 그들은 우리와 어떻게 다르고, 어떻게 살아가고 있는지를 살피다 보면 그에 대한 답을 얻을 수 있으리라 생각했습니다. 핀란드에 관한 유익하고 정확한 정보와 그들의 문화와 생활 모습을 알려줌으로써 한국 사람들이 핀란드를 이해하는 데 조그마한 도움이 되었으면 하는 마음에 이 책을 소개하게 되었습니다.

2010년, 이 책을 처음 번역할 당시 한국어판 출간을 흔쾌히 허락해준 편저자 따이팔레 박사님께 감사드리고 핀란드어 원본과 대조하고 교정과 편집 자료 수집 등을 도와준 주 핀란드 대사관의 이지영, 안띠 레빠넨Antti Lepanen, 까이사 까르비넨Kaisa Karvinen 등 스태프들에게도 고마움을 전합니다.

조정주

차례

핀란드 대통령 추천사 혁신은 더 많은 기회를 창출한다 _사울리 니니스토 _3

주한 핀란드 대사 추천사 혁신, 삶의 일부가 되다 _마띠 헤이모넨 _5

엮은이의 말 크고 작은 창안들이 핀란드를 만들었다 _일까 따이팔레 _7

옮긴이의 말 핀란드의 힘은 어디서 왔는가 _조정주 _9

제1부

핀란드의 국가행정

001 핀란드 의회와 여성의 정치 참여 _18

002 헌법위원회 _23

003 미래위원회 _27

004 지방정부 _32

005 투명성의 원칙 _35

006 주민등록제도 _40

007 연립정부의 전통 _45

008 노사정 3자주의 _48

009 여성의 선거권과 40퍼센트 할당제 _52

010 부정부패 척결 _55

011 이중 공용어 제도 _58

012 올란드 _62

013 사미족 _66

014 북방 차원 _70

제2부

핀란드의 사회정책

015 사회주택 _76

016 슬럼가가 없다 _81

017 Y-재단 _84

018 학생주택 _87

019 24시간 서비스 주택 _90

020 집시족의 지위 _94

021 주택회사 모델 _98

022 고용연금제도 _102

023 탁아 서비스 _105

024 가정양육수당 _109

025 아빠 육아휴가 _114

026 무료 산모 육아용품 _117

027 무료 학교급식 _121

028 참전 상이용사 후생복지 _125

029 아빌리스 재단 _129

030 가정간호수당 _133

031 국립보건복지연구원 _137

032 빈곤 퇴치 _141

033 대출조정과 보증재단 _144

034 사회신용대출제도 _147

035 주류 판매의 국가독점 _150

036 11월 운동 _154

037 3퍼센트 이론 _158

038 법률구조와 범죄피해보상 _162

039 형사사건 중재 _165

제3부

핀란드의 국민보건

040 지역보건센터 _170

041 임산부와 아동진료소 _174

042 대학생 보건진료재단 _177

043 직업보건연구소 _180

044 교통사고 사상자 수를 절반으로 _183

045 북까렐리아 프로젝트 _187

046 정신분열증 진료 프로젝트 _191

047 자살 예방 국가 프로젝트 _195

048 성병 통제 _198

049 담배 관련 입법과 소송 _201

050 자일리톨 _ 205

051 실증 의료지침서 _ 207

제4부

핀란드의 문화와 교육

052 핀란드 문학협회 _ 212

053 도서관은 생활의 일부 _ 215

054 핀란드의 종합학교 _ 219

055 무상 고등교육 제도 _ 223

056 핀란드 학생들의 학업능력 _ 227

057 대학의 지방 분산화 _ 231

058 학생 학비 보조 _ 235

059 색 · 도형으로 악보 보기 _ 238

060 국가연구발전기금 _ 241

061 기술혁신지원청 _ 244

062 음악학교 _ 247

063 성인교육 _ 249

064 정부의 문화단체 지원 _ 253

065 이야기 대화법 _ 256

제5부

핀란드의 지방과 시민사회

066 노르딕 협력기구 _ 262

067 쌍둥이 도시 또르니오-하빠란다 _ 265

068 지역별 결연원조운동 _ 270

069 비무장 섬 올란드 _ 273

070 까렐리아 주민의 재정착 _ 278

071 핀란드의 비폭력 저항운동 _ 282

072 단체 공화국 _ 285

073 핀란드 슬롯머신협회 _ 289

074 노동조합 결성 _ 292

075 정당 보조금 지원 _ 295

076 학생회의 경제적 자치 _ 298

077 핀란드 청년협조동맹 _ 302

078 핀란드 여성단체연맹 _305

079 개발협력봉사센터 _308

080 1퍼센트 운동 _312

081 가능성의 시장 _316

082 평화 정거장 _321

083 공동책임운동 _326

084 단식일 운동 _328

제6부

핀란드의 일상생활

085 리눅스 _334

086 문자메시지 서비스 _338

087 인터넷 실시간 채팅 _342

088 화염병 _345

089 핀란드식 품앗이, 딸꼬 _348

090 사우나 _350

091 산타클로스 _353

092 세우라사아리 성탄절 길 _359

093 만인의 권리 _364

094 얼음낚시 _368

095 겨울수영 _372

096 핀란드 스포츠, 뻬시스 _376

097 여성 10킬로미터 달리기 _380

098 노르딕 워킹 _384

099 식기 건조 캐비닛 _388

100 아프리카의 별 _392

좌파와 우파의 내전을 겪은 지 90년.

아직도 핀란드 국민 모두는 그 공포를 생생하게 기억하고 있다.

그 때문일까. 이념적 분단보다 국민 공통의 숙명적 과제를

먼저 살펴야 한다는 열망이 훨씬 더 강해졌고,

그 열망과 '미래의 비전'을 바탕으로 구성되는 연립정부는

정치적 안정과 국가 발전을 일구어냈다.

001 핀란드 의회와 여성의 정치 참여　　**002** 헌법위원회

003 미래위원회　　**004** 지방정부

005 투명성의 원칙　　**006** 주민등록제도

007 연립정부의 전통　　**008** 노사정 3자주의

009 여성의 선거권과 40퍼센트 할당제　　**010** 부정부패 척결

011 이중 공용어 제도　　**012** 올란드

013 사미족　　**014** 북방 차원

제1부

핀란드의 국가행정

001

핀란드 의회와
여성의 정치 참여

세계 최초로 여성 의원을 배출한 나라, 핀란드!
핀란드 의회는 핀란드 이노베이션의 원천이다.

처음에는 도대체 '핀란드 의회'가 24시간 서비스 주택이나 담배에 관한 규제 법안과 같은 사회적 창안이라고 말할 수 있는지 의아했다. 그러나 이 책에서 다룬 많은 창안의 원천이 세계에서 처음 여성의 정치 참여를 실현한 핀란드 의회에서 비롯되고 있다는 사실을 곧 깨닫게 되었다. 나는 핀란드 최초의 여성 의장으로 9년간 의회를 이끌었고, 핀란드 의회에 높은 가치를 부여하고 싶은 입장에서 적어도 그렇게 생각한다.

1906년 핀란드 대공국Grand Duchy of Finland 의회는 선거법과 의회법을 제정했다. 그럼으로써 핀란드는 유럽에서 가장 원시적인, 네 개의 사회계급Estates을 대표하는 의회제도에서 가장 현대적이라고 일컬어지는 단원제 의회로 전환했다. 1906년 10월 1일 발효된 새 의회법에 따라 보통선거와 평등선거가 확립되었다. 여기서 중요한 점은 여성에게도 남성과 동등한 참정권(투표권과 피선거권)이 부여되었다는 것이다. 다시 말해 24세 이상의 모든 핀란드 사람들에게 투표권이 주어졌으며, 그 결과 하룻밤 사이에 이전의 열 배나 되는 120만 명이 참정권을 갖게 되었다.

여성에게 참정권이 부여된 것은 핀란드가 처음이 아니라는 주장도 있다. 뉴질랜드와 호주, 그리고 미국의 몇몇 주에서 더 일찍 여성에게 투표권이 주어졌고 그중 일부에선 피선거권도 주어졌다는 이야기가 있다. 그러나 어느 경우에도 여성이 당선된 적은 없었다. 핀란드에서는 1907년 세계 최초로 여성 의원이 의사당에 앉게 되었다. 이렇게 남성과 여성이 동시에 그런 권리를 누린 사실은 핀란드가 갖는 힘이요 아주 특별한 일이다.

이 모든 일은 핀란드 대공국이 러시아 황제의 압제하에 있던 시대에 일어났다. '기회의 창'이 갑자기 열린 것은 제정러시아가 쓰시마 해전을 비롯해 일본과의 전쟁(1904~1905년, 러일전쟁)에서 대패하면서였다. 제국 내에 존재하던 여러 불안요소와 모든 사회계급을 망라한 총파업(핀란드에서도 발생)이 확산되자 러시아 황제는 핀란드의 새 의회법을 승인하지 않을 수 없었다.

물론 당시 상황이 큰 영향을 주었지만, 핀란드 사람들은 이미 의회 제도의 기초를 닦아놓고 있었다. 정당이 결성되진 않았지만 현명한 의사결정을 필요로 했다. 레오 메쉴린Leo Mechelin의 정치적 수완은 높이 평가받았으며, 남녀 모두 열심히 일했다. 당장 해결해야 할 문제도 많았다. 의회 단원제 문제부터 핀란드어와 스웨덴어의 공용어 문제,

핀란드 의회 본회의장. 핀란드 의회는 단원제로 4년 임기의 의원 200명으로 구성된다.

징병제도 등에 이르기까지. 뒤이어 입헌군주제 도입 여부에 관해서도 격렬한 토론이 벌어졌다. 결국 단원제 의회로 개혁하자는 결정이 내려졌다. 단, 대위원회Grand Committee를 두어 상원 역할을 맡겼다. 이 대위원회가 최근 유럽연합EU 문제를 다루고 있는 데서도 볼 수 있듯, 상원 역할을 훌륭히 수행하고 있다.

핀란드 여성협회는 보편적 선거권을 확보한다는 목표를 갖고 있었다. 회원들의 생각도 그러했는지는 불분명하지만. 1889년에 여성 선거권을 주장하는 책을 펴낸 초대회장 루시나 하그만Lucina Hagman이 이끄는 여성권익협회도 같은 입장이었다. 그런데 여성노동조합은 보다 분명하게 보편적 선거권을 지지했다. 여성협회와 여성권익협회가 강조한 점은 여성조합의 입장과 조금 달랐다. 보편적 선거권을 확보하기 위한 투쟁과 금주 문제는 밀접하게 얽혀 있었다. 금주법과 민주주의에 대한 요구사항을 큰 그림의 한 부분으로 보았다. 그래서 보통 선거와 평등선거를 성취하려는 목표는 1898~1899년 금주법 운동 기간 중에도 대중의 큰 관심을 불러일으켰다.

어쨌든 보편적이며 평등한 선거권과 피선거권이 핀란드에서 성취되었으며, 당시 핀란드에서 가장 국제화된 여성 정치가 알렉산드라 그리펜베리Aleksandra Gripenberg도 영국에 머무는 동안 이 사실을 알고 크게 놀랐다고 할 정도였다. 그 후 그리펜베리는 독특한 방법으로 행동의 기회를 잡은 핀란드 여성들에게 세계의 이목이 집중되고 있음을 청중들에게 일깨워주곤 했다. 여성의 교육 문제도 시급한 사안이었다. 여성이 힘있는 자리를 차지하거나 더 높은 교육을 받기 위해서는 성별에 따른 부담을 줄여야 한다고 국가에 호소해야 했다. 매춘과 같은 도덕적 이슈도 큰 논란거리였다. 모든 여성단체가 눈을 부릅뜨고 매달렸다. 남성들과 함께 일하면서—오늘날에도 남아 있는 현상이지만—외모에 대해 평가 당하고, 노처녀라거나 뚱뚱하다는 이유로 조롱을 받던 때였다.

그로부터 100여 년이 지난 오늘날, 축하할 만큼 그동안 이룬 성과가 많지만 아직도 미완상태에 놓여 있는 문제가 적지 않다. 가족 관계 법령, 여성의 임금과 출산 문제 등은 매일같이 언론매체에 등장한다. 1994년에는 첫 여성 의장이, 2000년에는 첫 여성 대통령이, 그리고 2003년에는 첫 여성 총리가 선출되었을 만큼 핀란드 여성의 지위는 향상되었다. 사회·경제계에도 수많은 여성 명사가 활동 중이고 여러 분야에서 돌파구가 마련되어왔다. 그럼에도 여전히 불만은 남아 있다. 의회에서 논란이 되고 있는 사안들을 보면 웃어야 할지 울어야 할지 종잡을 수 없는 것들이 많다. 1907년 〈가정과 사회〉지 11월호는 여성들의 공동노력으로 의회가 매춘 금지를 결정했다고 보도했는데, 지금도 의회는 성매매 문제를 논의하고 있다. 제1대 선거에서 여성들은 자신들의 투표로 핀란드에서 음주를 영원히 근절시킬 수 있다고 믿었지만, 21세기에 들어선 지금도 알코올 문제를 놓고 열띤 토론을 벌이고 있다.

이런 점들을 모두 감안해보면, 20세기 초의 현명했던 남녀 정치인들을 본받아야 함을 새삼 깨닫게 된다. 핀란드에 단원제 의회는 적합한 해결책이었다. 이제는 나라의 명예와 영광을 위해 의회가 자기 역할을 더 잘해야 한다. 지금까지 핀란드 사람들은 남녀 의원들이 이루어낸 성공을 만끽해왔다. 1907년 러시아 의회 의원들도 축하전문을 보내와 핀란드 여성들을 칭송했다. 그 중 하나가 카자흐스탄 출신 의원들이 보낸 것인데, 그 내용은 이러했다.

'비록 속국이지만 위대한 나라에서 여성들에게 당연한 높은 지위를 부여한 것에 우리가 경의를 표할 수 있어 행운입니다. 일국의 시민으로서 완전한 권리를 향유하는 핀란드 여성들이여, 만수무강하십시오.'

002

야르모 부오리넨 Jarmo Vuorinen
핀란드 의회 사무부총장

헌법위원회

핀란드에는 헌법재판소가 없다.
의회 내에 헌법을 통제하는 헌법위원회가
그 역할을 효과적으로 대신한다.

핀란드에는 헌법재판소가 없다. 법률의 위헌성은 입법 과정에서 의회 내 14개 특별위원회 중 하나인 헌법위원회가 심의한다. 1906년 의회를 개혁하면서 헌법위원회는 상임기구가 되었다. 이들 특별위원회의 주요 임무는 본회의에서 원활한 의사결정이 이루어지도록 돕는 것이다.

헌법위원회는 헌법적 조항의 입법과 개정 또는 폐지를 뜻하는 사안 및 헌법과 관련된 입법사항을 본회의 결정에 앞서 심의하는 곳이다. 여기에는 선거법, 정부 최고기관들에 관한 법, 그리고 올란드 자치정부, 시민권, 공용어, 정당 등에 관한 법률이 포함된다.

그러나 최근의 의회 회기를 살펴보면 헌법 관련 입법 composition of memoranda은 헌법위원회의 부차적인 기능이 되어버렸다. 오히려 지금은 다른 특별위원회에서 심의된 사항의 위헌성 여부를 검토해 의견을 제시하고 있다. 그러한 의견 송부는 1987~1990년 51건에서 1990~2002년 199건으로 꾸준히 증가했다.

핀란드 헌법 제74조는 '헌법위원회는 제안된 법률안과 심의에 회부된 여타 사안의 위헌성 및 이들의 국제인권조약과의 관계에 대하여 의견을 내야 한다'고 규정하고 있다. 이에 덧붙여 핀란드의「의회 의사규칙」제38조는 '어느 위원회에서 제안된 법률안 또는 심의 중인 여타 사안에 관하여 위헌성 또는 인권조약과의 관계에 대하여 의문이 제기되는 경우, 그 해당 위원회는 헌법위원회에 검토 의견을 요청해야 한다' 라고 규정하고 있다. 이들 규정은 의회 내에서 토의되는 사안에 대해 헌법적 통제를 가능케 하는 체계적인 틀을 제공하고 있다. 이것이 바로 핀란드만의 독특한 제도다. 즉 의원들로 구성·설치되어 있는 기구가 헌법적 통제를 하고 있는 것이다. 이 제도는 거의 150년 전에 확립되어 지금까지 이어지고 있다.

헌법을 통제한다는 점에서 이 위원회는 헌법을 해석하는 사법기관으로 기능하고 있으며, 의원 제명의 법적 조건이나 장관들의 절차상 위법성에 관한 의견을 본회의에 제출한다는 점에서는 '비정치적' 기능도 하고 있다. 그럼에도 위원회의 구성만큼은 다른 특별위원회와 마찬가지로 의회 내부적인 정치적 힘의 균형을 반영하고 있다.

헌법위원회가 사법적 사안을 다루는 경우 공정성을 확보하기 위한 중요한 요소가 있다. 그중 하나는 사법적 해석에 관한 사안에서 의회 계파들이 그룹의사 표결 방식을 취하지 않는다는 점이다. 장관들도 헌법위원회 소속 위원의 독립적 판단에 영향을 주려 하지 않는다. 헌법적 사안은 순전히 헌법위원회 소속 위원의 판단에 달려 있다. 그리고 헌법위원회는 앞서 내린 결정과 일관성 있게 판단하도록 노력한다.

또한 헌법위원회는 헌법적 해석에 관한 개별 사안에서 결론을 도출하기 위해 여러 대학의 헌법전문가들에게 자문을 구한다. 전문가들은 해당 사안에 관한 위원회의 해석 정책을 검토하는 동시에 자신의 해석 권고안을 제시한다. 이들 전문가의 견해는 모든 측면에서 동일하지 않다. 물론 헌법위원회가 전문가들의 다수 의견을 반드시 따르지는 않지만, 그렇다고 그들의 일치된 견해를 무시할 수는 없다. 전문가들의 권고와 주장은 위원들의 의견 구성에 기본 틀을 제공하며 추후 위원회 회의에서 더 깊이 토의되고 발전된다. 그 결과 최근 들어 위원회가 내린 판단 중 상당수가 만장일치로 이루어지고 있다. 그런데 어느 한 위원이라도 견해가 다르다면, 위원회의 결론에 '소수 의견'을 포함시킬 수 있는 권리가 인정된다.

헌법위원회는 세안된 법률안의 합헌성을 평가하는 검토 의견을 낸다. 만약 법률안이 헌법에 어긋난다고 판단되면, 그 법률안의 헌법 합치를 위한 수정 방안을 제시하고 의견서에 포함시킨다. 헌법위원회가 제시하는 수정안은 법안 형태가 아니지만, 수정하고자 하는 목적을 적시하고 그 목적이 달성될 수 있는 방안의 예를 포함시킬 수 있다. 실제로 모든 특별위원회는 헌법위원회의 의견을 따르고 있다. 최종적으로, 본회의 심의에서 법률안이 헌법에 합치되도록 하는 것은 의회의 의장 책임이다.

일반적으로 헌법위원회는 헌법 해석의 권한에 관한 한 완전한 신뢰를 받고 있다. 헌법위원회가 수행하는 '예비적 통제'가 오랫동안 법률의 헌법 합치를 통제하는 유일한 형식이었기 때문이다. 1919년에 제정된 핀란드 헌법에 의하면, 법률의 위헌성 판단은 법원의 소관이 아니었다. 그 후 사정이 조금 바뀌었는데, 신헌법 106조는 '만약 법원이 심리하는 사안에서 어떤 법률의 적용이 명백하게 헌법과 충돌한다면, 그 법원은 헌법 규정을 우선시해야 한다'고 규정하고 있다.

2000년 신헌법 발효 이후 8년 동안 법원이 어떤 법률에 대해 헌법 규정이 우선한다는 결정을 내린 사례는 단 한 차례밖에 없다. 이는 곧 의회 내 헌법위원회가 헌법을 통제하고 있음을 잘 보여주는 것이다.

003

이르끼 까따이넨 Jyrki Katainen
2003~2007 핀란드 미래위원회 위원장
현 핀란드 재무부 장관

미래위원회

핀란드 의회는 입법권, 예산권 외에
국가의 장기 발전 방향에 대해
구체적 대안을 모색하는 '비전 제시 권한'을 가진다.

모든 나라에서 의회의 권한은 입법권과 예산권을 중심으로 나뉜다.
그런데 핀란드 의회는 독특한 권한을 하나 더 갖고 있다. 일종의 '비
전제시 권한visionary power'이라고 할 수 있는데, 이를 위해 핀란드 의
회 내엔 약 15년 전에 미래위원회Committee on Future라는 특별위원회가
창설되었다. 이 위원회에 부과된 과제 중 하나인 '기술 발달이 사회에
미치는 영향에 대한 평가'는 다른 나라의 경우 대개 과학기술위원회
에 배정된다. 그러나 핀란드의 미래위원회는 비록 부차적 과제이지만
기술 발달을 보다 포괄적인 미래에 초점을 두고 다룬다. 이런 점에서
핀란드의 미래위원회는 세계에서 단 하나밖에 없는 특별한 창안이다.
　2000년 헌법 개정으로 미래위원회는 다른 특위(임시위원회)와 달리

미래지향적인 모습의 핀란드 의회 건물.
미래위원회는 관심 과제를 핀란드 사회의 거시적 발전 방향에 초점을 맞추어 다룬다.

상임위원회로 격상되어 그 기능이 강화되었다. 이 기구의 발전에는 의원들의 끈질긴 노력이 결정적이었다. 미래위원회야말로 의회가 생산한 사회적 창안이라고 할 수 있다. 미래를 대비하는 논의, 그리고 종합적 미래정책에 관한 포럼을 창설하자는 제안은 의회에서 나왔다. 반대하는 주장도 있었지만 대다수 의원이 이 제안을 관철하기 위해 노력했다. 그러나 몇 해가 걸렸다.

이미 1986년에 전체 의원 200명 중 133명이 입법기구의 일부로 '미래연구반'을 만들자는 제안에 서명했다. 처음엔 문서를 돌리며 토의했지만 구체적인 결과를 이끌어내지 못했다. 토의는 계속되었고 1992년에 절대다수인 의원 166명의 명의로 법안을 만들었지만 실제 표결에서는 부결되었다. 미래위원회가 창설된 후 초대위원장을 맡았던 에로 팔로헤이모 Eero Paloheimo와 마르띠 티우리 Martti Tiuri가 그 당시 가장 열성적인 의원이었다. 그렇게 난항을 겪을 즈음 헌법위원회도 '의회와 행정부 간에 국가의 장기적인 문제와 대안에 관해 토의하고 미래정책을 수립하는 것은 국가를 위해 반드시 필요하다'는 권고안을 발표함으로써 미래위원회 탄생에 한몫을 했다.

1992년 헌법위원회는 정부가 '미래의 발전방향'에 관한 보고서를 의회에 제출해야 한다는 견해를 밝혔다. 미래연구 방법론에 기초해 사회발전을 위한 필수적 요소와 대안적 미래발전에 관하여 종합적인 보고서를 제출하라는 것이다. 추가적으로 정부에 사회발전의 목표를 제시하라고 요청했다. 의회가 정부에 이러한 임무를 부여해야 한다고 결정하면서 정부가 향후 제출하는 보고서를 심의할 위원회가 구성되었는데, 그것이 바로 미래위원회다.

현행 규정에 따르면, 미래위원회는 회부된 국정 문서를 심의하는 동시에 다른 위원회 소관 사항 중에서 미래 관련 사안, 즉 미래의 발전 요소와 발전모델에 연관되는 사안에도 권고안을 제출한다. 미래위원회는 미래탐구와 방법론에 관련된 연구를 수행하고, 기술의 발전과 그것이 사회에 미치는 영향을 평가하는 의회기구이기도 하다. 미래위원회의 연간 예산은 작지만 외부에 연구와 보고서 용역을 준다. 그러나 이 위원회의 주요 임무는 정부가 제출하는 미래보고서(백서)를 검토하고, 그에 대한 의회의 답안을 내는 일이다. 가장 최근의 보고서는 '에너지 안보와 기후 변화'에 관한 것이었다. 그에 앞서 '인구정책과 테크놀로지에 대한 평가'도 중요 과제로 다루어졌다.

이 위원회에 맨 처음 부여된 자발적 권한은 해를 거듭하면서 강화되었다. 매 의회 임기 초기에 미래와 관련된 주요 사회 이슈를 선정한다. 그러고 나서 다른 기관과 협력해 선정한 이슈에 관한 보고서를 만든다. 이들 보고서 중 일부는 본회의에서 토의되기도 한다. 그 대표적인 보고서로는 철학자 뻬까 히마넨Pekka Himanen과 협력해 작성한 「세계 정보사회의 도전Challenges of the Global Information Society」, 꾸오피오Kuopio 대학교 보건연구단과 미래학자 오스모 꾸우시Osmo Kuusi와 협조해 작성한 「건강관리의 미래The Future of Health Care」 등이 있다. 또한 미래위원회는 '혁신적 지역 발전과 사회적 자본'에 관한 연구를 수행했는데, 그 보고서들은 언론의 주목을 받았고 지금도 계속 토의되고 있다.

미래위원회는 창설 후 15년간 매 의회 임기마다 핀란드 사회에 가장 적합한 주제에 초점을 맞추었다. 예를 들면 세계화, 신기술, 지식경영, 사회적 창안 등과 같은 것이다. 지난 의회 임기 중에는 미래학자 미까 만네르마아Mika Mannermaa와 협력해 '미래 혼란 속에서의 민주주의Democracy in the Turmoil of the Future'라는 제목으로 핀란드에서의 민주주의 전망을 발표하고 2007년에 보고서를 발간했다. 그보다 앞선 2006년 여름에는 핀란드 의회 100주년을 기념하며 「민주주의와 미래Democracy and Futures」라는 보고서를 발표했다. 이것은 세계적인 미래학자들이 100년 후(2100년)의 민주주의에 관해 쓴 논문을 편집해 출간한 것이다.

핀란드의 미래위원회는 계속 그 독보적인 위치를 다지면서 세계의 주목을 받게 되었고, 이것을 모방한 다양한 형태의 조직이 다른 나라에서도 속속 창설되고 있다.

004

삐까 노우시아이넨 Pekka Nousiainen
1999~2007 핀란드 의회 의원
지자체연맹 회장

지방정부

각 지방정부는 크기나 위치에 상관없이
모든 주민들에게
충분하고도 높은 수준의 서비스를 제공한다.

핀란드는 헌법에 따라 지역 주민들의 자치에 기초해 운영·관리되는 지방정부municipalities로 구성되어 있다. 지방정부의 의사결정권은 주민들에 의해 선출되는 지방의회가 행사하며, 지방정부 행정에 관한 일반 원칙과 지방정부의 의무는 법률로 정해져 있다. 핀란드의 지방정부는 지방세 징수권을 갖는 등 광범위한 권한도 갖고 있다. 이와 같이 지방정부는 지방자치법에 의거해 자체적으로 또는 법률에 따라 부여된 기능을 수행한다. 즉 지역별로 공통적이거나 지역 주민에게 중요한 일, 그리고 다른 공공기관이 수행하지 않는 기능을 관할하는 것이다.

한편 지방정부는 법률에 따라 권한과 의무가 추가적으로 부여되거나 취소되기도 한다. 이러한 기능들은 지방정부의 특정적 권한 범위를 구성하는데 교육, 보건, 광범위한 사회복지 서비스 등이 포함된다. 나아가 지방정부는 주민들의 여가활동, 레크리에이션, 주택, 주거환경 개선과 유지(도로, 상하수도 등)뿐만 아니라 용지 사용 계획과 기능적 구조 개선에 관한 책임을 진다.

지방정부가 수행해야 할 가장 중요한 임무는 주민들에게 충분하고도 높은 수준의 공공 서비스를 제공해야 한다는 것이다. 또한 관할 지역에 활력을 불어넣어야 하는데 안정적인 주거환경 마련, 기업의 활동과 발전 도모, 고용 창출 등을 수행해야 한다.

지방정부의 수입원 중에서 세수입은 지방정부의 역할 수행에 결정적인 원천이다. 세금징수권은 지방정부가 자체적으로 또는 법률에 따라 부여된 역할 수행을 가능하게 해주는 중요 초석이다. 가장 중요한 것은 지방세로, 2007년 지방세 수입은 130억 유로에 이르렀다. 매년 법인소득세 수입이 10억 유로를 조금 웃돌고 부동산세 수입도 연간 10억 유로에 불과한 데 비하면 큰 액수다. 모든 지방정부는 가능한 한 광범위한 징수 기반을 확보하기 위해 온힘을 기울인다. 왜냐하면 재정이 넉넉해야 법률에서 정한 바대로 지방자치가 가능하고, 법률이 요구하는 기능 수행에만 몽땅 소진하지 않고 지역 발전에도 사용할 수 있기 때문이다.

영토가 광활한 핀란드 내의 지방정부들은 지리적 자연환경이 다양한데다 특색 있는 지역에 위치하고 있어 그 조건이 서로 다르다. 따라서 국가는 지방정부들 간에 세수입의 차이를 해소하는 데 필요한 수단을 강구해야 하고, 각 지방정부의 크기나 위치와 상관없이 모든 주민에게 균질의 서비스를 제공할 수 있도록 재원을 마련해줘야 한다. 지방자치제도와 관련한 핵심적인 헌법상 원칙 중 하나는, 지방정부에 새로운 임무를 부여할 때 국가는 지방정부가 그 서비스 수행에 필요한 재원을 확보해줘야 한다는 것이다. 이런 점에서 핀란드는 국가(중앙정부)와 지방정부의 관계가 매우 훌륭한 상태에서 유지·발전되고 있음을 분명하게 확인할 수 있다. 뿐만 아니라 지방의 재원, 지역 주민 간의 균등한 사회복지를 확보해주는 국가의 지방보조금제도도 매우 잘 운영되고 있다.

005 투명성의 원칙

라쓰 레흐또넨Lass Lehtonen
HUS 행정관리 수석 의사

투명성의 원칙은 시민에 의한 정부 통제를 용이하게 하며,
민주주의가 실제로 번성하는 것을 돕는다.

핀란드는 개방적인 민주주의 사회다. 핀란드는 헌법 제21조에 의거하여, 법정 심리의 투명성, 소명의 권리, 정당한 판결을 받을 권리, 항소의 권리뿐만 아니라 공평한 재판과 선정善政의 보장 등 민주주의 원칙을 규정하는 별도의 법을 마련하고 있다.

소위 '투명성의 원칙'은 종종 스웨덴의 제도로 여겨지는데, 사실 핀란드가 스웨덴 왕국에 속한 시기에 이룩된 제도의 하나다. 그 원칙을 체계화한 것이 핀란드 사람들인데, 1760년대 스웨덴 의회에서 동-보스니아Otrobothnian 교구를 대표하고 있던 안더스 치데니우스Anders Chydenius가 대표적이다.

18세기 전반, 스웨덴 왕국은 위기를 겪고 있었다. 러시아와의 전쟁

에서 두 차례나 패하고 부정부패가 만연해 왕국의 존립마저 위협받을 지경이었다. 이와 동시에 계몽주의 사상이 팽배해져 국민에 대한 더 많은 권력의 이양, 권력 소유자에 대한 통제의 확대—예를 들면 몽테스키외가 주창한 '3권 분립' 등의—요구가 최고조에 달했다. 그러나 네 개의 사회 계급으로 구성된 의회는 권력 남용을 감시하는 권한을 제대로 행사하지 못했다. 또한 검열제도가 시행되어 정치 토론의 자유를 제한받았다. 그리하여 1750년대에 귀족 이외의 신분 사회에서는 '정보 자유Freedom of Information' 사상이 태동하여 광범위하게 주창되었다.

안더스 치데니우스는 1765~1766년 '정보의 자유'가 법규화되도록 열성적인 로비를 펼쳤다. 그리고 그 결과 치데니우스가 그간 많은 메모와 글에서 밝혔던 견해를 대부분 반영한 법안으로 초안이 잡혔고, 1766년에 의회가 이를 수용함으로써 '정보의 자유'는 헌법의 한 부분이 되었다. 그 법은 "모든 사람은 정부의 문서에 접근할 수 있으며 그 사본을 만들 수 있는 권리를 갖는다."고 규정하였다. 이 법은 스웨덴과 핀란드인에게 다른 어느 나라보다 더 광범위한 정보의 자유를 보장하였다. 이에 더하여 정부의 모든 공문서가 일반에게 공개되도록 하였다. 이것은 정부의 활동을 감시하는 제도로서 이전에는 전혀 예상하지 못한 하나의 커다란 혁신이었다.

스웨덴 왕국 헌법은 핀란드가 1809년 러시아의 지배하에 들어가게 된 후에도 그대로 적용되었고 이 법률 또한 마찬가지였다. 1917년에 핀란드가 러시아로부터 독립하였을 때도 투명성의 원칙은 '정보의 자유에 관한 법률'의 중요한 부분이 되었다. 오늘날 이 원칙은 더욱 자세하게 규정되어 정부 활동의 투명성을 규정하는 법규의 대부분을 차지한다. 이 법의 한 조항은 공무원이 생산하는 모든 문서는 비록 법제화되지 못하더라도 늘 공공성을 갖는다고 규정하고 있다.

동시에 공문서에 대한 접근의 제한은 극히 예외적인 경우에 한한다. 국민 절대다수가 공개를 제한하는 것이 불가피하다고 용인하는 법적 요건을 갖춘 경우에만 제한할 수 있다. 이는 공무원 개인이나 부처의 관점에서 볼 때 어떤 정보가 단지 곤란하다고 해서 그 정보의 공개를 차단시키지 못한다는 내용이다.

더 나아가 정보공개의 원칙은 공무원의 업무 처리 효율성을 확고히 하고, 특혜나 차별주의가 공무 절차를 훼손하지 못하도록 방지해준다. 많은 연구 조사에서 핀란드는 세계에서 가장 부패가 덜한 나라 중 하나로 꼽혀왔다.

이와 함께 핀란드의 '정보 자유 법'과 관련 법규는 정부의 공문서가 모두 필수적으로 일반에 공개되어야 하는 것은 아니라는 규정을 두고 있다. 공공의 이익(국가 안보, 범죄 예방) 노는 사적인 이익(아동 또는 사생활 보호)은 정보의 비밀 유지가 가능한 근거가 될 수 있다. 그러나 개인에게 영향을 미칠 수 있는 공식적 결정은 대부분이 공개되고 있다. 모든 개인의 과세 대상 연간 소득과 실제 납부 세금 액수는 늘 타블로이드판 신문 보도를 통해 공개될 정도다.

만약 어떤 공무원이 일반 개인에게 정부 문서 사본 제공을 거부하는 경우에는 거부의 이유를 포함한 서면 결정서를 공식적으로 전달해야 한다. 이런 형태의 행정 결정은 행정법원 제소 대상이 될 수 있으며 그곳에서 문제는 개별 사안별로 처리된다. 이와 같이 사법제도에 의해서도 모든 공문서가 잘 공개되고 있는지 효과적으로 감시되고 있다.

또한 언론은 투명성의 원칙이 실제로 잘 시행되고 있는지를 면밀히 감시하는 주체이기도 하다. 정부 관리가 정보에 대한 언론의 접근을 막으려 시도하면 곧바로 법적 대응으로 이어져 비판적 기삿거리가 되는 것이 예사다. 최근 몇 년 사이 법원의 판결로 정보공개가 이루어진 재미있는 사례가 있다. 공무원 개인의 비용 지출 내역, 택시 요금 청구 내역, 심지어 기말고사에서 각 고등학교가 받은 성적 랭킹이 공개된 것도 법원 판결의 결과였다. 반면에 법원 심리를 거쳐 공개가 거부된 예도 있다. 과거 핀란드인이 동독 보안경찰과 내통한 사건과 관련하여 핀란드 정보 당국이 외국의 정보 소스로부터 파악한 내통자들의 명단을 비밀로 유지되도록 한 것이 하나의 사례다.

정치 생활 면에서도 투명성의 원칙은 몇 가지 기능을 한다. 이 원칙이 모든 개개인에게 정보에 대한 접근 권리를 보장해줌으로써 '정보화사회Information Society'의 시민 평등 의식은 더욱 높아졌다. 동시에 투명한 정부를 확고히 하는 효과도 있다. 열린 정부는 정의의 실현을 우선적으로 보장한다. 이를테면 투명성의 원칙이 있기에 정부는 양질의 의사결정을 내리게 되는 것이며 그만큼 정의의 공평한 구현이 보장된다.

투명성의 원칙은 시민이 정부를 효과적으로 통제하는 데 도움이 되고, 용이하게 변화하도록 이끄는 역할을 한다. 여론 형성을 촉진하여 민주주의가 실제 번성하도록 도울 뿐만 아니라 언론의 질을 향상시킨다. 오늘날 정보화 시대에서 투명성의 원칙은 공무원들이 임무 수행 과정에서 정보를 제대로, 철저히 관리해야 한다는 요구이기도 하다. 공무원들은 공문서와 정보시스템, 접근성, 유용성, 완벽성 그리고 정보의 보호를 잘 관리해야 한다. 정보의 질에 영향을 주는 다른 요소들에 대해서도 그렇다. 따라서 정보를 단지 요구하는 대로 제공하는 것만으로는 충분치 않으며, 모든 사람에게 진정한 정보 접근이 이루어지도록 해야 한다. 공무원들이 작성한 여러 종류의 자료가 명확한 체제로 정리되어 있어야 시민들이 원하는 정보를 쉽게 찾을 수 있을 것이다.

이 투명성의 원칙은 핀란드와 스웨덴으로부터 세계 다른 나라로 퍼져나가 그 나라 사정에 맞게 받아들여졌다. 한 예로 1966년 미국에서는 '정보의 자유에 관한 법'이 만들어졌다. 현재 위키피디아Wikipedia에 따르면 85개국 이상이 그와 유사한 법을 입법한 것으로 나타난다. 핀란드와 스웨덴이 유럽연합EU도 투명성의 원칙을 따를 것을 요청한 결과, EU 설립 조약을 개정하는 '암스테르담 조약' 채택 과정에서 공문서의 공개 열람에 관한 조항이 포함되었다. 이 조항에 근거하여 유럽의회와 유럽이사회는 공문서 접근에 관한 법(1049/2001호)을 통과시켜, 유럽의회, 이사회, 집행위원회가 생산하는 모든 문서에 대해 일반인의 접근을 보장하도록 규정하였다. 이런 과정을 거쳐 투명성의 원칙은 유럽의 보편적 법률의 하나로 발전하였다.

006

한누 룬띠아라 Hannu Luntiala
주민등록센터 소장

주민등록제도

모든 국민은 국가인구정보시스템NPIS이
부여하는 신분 번호를 갖는다.
이는 엄격히 관리되며 국가 행정 등
여러 분야의 업무 효율성을 높이는 데 일조한다.

핀란드는 이미 16세기에 교회가 교인들의 등록을 시행하기 시작한 것과 동시에 나라 전 지역에 거주하는 주민들을 등록하기 시작했다. 이 제도는 주민들의 납세와 병역을 원활하게 집행하는 데 그 주된 동기가 있었다. 당시 스웨덴-핀란드 왕국은 많지 않은 인구가 전국에 흩어져 사는 가난한 나라였다. 그래서 왕국으로서는 광범위한 행정·군사적 조직 유지를 위해 징병 대상 인구, 징세 대상 시민과 재산에 관한 정보가 필요했다. 이런 정보들은 지역별로 작성된 문서에서 수집되었다. 이러한 정보 문서로부터 주민등록제도가 탄생하였고, 재산에 관한 정보 문서로부터 재산 소유권 등기 제도가 발전하였다.

주민등록과 병행하여 생겨난 루테란 교회의 교인 등록은 '영혼을

구원한다' 는 명목으로 착상되었다. 이 제도는 교회의 집회 일정을 목록화하는 한편, 교회의 활동과 관련 행사를 감시하는 수단이기도 했다. 이는 궁극적으로 모든 가족 관계를 포함하는 정도의 종합 문서로 발전하였다. 교회의 등록제도 덕분에 인구의 변화, 가족 관계의 변동 등에 관한 정보를 충분히 알 수 있게 됨에 따라 국가는 이 제도의 자세한 사항에 관심을 두지 않았다.

18세기에 이르러 믿을 만한 종합적, 전국적 인구조사가 필요하게 되었지만 재정 부족으로 국가는 모든 기본 정보 수집을 위한 경비 지출을 주저하였다. 결국 모든 교구가 지역별로 수집한 정보를 국가 통계청 공무원들에게 제공하여야 했다. 이와 같이 교회가 유지한 등록 내용이 초기 국가 인구센서스의 통계로 집계되었으며, 후대에 이르러 더 포괄적인 인구센서스의 기초가 되었다.

몇 백 년 전에 이집트와 중국에서 유사하게 작성된 목록들이 발견된 것으로 보아, 스웨덴-핀란드의 주민등복이 세계 최초의 것은 아닐 수도 있다. 신약성서에 나오는 것처럼 아우구스트 황제가 명령하여 시행된 세금 징수가 아마도 서구 최초의 사례로 보이지만 스웨덴-핀란드의 주민등록제도는 16세기 중반에 시작되어 현재까지 단 한 번도 중단 없이 시행되고 있다는 점에서 유일하고 독특하다.

교회와 국가가 작성해온 주민등록 기록은 여러 세대에 걸쳐 잘 보존된 덕에 많은 연구가에게 풍부한 소스가 되기도 한다. 예를 들면 가계 혈통 연구, 의학 연구 등에 독특한 정보를 제공해준다.

현재에도 계속되는 주민등록이 그 상세한 기록을 오랜 세월 유지하고 있다는 것은 놀라운 일이다. 상당 기간 동안 일일이 손으로 쓰는 방식으로 기록되어오던 자료들은 1970년대에 이르러 비로소 전산화되기 시작하였다. 그러면서 교회와 국가가 별도로 유지했던 등록 기록이 통합되기 시작하였다. 이후 주민들에 관한 모든 정보는 '국가인구정보시스템NPIS' 으로 단일화되었고 어느 정부 기관도 버튼 하나만 누르면 정보를 사용할 수 있게 되었다.

지난 40년 동안 정보 수집 방법도 꾸준히 개선되어왔다. 과거 일정한 서식을 이용한 방식의 정보 수집은 오랜 시간이 걸렸지만, 요즈음에는 NPIS를 통해 정보가 신속하게 전달되고 수집된다. 변동 사항의 수정, 새로운 정보의 기록도 불과 수일 내에 이루어진다.

그리고 이러한 정보는 광범위하게 이용된다. 주민등록제도는 원래 중앙 및 지방정부의 공무상 필요 때문에, 특히 징세와 병역에 관한 공무 때문에 설치된 것이지만, 최근에는 사기업 경영에서 더욱 많이 활용되고 있다. 핀란드에서 이 제도의 일차적 중요성은 공공 업무 수행에 부여되지만, 실제로는 제도 활용의 절반 이상을 민간 기업의 영업활동이 차지한다.

NPIS가 폭넓게 활용된다는 것은 그 안에 포함된 정보의 질이 보증됨을 의미한다. 정보가 활용되는 과정에서 오류가 발견되기도 하는데, 이는 즉시 수정되고 있다. 핀란드 NPIS 제도는 포괄적이고 질적인 면에서 세계 최고 수준인 것으로 알려져 있다. 모든 나라는 각기 자신의 필요에 따라 적기에 주민등록 시스템을 구축한다. 한 나라에 맞는 제도가 다른 나라에 반드시 적합할 필요는 없다. 주민등록제도를 구축함에 있어 그 나라의 경제와 기술적 가능성, 역사, 법 제도, 가치 체계와 문화 등 많은 요소를 고려할 필요가 있다.

핀란드의 전산화된 NPIS의 내용을 보면 인상적인 측면이 있는데, 모든 국민의 가장 중요한 정보를 가장 최근 것으로 담고 있다는 점이다. 핵심은 물론 시민 개개인의 이름, 생년월일, 출생지와 국적 등일 것이다. 가족 관계(특히 배우자, 자녀, 부모)와 현주소에 관한 정보 또한 중요한 요소로 간주된다.

핀란드 모든 국민은 NPIS가 부여하는 신분 번호를 갖는다. 생년월일이 같고 이름도 같은 경우 서로 다른 신분 번호가 부여됨은 당연한 일이다. NPIS가 부여하는 신분 번호는 주민등록의 효율적 활용을 가능케 하기 때문에 모든 국가 정보 시스템이 이를 사용하고 있다. 물론 '데이터 보호의 원칙'이 엄정하게 지켜질 것이 요구된다.

주민등록의 신상 정보가 신속하게 업데이트되면 사회적으로 많은 일이 신뢰와 효율성을 갖게 된다. 예를 들어 통계 작성과 편찬, 선거 관리, 징세, 복지 배분에 소요되는 비용이 상당히 감소된다. 정부 관료의 숫자도 감축시킬 수 있다. 각기 다른 부처의 관리들이 특정 개인의 정보를 전자 방식으로 출력하여 공유하면 일반 민원인은 서로 다른 부서가 요구하는 서류를 반복해서 제출해야 하는 부담을 덜 수 있다.

세계 모든 나라가 정기적으로 인구센서스를 실시하는데, 이는 국민의 신상과 생활환경에 관한 정확한 정보를 수집하는 것이 목적이며, 대부분 5년 또는 10년 주기로 실시된다. 이를 위해 특정 기관이 설치되며 설문서와 일대일 면담 방식을 통해 조사, 자료의 수집, 기록, 저장이 이루어진다. 그렇게 축적된 엄청난 데이터 뱅크를 기초로 분석과 통계가 이루어지는 것이 보통이다.

핀란드의 인구센서스는 20년마다 실시되는데, 기존의 주민등록 정보 시스템으로부터 직접 정보를 수집하는 방식으로 이루어진다. 국민들에게 일일이 설문서를 통해 물어보는 일이 필요 없다. 핀란드식 센서스에 드는 비용은 다른 나라들이 센서스를 수동적으로 실시하는 데

드는 비용의 극히 일부분에 불과하다.

어느 나라에서나 광범위하고 상세한 주민등록 자료는 많은 공공 업무에 중요한 기초가 된다. 그러나 국민 개개인의 사적인 정보를 담고 있으므로 부당하게 유출·악용되지 않도록 보호할 필요가 있다. 따라서 자료 보호 제도가 잘 확립되어야 한다. 자료 보호의 원칙과 제도가 핀란드에서는 법으로 정해져 있다. 정보 사용을 모니터하는 일도 중요하다. 정보가 잘못 유출되면 엄청난 문제를 야기하므로, 단지 법적인 장치뿐만 아니라 부당 사용을 막는 IT 기술 적용과 같은 실제적 방법으로 정보 보호가 엄격히 유지되고 있다.

007

연립정부의 전통

하리 홀께리Harri Holkeri
1987~1991 핀란드 총리
2000~2001 유엔총회 의장

연립정부는 좌파나 우파라는 이념적, 정파적 분단을 초월해
'미래의 비전'이라는 공통의 과제를 먼저 살핀다.

핀란드는 자치 대공국 시대 말기인 20세기 초 네 개의 사회계급에 따
라 구성했던 양원제 대의기관을 보다 민주적인 단원제 의회로 바꾸었
다. 그리고 보통선거와 평등선거를 골자로 하는 완전히 새로운 법률
을 제정하고, 다른 나라보다 앞서 여성에게 선거권을 부여했다. 하지
만 선거법의 주요 요소나 형태는 외국에서 본떠왔다.

　공법학 분야의 중심에 있었던 스톨베리K. J. St hlberg, 헤르만손Robert
Hermanson 같은 헌법학자들은 주로 상트페테르부르크St. Petersburg (제정
러시아의 수도)에서부터 그 같은 진보적 인식을 갖게 되었다고 한다. 제
정러시아가 새로운 인식의 출발점이 된 것은 매우 흥미롭다. 그들은
핀란드의 교육과정에서 전통적으로 중시되어온 외국어 능력 덕분에

외국의 제도를 깊이 연구할 수 있었다. 유럽 법체계의 관점에서 보면 그들은 앵글로색슨 정치체제보다 독일과 프랑스식 대륙법적 사고를 지향했다고 할 수 있다.

정치체제를 결정하는 데 가장 크게 영향을 미친 요소는 '비례적 대표성'을 채택한 것이었다. 이 선거 방식을 통해 다당제 정치체제가 오랫동안 지속되면서 공고하게 발전할 수 있었다. 만약 그 당시에 하나의 정당이 1인 후보를 내는 소선거구제와 같은 영국의 승자독식제도를 채택했다면 지금과 전혀 다른 정당체제가 핀란드에 들어섰을 것이다.

핀란드의 정당정치는 세기를 넘어 시간의 흐름과 함께 당연히 어느 정도의 변화를 겪기는 했지만, '비례적 대표성'에 기초한 정당정치의 기반은 외부 영향을 크게 받지 않고 유지되어왔다. 이는 핀란드가 독립국가를 세운 이후 지금까지 의회 내에서 특정 정당이 절대다수를 차지해본 적이 없다는 점에서 잘 나타나고 있다.

처음부터 핀란드 헌법에는 또 하나의 의회정치 원칙이 명기되었다. 행정부는 반드시 의회 내 절대다수의 신임을 받아야 한다는 것이다. 따라서 다수당이라도 다른 정당의 협조를 받아야 집권할 수 있었다. 종종 소수 연립정부(소연정)가 구성되었는데, 특히 중대한 국정 현안을 해결해야 하는 경우에는 정당 간 협조가 더욱 절실히 요구된다. 이처럼 의회의 절대다수 원칙에 관한 헌법상의 규정은 무척 중시되어왔다.

핀란드의 헌정 초기에는 정부가 자주 바뀌었다. 1970년대까지도 정부의 평균수명은 1년 정도에 불과했다. 그러나 1980년대 이후 지금까지 30년 가까운 기간 동안은 모든 정부가 의원의 절대다수를 확보하는 연립을 통해 제 임기를 마칠 수 있었다. 그들 모든 연립정부는 이념적으로 불화를 겪으면서도 유지되었다. 연립정부 내 서로 상반되는 정치노선을 타협해가면서 공동책임 아래 국정을 수행하는 경우가 빈번했으며, (다른 유럽 국가에서는 볼 수 없지만) 인기에 영합하는 정당들이 외면당하지 않고 득세하기도 했다. 그런 가운데 핀란드에는 극단적 정치운동이 조직화되거나 지지기반을 넓혀가는 일이 거의 존재하지 않았다. 놀랍게도 책임정치 수행이라는 적정량의 투약 처방으로 극단적 정치활동을 잠재울 수 있었다.

1987년 봄, 마우노 코이비스또 Mauno Koivisto 대통령은 사회민주당과 국민연합당 간에 일명 '홍청紅靑 연립정부(대연정)'를 구성했다. 여기서 이 연립정부의 업적과 실패를 자세히 들여다볼 수는 없지만, 정치적 전통 확립이라는 관점에서 보면 이전보다 민주적이고 의회적인 투명한 정부 정책의 기틀을 닦아놓은 것만은 분명하다. '과거의 경험' 대신 '미래의 비전'에 바탕을 둘 때 정당 간 정치협력이 가능하다는 것을 잘 보여준 것이다.

핀란드가 좌파와 우파의 내전 civil war을 겪은 지 거의 90년이 흘렀지만, 아직도 국민 모두는 그 공포를 생생하게 기억하고 있다. 그 때문일까. 이념적 분단보다 국민 공통의 숙명적 과제를 먼저 살펴야 한다는 열망이 훨씬 더 강해졌고, 그 열망을 바탕으로 구성되는 연립정부는 정치적 안정과 국가 발전을 일구어냈다. 이렇게 역대의 연립정부 구성은 핀란드 정치의 가장 중심적인 전통이자 사회 활력의 정수가 되고 있다.

008

노사정 3자주의

띠모 까우삐넨 Timo Kauppinen
헬싱키대학교 사회학과 교수

근로자, 기업, 정부가 참여하는 노사정 위원회는
파트너십을 통해 핀란드를
세계에서 가장 경쟁력 높은 국가로 이끌었다.

3자주의 Tripartism (노사정위원회)는 핀란드에서 노사관계의 기초가 되는 3자 간의 협의 모델이다. 노동과 자본은 그 대표기관을 통해 각각 삼각형 아랫변의 양쪽 끝에 위치하고, 정부는 삼각형의 꼭짓점에 위치한다. 이것이 '노사정'이라 부르는 세 당사자 간의 전략적 삼각형 구조다.

　이러한 삼각형 구조에 의거해 기업, 근로자, 그리고 정부가 전략적 선택을 결정하는 것이 핀란드의 생산적 노사관계의 특징이다. 이들 3자 파트너는 경제, 정치, 사회보장, 금융 등 국내 여건과 글로벌 경쟁으로부터 제기되는 도전을 함께 고려하면서 서로 상충하는 이해관계를 조정한다. 그 결과 3자 간에 임금정책협정 Income Policy Agreement을 맺는데, 이에 근거해 모든 부문별 노조는 사용자 측과 협상을 진행해 집단적 노사협약을 체결하고 각 산업별 현장에서는 이 협약을 필요에 맞게 적용한다.

3자주의의 뿌리는 20세기 초로 거슬러 올라간다. 1907년 핀란드에서는 기업과 노동조합을 각각 대표하는 중앙기관이 결성되었고, 그 중 몇몇 노조는 사용자 측과 양자협약을 체결하기도 했다. 그러나 파업이 연이어 발생하고 노사관계는 여전히 부실했다. 좀더 나은 노사관계 모델을 찾아야 한다는 주장이 제기되었다.

그러던 중 겨울전쟁Winter War(핀란드가 소련의 침공에 맞선 전쟁)이 발발해 혹독한 시련을 겪으면서 3자주의의 모델이 형성되었다. 그 구체적인 규칙들은 '1월 협약January Engagement' 속에 명기되었다. 그에 따르면 정부의 적극적인 협조와 중재를 통해 사용자 측은 노조 결성의 권리를 인정하고, 노조 측은 사용자 측의 기업 경영과 분할 권리를 인정하기에 이르렀다. 1945년에는 최초로 3자 간 협정이 맺어졌다. 핀란드 사용자연맹The Confederation of Finnish Employers, STK은 기업주를 대표했고 핀란드 노조연맹The Confederation of Finnish Trade Unions, SAK은 근로자를 대표했다. 정부는 가격 및 임금에 관한 법률의 입법을 통해 협정의 이행을 보증하는 역할을 맡았다.

당시의 3자주의는 매우 소중한 경험이었다. 하지만 전후 수년 동안 경제난이 이어지면서 3자 간에 체결된 협정은 실질소득을 보장하지도, 평화로운 노사관계를 유지하지도 못했다. 그러한 어려움 속에서도 노사 양측과 정부는 파트너로서 3자주의(협력)의 유용성을 확신하게 되었다. 각 노조별로 노사 간 양자협정을 체결하는 방식으로 되돌아간 1956년부터 1967년까지 많은 어려움을 겪으면서 3자 협정에 대한 확신을 절감하게 되었다. 특히 국가가 심각한 경제침체에 직면하자 기업은 국제경쟁력을 잃었고, 실업률이 급속도로 증가했으며, 고용 관련 법률 개정은 더디게만 진행되었다.

1968년은 3자 간에 처음으로 '제1기 리이나마아Liinamaa 1'라고 불리는 임금정책협정을 체결함으로써 실제적인 3자주의가 회복된 해였다. 그것이 오늘날 핀란드에서 산업 노사관계의 모델로 특징지어지는 신3자주의의 효시이며, 2007년에는 40주년을 기념하기도 했다. 특히 사용자 측에는 국제경쟁력 향상이, 노조 측에는 실질임금 인상이, 정부 측에는 지속적인 경제성장이 필요하다는 점을 고려할 때 이들 사이에 조화를 이루는 핀란드의 3자주의는 매우 성공적인 모델이었다.

2005년 이후 세계경제포럼World Economic Forum이 조사 발표한 바와 같이, 3자주의는 핀란드가 세계에서 가장 경쟁력 높은 국가로 도약하는 데 기여해왔다. 또한 유럽연합 통계는 핀란드가 정보통신기술의 혁신과 응용 분야에서 선도국가가 되고 있음을 잘 보여주고 있다. 이렇듯 3자주의는 생산성 향상과 경제 발전에 널리 기여하고 있다. 또한 3자가 파트너가 되어 핀란드의 각급 학교에서 교육 발전에 적극 참여해왔으며, 그 결과 경제협력개발기구OECD가 발표하는 국제학업성취도평가PISA에서 핀란드 학생들이 최상위권, 특히 독해와 수학에서 1위를 차지하고 있다.

현재 핀란드에서 이들 사회구성 파트너가 3자 간 협약을 통해 국민 생활 향상을 위해 공동으로 노력하는 것은 전통으로 자리잡았다. 그와 동시에 이들 3자는 상호간에 정부를 감시하면서 핀란드를 매우 개방적이고 투명한 사회로 만들고 있다. 많은 조사보고서가 핀란드를 세계에서 부정부패가 가장 적은 나라로 꼽고 있는 데서도 잘 알 수 있

다. 이러한 3자주의는 핀란드의 사회복지와 노동 관련 법규를 발전시
켰을 뿐만 아니라 기회 평등의 사회를 구현하는 원천적인 힘이 되고
있다. 한마디로 묶어 말한다면, 핀란드가 세계적인 선진 복지국가로
도약한 것은 바로 3자주의를 확립했기 때문이라고 할 수 있다.

009

여성의 선거권과
40퍼센트 할당제

뚜울라 하따이넨 Tuula Haatainen
2003~2007 핀란드 사회보건부 장관
현 헬싱키 시 부시장

핀란드에선 양성평등을 위해
중앙과 지방 정부를 막론하고 의사결정기구에
성별 할당제를 적용하고 있다.

남녀 성별에 대한 관점은 어떤 의사결정의 각 단계와 과정에서 반드시 고려되어야 한다. 1995년 베이징 세계여성총회에서 여성의 권리는 인권의 문제라는 원칙이 선언되었다. 만약 여성이 의사결정 과정에 참여할 기회를 갖지 못한다면 그 권리는 준수될 수 없다. 그동안 핀란드에서는 의사결정 과정에 참여하는 여성의 비율이 현저히 증가했지만 정치세계에서는 오랫동안 남녀의 영역이 구분되어왔다. 여성의 영역은 주로 사회문제, 보건, 교육 분야였지만 핀란드 여성들은 국방부, 재무부와 같이 전통적으로 남성의 영역이었던 분야에서도 성공적으로 일해왔다. 실제로 여성들은 의사결정자로, 전문가로 남성과 똑같은 능력이 있음을 증명해 보였다. 우리의 다음 목표는 경제 분야의 의

사결정 과정에 참여하는 여성의 비율을 높이는 것이다.

20세기 초에 핀란드의 여성운동은 보통선거권과 피선거권을 쟁취하기 위해 싸웠다. 1905년 여성 근로자들은 총파업을 조직하는 데 참여했다. 그것은 바로 핀란드 여성들이 공직 선거에 관한 참정권을 획득하는 배경이 되었다. 그와 함께 핀란드는 대의정치제도를 네 개의 사회계급에 따라 구성되었던 계급의회를 혁파하고 유럽에서 가장 민주적인 단원제 의회로 바꾸었다. 처음 실시된 의원 선거에서 19명의 여성이 당선되었는데, 이는 전체 의원의 약 10분의 1에 해당하는 숫자였다. 그중 아홉 명은 사회민주당 소속이었고, 열 명은 다른 정당 출신이었다.

그동안 핀란드 여성들은 선거에 매우 열성적으로 참여해왔는데, 1991년 이후에는 남성들보다 더 활동적인 것으로 나타났다. 정치권력이 점점 여성들에게 집중되면서 핀란드 사람들은 2000년 대선에서 세계 최초로 여성 후보 따르야 할로넨을 대통령으로 선출했고, 재선에 나선 2006년에도 그녀를 선택했다. 리이따 우오수까이넨은 1994년부터 2002년까지 8년 동안 최초의 여성 의장을 지냈고, 안넬리 애떼엔매끼Anneli Jätteenmäki는 2003년 최초의 여성 총리로 선출되었다.

핀란드에서 첫 여성 장관은 1926년에 탄생했는데, 미이나 실란빠아 Miina Sillanpaa가 사회보건부 장관에 임명된 것이었다. 빠아보 립뽀넨 Paavo Lipponen 총리의 제2기 정부가 시작된 1995년에는 장관급 직위를 차지한 여성의 비율이 내각의 40퍼센트를 넘었으며, 드디어 2003년 애떼엔매끼 총리는 처음으로 남녀 장관의 수가 똑같은 내각을 구성했다. 2007년 재집권에 성공한 현재의 마띠 반하넨Matti Vanhanen 총리는 제2기 내각에 60퍼센트나 되는 열두 명의 여성 장관을 임명했다.

의회의 경우 여성 의원의 비율이 꽤 오랫동안 낮은 숫자를 이어오다가 1962년부터 1992년까지는 13.5퍼센트에서 38.5퍼센트 사이를 오르락내리락했다. 그런데 2007년 총선에서 의회에 진출한 여성은 41.5퍼센트에 이르렀다. 여성 의원 할당제 없이도 총선에서 여성 의원 당선율은 계속 증가했다. 지방선거에서도 여성의 진출이 꾸준히 늘어났는데, 2008년 지방의회 선거에서 당선된 시의원 중 여성은 40.9퍼센트를 차지했다.

핀란드에서는 1995년 이후 중앙과 지방을 막론하고 간접 선출되는 의사결정기구에 성별 할당제가 적용되고 있다. 일반원칙으로 양성평등을 위해 어느 성별이라도 최소한 40퍼센트 이상의 대표 진출이 요구된다. 그 밖에도 양성의 균형이 의무화되고 있는 기관이 많다. 중앙 또는 지방정부가 대주주인 회사의 이사회, 집행이사회 등의 의결 또는 집행기구들이 이에 속한다. 현재의 반하넨 총리 정부 역시 국영기업의 이사회를 구성할 때 여성의 비율을 늘려왔다. 그러나 아직까지도 경제 분야의 의사결정 과정에 참여하는 여성의 비율은 낮은 수준에 머물러 있다. 이 문제는 단연코 경제적 이해관계와 관련된다는 점에서 민간 기업도 관심을 기울여야 할 사안이다.

O I O

요한네스 꼬스끼넨 Johannes Koskinen
1999~2005 핀란드 법무부 장관
핀란드 의회 부의장

부정부패
척결

세계에서 부정부패가 가장 적은 나라가 된 원동력은
원칙에 대한 신념과 그를 받쳐주는 사회 제반 시스템에 있다.

최근 수년간 핀란드는 세계에서 부정부패가 가장 적은 나라로 손꼽히고 있다. 국제투명성기구 Transparency International는 어느 한 나라에서 경제계 인사들이 경험하는 정부 부패의 정도를 평가하는 조사를 통해 각국의 부패지수를 매기고 있다. 물론 각국의 입법 과정, 법 집행, 사법제도 등을 면밀히 분석하기도 한다.

이러한 방법으로 다양한 부패 형태를 제대로 밝혀내지 못할 수도 있지만 가장 흔한 형태, 즉 일상적인 뇌물수수는 잘 파헤쳐내고 있다. 또한 그 결과는 법 제정과 집행의 시의적절성, 사법의 기능, 그리고 특정 사회에 대한 일반법의 적합성 등을 매우 잘 반영하고 있다.

그 평가에서 핀란드와 그 외 북유럽 국가가 최고의 점수를 받은 것에 대해 어떠한 이견도 없다. 핀란드, 아이슬란드, 덴마크, 스웨덴, 노르웨이 외에 부정부패가 적은 나라로 뉴질랜드, 싱가포르, 스위스, 네덜란드, 캐나다가 10위권에 포함되어 있다.

그렇다면 핀란드가 최상위 점수를 받은 비결은 무엇일까? 핀란드는 어떻게 부패를 근절할 수 있었을까? 이에 관해 사람들은 매우 궁금해할 것이다. 국제회의와 같은 모임에서, 특히 지리적으로 먼 나라에서 왔거나 문화가 다른 사람들로부터 이런 질문을 많이 받는다. 반면 유럽에서는 핀란드의 상위 평가를 당연시하는 것 같다.

그 비결을 설명할 수 있는 여러 객관적인 요소가 있다. 이를테면 투명한 행정, 폭넓게 적용되는 공공성의 원칙, 광범위한 지방자치, 임무가 명확히 정의된 경찰과 사법기관의 구성, 그리고 권력이 어떻게 행사되는지를 감시하는 언론, 즉 표현의 자유 등이 그에 해당한다.

공공 부문에서 의사결정의 투명성은 결정 내용과 이유에 대한 평가를 가능케 해주므로 '부패 방지 조치'의 진정한 초석이다. 예를 들어 유럽연합이 지원하는 자금 중 일부가 비공식 경로로 집행되고 있는 상황에서 의혹과 불신이 끊임없이 제기되고 있는 것과 같다. 두 번째 기본요소는 지방정부의 민주성이다. 핀란드의 지방권력은 선거로 선출하는 공직자의 손에 달려 있는데 도시계획, 건설 계약 등과 같은 모든 토의기록과 결정사항을 공문서로 공개함으로써 그와 관련된 부정부패를 예방하고 있다.

핀란드에서 정치권력이 어떻게 행사되는지를 효율적으로 감시하는 또 하나의 요소는 핀란드 사람들의 높은 신문 구독률이다. 특히 지방 신문의 구독률은 세계에서 가장 높다. 또한 일반적으로 높은 교육수준과 모범적인 도서관 시스템도 정부 통제를 강화하는 요소다.

그 밖에도 관련 법률의 수시 개정, 충실한 세무감사, 뛰어난 범죄 수사, 그리고 효율적인 사법 시스템도 재정 범죄를 예방하는 데 매우 긴요한 역할을 한다. 핀란드에서 뇌물수수를 방지하기 위한 노력은 교육뿐만 아니라 경찰, 검찰 및 독립적인 사법기관의 활동영역에서 우선시되고 있다. 사법기능을 책임지는 공무원—예를 들어 의회 옴부즈맨Ombudsman(행정감찰관), 대법관 등과 같은 준법 여부 감시자들은 부패 의혹을 비롯해 어떠한 고발이 있는 경우 지체 없이 이를 다루어야 한다.

핀란드 사람들이 법을 잘 따르고 준법정신이 강한 데는 역사적인 이유가 있다. 1809년부터 1917년까지 핀란드가 제정러시아의 지배를 받는 자치 대공국이었을 때, 러시아의 지나친 간섭과 압제에도 불구하고 '스웨덴-핀란드' 사법제도를 잘 수호했기 때문이다. 당시 핀란드 법관과 공무원의 강직성과 도덕성이 그 정통성을 수호하는 데 근본적인 기여를 했다고 한다. 이러한 '법에 대한 복종' 원칙은 독립국가가 된 핀란드의 행정부 및 국정 운영, 준법감시체제 구성 등에 엄격히 적용되었다.

011

여란 폰 본스도르프 Göran Von Bonsdorf
명예교수

이중 공용어 제도

핀란드어와 스웨덴어, 두 개의 공용어를 사용함으로써
핀란드 사회는 좀더 개방화되었다.

핀란드는 두 개의 공용어, 즉 핀란드어와 스웨덴어를 채택하고 있다.
그런데 이중 언어bilingualism 사용은 매우 중요한 이슈가 되고 있다. 중
앙·지방정부, 그리고 민간 기업에서는 이중 공용어를 완벽히 구사하
는 사람을 선호한다.

나는 항상 이중 공용어를 쓰는 사람, 즉 스웨덴어를 모국어로 구사
하는 동시에 헬싱키 대학교에서는 핀란드어로 학생들을 가르치는 교
수로서 완벽한 자격을 갖추고 있다고 생각해왔다. 아마도 몇 가지 식
물 또는 동물의 핀란드어 이름을 알지 못할 수도 있지만 박물학자가
아닌 이상 가끔 라틴어로 말한다고 해서 실례가 되지는 않을 것이다.

그리고 내가 학생이었던 1930년대보다 오늘날에는 언어 문제가 그

다지 중요하지 않다. 그 당시에는 스웨덴어를 모국어로 사용하는 사람들이 좋은 직장을 차지했다. 아직도 공무원에게 이중 공용어 구사 능력을 요구하고 있지만, 구사하지 못한다고 큰 문제가 되지는 않는다. 이는 곧 모국어를 근거로 하는 차별은 더 이상 존재하지 않음을 뜻한다. 전적으로 핀란드어를 쓰는 가정이든, 스웨덴어를 쓰는 가정이든 그동안 제2국어(좀더 정확하게 말하려면 '제1외국어'라고 불러야 할 것 같다)를 배우느라 어려움이 많았던 사람들도 지금은 그렇게 생각하고 있다.

그렇다면 자연적으로 이중 국어를 쓰는 사람들—예를 들어 집에서 아버지와는 핀란드어로, 어머니와는 스웨덴어로 대화해온 이중 모국어 능력자들의 상황은 어떠한가? 그들은 이중 국어를 늘 유창하게 구사할 수 있을까?

벨기에에서 나는 자신이 이중 언어 사용자라고 말하는 사람들을 만났다. 그런데 『국가연감』 어디에도 벨기에인 몇 명이 제1국어로 프랑스어를, 또는 몇 명이 네덜란드어를 택하고 있는지에 대해 아무런 설명이 없다. 핀란드에서는 모든 국민이 태어날 때부터 핀란드어 또는 스웨덴어 사용자로 등록을 해야 한다. 그렇다면 두 개의 모국어를 구사하는 사람은 어떤 식으로 등록해야 할까?

1955년 통계학의 권위자인 군나르 푸그스텟트 Gunnar Fougstedt 교수는 자신의 저서 『언어의 선택에 영향을 주는 사회적 요소』에서 이 문제를 다루었다. 그는 주로 세 가지 요인, 즉 어머니가 쓰는 언어, 학교에서 쓰는 언어, 그리고 생활하는 환경에서 쓰는 언어의 영향을 받아 제1국어를 선택한다는 결론을 내렸다. 그 밖에도 다른 요인이 있고 예외가 있을 것이다.

만약 어머니가 핀란드어를 쓰고 꾸오피오에 있는 학교에 다닌다면 핀란드어 사용자로 등록할 가능성이 높고, 어머니가 스웨덴어를 쓰고 에케내스Eken s에 있는 학교에 다닌다면 스웨덴어 사용자로 등록할 가능성이 높다. 이런 맥락에서 보면 왜 많은 젊은이들이 스웨덴 이름과 성을 가졌더라도 핀란드어를 선호하고, 반대로 핀란드 이름과 성을 가졌더라도 스웨덴어를 선호하는지 쉽게 이해할 수 있다.

앞으로는 어떻게 변화해갈 것인가? 언어의 경계를 초월하는 결혼(나는 '혼합 결혼'이라는 용어를 싫어한다)이 증가할 가능성이 높은데, 그렇다고 그것이 핀란드어를 중심 언어로 자동 선택하게 함을 암시하지는 않는다. 1세기 전 나의 할아버지는 핀란드주의자Fennoman(핀란드의 언어와 문화를 드높이고 촉진하는 운동가)였지만, 아버지는 '스웨덴 국민당'에 가입한 입헌주의자 쪽으로 더 기울었다. 즉 언어가 아닌 정치가 더 중요한 요인이었던 것이다.

최근에는 남쪽 지방으로 이주하는 핀란드어 사용자가 늘어나면서 환경이 변하고 있다. 자연적으로 이는 핀란드어에 더 유리한 현상이다. 이러한 현상은 오히려 이중 공용어를 유지하기 위해 많은 부모들이 자녀를 스웨덴어 몰입교육이나 스웨덴 학교에 보내게 만들 수도 있다. 그 결과 두 공용어 간에 부분적인 균형을 유지할지도 모른다.

마지막으로 우리는 지금의 세계화 추세가 이중 공용어 제도에 어떤 영향을 줄지 고려해야 한다. 쉽게 말할 수는 없지만, 다른 무엇보다도 세계화는 젊은이들의 영어 구사능력을 향상시킬 것이다. 이중 공용어 제도는 새 언어를 습득하는 능력을 높일 수 있다(한 가지 외국어 공부는 다른 외국어 공부를 더 쉽게 할 수 있게 해준다).

그렇다면 스웨덴어 사용자가 핀란드어 사용자보다 더 쉽게 외국어를 유창하게 구사할 수 있다는 말인가? 아마도 외국어가 영어나 독일어인 경우에는 대체로 그럴 것이다. 그러나 일반적으로 가장 중요한 요소는 언어를 공부하는 태도에 달려 있다. 이중 공용어 제도는 적극적인 인간관계 형성을 위한 좋은 출발점으로 계속 남아 있을 것이다.

012

군나르 얀손 Gunnar Jansson
1983~2003 올란드 출신의
핀란드 의회 의원

올란드

핀란드 내의 독립된 자치지역인 올란드는
독자적인 문화와 경제체제를 유지하고 있다.

핀란드와 스웨덴 사이에 놓여 있는 섬 올란드 land와, 스웨덴어를 쓰는 그곳 주민들은 핀란드의 주권 아래 놓여 있는 자치지역이라는 점에서 특별한 지위를 갖고 있다. 올란드는 국제법상으로도 잘 정착된 그 지위를 80년 넘게 유지해왔다. 그러나 '특별하다'는 것은 냉전 종식 이후 급변하는 유럽 정세 속에서 불안을 초래할 수도 있기 때문에 섬 주민들은 자치지역이 법적으로 잘 보호되도록 유럽연합이 관여해주기를 바라고 있다.

올란드는 핀란드 본토와 스웨덴 본토 사이에, 그리고 발트 해의 북쪽 보트니아 만 입구에 위치해 있다. 올란드의 육지와 내해를 합친 면적은 총 6,784제곱미터다. 그 중 약 80퍼센트는 내해이며, 나머지

1,550제곱미터 중 80퍼센트는 아무도 살지 않는 약 6,500개의 섬과 바위로 구성되어 있다. 현재 2만 6,000여 명이 살고 있으며, 그중 94퍼센트가 스웨덴어를 모국어로 사용하고 있다.

지난 600여 년간 올란드는 외부 세력이 지배해왔다. 스웨덴은 핀란드를 19세기 초까지 지배했는데, 그 기간 동안 올란드는 통치 목적상 핀란드의 일부로 편입되었다. 그리고 1809년 핀란드가 러시아의 지배를 받게 되면서 스웨덴의 올란드 지배는 끝이 났다. 러시아의 지배가 1917년까지 지속되는 가운데 올란드는 핀란드 대공국의 일부로 남아 있었고, 독자적인 문화와 경제체제를 유지하면서 스웨덴어를 계속 사용할 수 있었다.

이른바 '올란드 문제'는 제1차 세계대전 이후 혼란기에 미국의 윌슨 대통령이 주창한 민족자결주의의 결과로 생겨났다. 1917년 핀란드가 독립을 선포하기 전에 이미 올란드 사람들은 분리운동을 펼치면서 스웨덴과의 통합을 원했다. 그들은 러시아 제국 내 혼란상태를 우려하면서 결국 스웨덴의 언어와 문화를 위협할지도 모를 핀란드의 강력한 지배를 두려워했으며, 심지어 핀란드가 독립해 공산주의 국가가 될 가능성도 없지 않음을 걱정했다.

이에 올란드를 완전히 잃어버릴까 우려한 핀란드 의회는 다급한 나머지 주민들과의 협의도 없이 1920년 5월 '올란드 자치법'을 통과시켰다. 당연히 올란드 주민들은 그 법의 무효를 선언하고 승인을 거부했다. 그 결과 핀란드와 스웨덴 간에 엄청난 긴장이 조성되기도 했다. 영국의 제안으로 그 분쟁은 당시 막 창설된 국제연맹에 회부되었고, 1921년 당사자 모두가 이득을 얻는 '솔로몬의 지혜'를 보여준 결정이 내려졌다. 즉 핀란드는 올란드에 대한 주권을 보유하고, 올란드 주민

들은 자치권을 부여받으며, 스웨덴의 요구대로 올란드를 비무장화·
중립화한다는 결정이었는데, 이는 모두를 만족시키는 것이었다.

오늘날 올란드 주민들은 제1기 자치법(1920~1951년), 제2기 자치법
(1952~1992년)을 거쳐 1993년에 입법된 제3기 자치법 아래서 살고 있
는데, 현재 그 개혁안을 다시 논의하고 있다. 과거와 비교해 달라진
점은 주민들 스스로 법의 지배를 받는 민주주의 사회에 직접 참여하
고 자신의 운명을 결정해나가려고 노력하고 있다는 것이다.

'올란드 자치법'은 그 지역에 배타적 입법권을 갖고 있는 올란드 지
방의회의 동의 없이는 핀란드 의회가 개정할 수 없다. 핀란드가 서
명·비준했더라도 그 자치지역에 영향을 주는 국제조약이 올란드에서
법적 효력을 가지려면 올란드 의회의 승인을 받아야 한다. 행정권도
입법권과 마찬가지로 핀란드 중앙정부의 권한과 올란드 지방정부의
권한으로 나뉘어 있다. 다만 사법의 경우 핀란드 법에 따라 핀란드 법
원에 의해 집행된다. 그리고 '거주권'이라고 불리는 지역시민권을 통
해 올란드 주민들은 특별한 경제적·정치적 권리를 부여받고 있으며
병역도 면제되고 있다.

1970년 이후 올란드는 북유럽이사회Nordic Council 회원으로 북유럽
의회, 북유럽각료이사회에도 참가하고 있다. 1989년 핀란드가 유럽
이사회European Council, EC에 가입할 때에도 올란드 의회의 승인을 얻어
야 했다. 그것은 유럽의 인권기준이 올란드에도 적용되어야 함을 의
미하기 때문이다. 올란드는 핀란드의 유럽연합 가입을 둘러싼 협상에
도 관여했다. 그러나 1921년의 국제연맹 결정과 달리 올란드의 대표
들은 자치법의 규정에 따라 핀란드 대표단의 일원으로 협상에 참여
했다.

핀란드 정부는 올란드에서 두 차례의 주민투표를 실시하고 의회의 동의를 얻어 유럽이사회협약, 유럽석탄철강공동체ECSC협약과 유럽원자력협약이 올란드에도 적용된다고 선포했다. 이것은 '오스트리아, 핀란드, 스웨덴의 유럽연합 가입에 관한 조약' 제2의정서 규정에 따른 것으로 1995년 1월 1일부터 발효되고 있다.

핀란드는 유럽연합 회원국으로 유럽연합의 모든 법을 올란드에 이행할 책임이 있다. 자치법에 따른 핀란드와 올란드 간 입법권 분리의 원칙 때문에 유럽연합법의 이행이 어렵거나 불명확한 경우에도 그러하다. 그러한 책임 때문에 2006년 하반기에 핀란드가 유럽연합 의장국을 수행하는 동안 잘 보여준 것과 같이, 핀란드 중앙정부와 올란드 지방정부는 유럽연합의 각종 법과 규정 이행에 관하여 협의하는 횟수가 증가하고 있다.

013

빼까 아이끼오 Pekka Aikio
사미 의회 의장

사미족

핀란드 헌법은 토착원주민인 사미족의
문화적 자치권을 보장하고 있다.

다른 나라 사람들이 '랍스Lapps' 또는 '라플란더스Laplanders'라고 부르는 사미족Sámi people은 태곳적부터 핀란드 영토에 거주해왔다. 사미족은 그 무엇보다도 말과 문화에 근거해 정의할 수 있다. 다른 민족과 마찬가지로, 사미족 역시 인종으로 분류되지 않는다. 다만 그들은 언어적 소수민족이며 토착원주민이다. 원주민으로서 사미족은 핀란드 헌법에 보장된 문화적 자치권을 갖고 있으며, 이 권리는 1996년에 설립된 사미 의회(그 전신은 1973년에 설립되었다)가 행사하고 있다. 의회의 대표 21명은 '사미 거주구역' 내 자치단체선거에서 4년마다 선출된다. 사미 의회는 사미족의 권리 보호와 지위에 관련된 사안을 감시하는 역할을 맡는다. 또한 각종 법안과 제안 발의, 관할 사안에 대한

"

의견 제시, 그리고 사미족에게 제공되는 자금의 배분을 결정한다.

토착원주민은 국제법에 의거해 정의되는데, 사미족은 역사적으로 특정 지역과 뗄 수 없는 생존적 연대를 갖고 있으며 '스콜트 사미Skolt Sámi'라 불리는 촌장회의와 같은 특징적인 제도를 유지해왔다. 토착원주민의 권리가 집단 전체에 인정되는 공동체적 권리라면, 소수민족의 권리는 개개인에게 적용되는 권리다. 토착원주민들에게는 무엇보다 자결권이 중요하다. 물론 핀란드 헌법에서도 자결권은 인정되고 있다. 그럼에도 핀란드 사람들은 사미족이 토착원주민으로서 자결권을 갖는다는 사실을 제대로 깨닫지 못하고 있는 것 같다.

약 10만 명에 이르는 사미족은 4개국에 흩어져 있다. 그들 중 절반 이상이 노르웨이에 살고 있으며 나머지는 핀란드, 스웨덴, 러시아 등지에 살고 있다. 그런데 이들 4개국은 사미족에 대해 서로 다른 정의를 내리고 있어 명확한 사미족의 인구 통계를 내놓지 못하고 있다. 핀란드 내의 사미족 중 절반은 북부의 이나리Inari, 에논떼키오Enontekio, 웃쪼끼Utsjoki, 그리고 소단끼래Sodankyl 등 이른바 '사미 거주구역'에 살고 있다.

대략 열 개의 사미어가 있는데 핀란드에는 북부Northern · 스콜트Skolt · 이나리Inari 사미어가 사용되고 있다. 가장 넓은 '사미 거주구역'인 이나리에는 실제로 네 가지 사미어가 쓰이고 있다. 핀란드의 사미족 중 약 70퍼센트는 노르웨이와 스웨덴에서도 사용되는 북부 사미어를 쓰고 있다. 사미어들 사이에도 차이가 많아 그들 간에도 의사소통이 쉽지 않다. 사미족 중 절대다수는 사미어 문맹자다. 불과 최근까지만 해도 그들은 핀란드어로 기본교육을 받아왔다. 사미족의 언어가 핀란드어보다는 몇십 년 짧지만, 그래도 400여 년의 역사를 자랑하고 있는데 말이다.

핀란드에서 사미어는 공용어법에 의해 보장되고 있다. 그에 따르면 '사미 거주구역'의 사미족은 공공기관에서 자신들의 언어로 민원사무를 볼 수 있다. 그러나 공무원들이 반드시 사미어를 구사할 필요는 없기 때문에 실제로는 통역 서비스가 사용된다.

사미족에게 순록 사육, 사냥, 그리고 어업은 전통적인 생계수단인데, 그들은 천연자원의 과도한 채취를 항상 반대해왔다. 사미족의 생활문화는 나무, 동식물 등을 과도하게 채취하거나 자연 파괴를 초래하는 무분별한 인공 건설보다는 자연이 허용하는 만큼의 혜택을 누리는 데 기반을 두고 있다. 사미족에게 유용한 순록은 그 좋은 예다. 북극의 이끼를 먹고 사는 반추동물인 순록은 소량의 물만 있으면 생존하므로 눈과 얼음으로 뒤덮인 북쪽 지대의 삼림 끝자락에 잘 적응하고 산다. 그런데 삼림 벌목과 지표면을 변경하는 대규모 공사로 인해 목초지가 파괴됨으로써 결국 순록에게 사료를 주게 만든다. 이는 곧 불필요한 비용 지출로 이어진다.

사미족의 생활문화는 현재 산산조각이 나 있고 어쩌면 동화과정이 한창 진행 중일 수도 있다. 핀란드의 철학자 올리 라게르스펫쯔Olli Lagerspetz는 이렇게 말했다.

"원주민들이 만족하며 산다면 지배문화가 그들의 식민화에 성공해왔음을 의미하는 반면, 원주민들이 항거하고 있다면 식민화와 동화과정이 아직 성공하지 못했으므로 더 계속되어야 함을 의미한다."

핀란드의 경우 순록 사육에 종사하는 사미족이 삼림 파괴에 줄기차게 반대해왔으며, 이들이야말로 자신들의 핵심적 문화가치를 활발히 유지한 주인공이다.

핀란드 정부는 사미족을 원주민으로서의 지위와 그에 따른 권리에
관한 한 핀란드의 주류인구로 동화시키는 것을 목표로 삼고 있는 것
같다. 이러한 동화과정과 이민을 막고 자신들의 핵심적 문화가치를
보존하기 위해 사미 의회는 현대적 생활방식과 사미족의 전통문화를
통합하는 문화센터의 창설을 계획해왔다. 핀란드 북쪽 지방의 대학들
은 강의와 연구를 통해 이에 협력하겠다고 약속하고 있다. 그런데 핀
란드 정부는 이 문화센터가 사미족의 주류 동화과정을 막을 것이라고
판단하는지, 센터 건립을 위한 자금 지원을 늦추고 있다. 그러나 사미
족은 그들 자신의 문화적 유산을 토대로 한 시민사회가 형성되길 바
랄 뿐이다.

014

북방 차원

빠아보 립뽀넨 Paavo Lipponen
1995~2003 핀란드 총리
2003~2007 핀란드 의회 의장

유럽연합의 협력사업 중 하나인
북방 차원은 '환경 파트너십'과
'보건사회 웰빙 파트너십' 사업을 진행하고 있다.

유럽연합은 남방, 북방, 그리고 최근 동방 차원Dimension이라는 협력
사업을 시행하고 있다. 여기서 핵심 포인트는 이 '차원'들이 유럽연합
의 특정 지역이 아닌 전 회원국의 참여를 의도한 것이며, 따라서 유럽
연합에 의한 공동정책으로 요구되었다는 점이다. 이것은 1997년 유럽
연합 내에서 '북방 차원 Northern Dimension'에 관한 정책 제안이 논의될
때 나온 발상이었다. 핀란드가 처음으로 북방 차원에 관한 정책을 제
안했는데, 이것이 1997년 12월 유럽연합각료회의 결정문에 반영되
었다.

　제1차 행동계획은 1999년에 채택되었다. 북방 차원은 유럽연합
의 대러시아 정책 중 한 부분이 되었으며, 기존의 대러시아 협력체

제에 바탕을 두되 북방 차원 지역에서의 구체적인 유럽연합-러시아 협력을 제시하고 있다. 이것은 지금까지 두 개의 중요한 파트너십, 즉 '북방 차원 환경 파트너십'과 '보건사회 웰빙 파트너십'을 창설했다.

그중 '환경 파트너십'은 폐수 처리와 같은 환경보호, 러시아의 핵폐기물 문제, 그리고 칼리닌그라드Kaliningrad에서의 환경문제 등 3개 분야에서 프로젝트를 수행하고 있다. 지금까지 러시아와 관련해 가장 큰 프로젝트인 2억 유로 규모의 상트페테르부르크 폐수처리장 건설을 완료했다. 그것은 발트 해 환경정책 역사상 가장 큰 업적이며, 유럽연합과 러시아가 진행 중인 협력사업 중 가장 구체적인 것이다. 나아가 핀란드 만을 청정해역으로 만들 것이다.

이 프로젝트를 수행하는 동안 사업시행자인 보도까날Vodokanal 사는 현대적이고 효율적인 기업으로 발전하기도 했다. 사업에 소요된 비용은—러시아에서는 색다른 일이지만—수익자에 대한 사용료 징수를 통해 회수될 예정이다. 이 프로젝트는 러시아 전체에 표준 협력 모델을 구축해주는 동시에 러시아에서 다른 유사 사업에 참여할 수 있는 기회를 열어주고 있다.

투자와 협력 외에 우선순위의 문제도 있다. 이 프로젝트 수행을 통한 환경개선 문제가 중심에 놓이게 되었다. 푸틴 대통령이 직접 북방 차원을 지지하는 데 앞장서 왔으며, 이는 유럽연합과 러시아의 양자협력에 중요한 이정표가 되었다. 폐수처리장 준공식에 핀란드와 러시아의 대통령, 스웨덴 총리가 참석함으로써 이 사업의 정치적·경제적 중요성이 부각되기도 했다.

이 '북방 차원 환경 파트너십' 내에서 독특하고 효과적인 국제자금 조달 모델이 북유럽투자은행에 의해 개발되었다. '상트페테르부르크 폐수처리장 사업'을 위해 9,680만 유로가 조성되었는데, 유럽연합의 자금 지원 외에도 북유럽투자은행, 유럽투자은행, 유럽개발은행 등의 국제금융기관, 그리고 여러 유럽 국가와 캐나다 등의 융자로 이루어 졌다. '파트너십'을 위해 조성된 기금 중에서는 580만 유로가 이 사업 에 기여했는데, 그 액수보다 중요한 것은 당사자들의 기여 약속을 이 끌어냈다는 점이다. 그럼으로써 기금의 지렛대 효과가 40배 정도 커 졌으며, 소요자금의 절대액수는 러시아 측이 조성한 차관으로 구성되 어 있다.

그 밖에도 북방 차원은 원자력 안전 분야와 칼리닌그라드에 대한 환경 지원에서 중요한 성과를 거두었다. 1차로 콜라Kola 반도의 5개 핵폐기물 처리 프로젝트가 진행 중이며, 일련의 프로젝트가 최근에 막 착수되었다. 지금까지 유럽연합-러시아 관계에서 이와 비슷한 사 업이 과연 추진된 적이 있었는지 의문을 가질 정도로 북방 차원의 협 력사업 성과는 매우 크다.

두 번째 파트너십, 즉 '보건사회 웰빙 파트너십'은 전적으로 노르웨 이 본데빅Kjell-Magne Bondevik 총리의 제안으로 창설되었다. 이 파트너 십은 2004년부터 제2차 북방 차원 행동계획에 포함되었고, 북유럽 지 역 국가들의 공동사업이 되었다. 나라 사이의 국경도, 유럽연합의 국 경도 질병의 확산을 막을 수는 없다. 현재 발트 해 지역 국가들과 프랑 스, 캐나다 등 13개국이 이 파트너십의 멤버다. 유럽이사회 이외에 8개 국제기구와 국제이주기구, 노동기구, 보건기구의 지역사무소, 그리고 유엔의 'HIV/AIDS 프로그램'도 이 파트너십에 참여하고 있다.

2006년 11월 헬싱키에서 개최된 북방 차원 정상회의는 새로운 기본문서를 채택했는데 이로써 북방 차원은 유럽연합, 러시아, 노르웨이, 아이슬란드를 아우르는 공동정책이 되었으며 유럽연합과 러시아의 4개 공동협력 분야에 연계되었다. 이 문서는 향후의 실질 사업을 전개하는 데도 정치적 기반을 제공한다. 러시아가 이전보다 더 적극적이기 때문에 더 많은 프로젝트를 예상하고 있다.

'신 기본문서'는 새로운 파트너십의 창설 가능성을 열어놓았으며, 그러기 위해서는 분명한 정치적 약속과 충분한 숫자의 파트너를 필요로 한다. 핀란드는 '운송 유통 파트너십' 구축을 추구해왔다. 특히 사회기반시설·운송·유통은 '유럽연합-러시아 경제공동체'의 핵심 요소임이 확인되어왔기 때문이다. 에너지 효율화를 위한 운송협력도 또 하나의 주제가 되고 있다.

국제금융기관, 유럽이사회, 러시아, 그리고 다른 이해관계국—특히 독일, 폴란드, 스웨덴과 발틱 국가들은 이러한 파트너십 이니셔티브를 위한 특정 사업 내용과 목표를 계속 추진해나가기를 바라고 있다. 미국과 캐나다도 옵서버 지위를 적극 활용해나가고 현재와 미래의 프로젝트와 파트너십에 계속 참여하기를 희망해본다. 앞으로 우리는 우선 협력사업 계획에서 동반자적 평등의 정신으로 러시아와 함께 노력해나가는 것이 중요하다.

핀란드는 빈곤층의 최저소득 보장을

국민들의 사회적 기본권으로 인식한다.

사회보장의 최저 수준인 기초생활 보조금은

핀란드에서 정치행정적인 '빈곤의 경계선'이다.

이것은 어느 누구도 그 이하로 낙오해선 안 된다는

삶의 물질적 수준에 관해 의회가 판단한 선이다.

015 사회주택

016 슬럼가가 없다

017 Y-재단

018 학생주택

019 24시간 서비스 주택

020 집시족의 지위

021 주택회사 모델

022 고용연금제도

023 탁아 서비스

024 가정양육수당

025 아빠 육아휴가

026 무료 산모 육아용품

027 무료 학교급식

028 참전 상이용사 후생복지

029 아빌리스 재단

030 가정간호수당

031 국립보건복지연구원

032 빈곤 퇴치

033 대출조정과 보증재단

034 사회신용대출제도

035 주류 판매의 국가독점

036 11월 운동

037 3퍼센트 이론

038 법률구조와 범죄피해보상

039 형사사건 중재

핀란드의 사회정책

015

마르띠 루야넨 Martti Lujanen
핀란드 환경부 국장

사회주택

사회주택인 '아라바 주택'은 핀란드 사람들의
사회적 안정과 생활수준 향상을 가져다주었다.

제2차 세계대전 이후 핀란드에는 주택이 크게 부족했으며, 사회의 구조적 변화로 인한 농촌에서 도시로의 인구이동이 증가하면서 주택난은 더욱 심화되었다. 그와 함께 일반 은행들이 자금 대출 가능성을 엄격히 제한하고 있었다. 그래서 이 문제를 해결하기 위해 1949년 '아라바ARAVA'라는 주택공급공사를 설치하고, 소위 사회주택Social Housing을 건축·공급하는 제도를 시행했다. 시중 은행들이 위험성이 높은 2순위 대출을 매우 꺼렸기 때문에 아라바 제도는 대출을 핵심 기능으로 채택했다. 초기에는 국가예산에서 자금이 지원되었지만 1990년대부터는 일반 금융시장이 공급했다.

1950년대와 1960년대에 이 제도는 건축주가 자신이 살아갈 집을 짓

"

는 경우에 융자를 제공했다. 이러한 주택정책 목표에 그치지 않고 시민들에게 주택 구입에 앞서 자금을 저축하도록 장려하는 데도 심혈을 기울였다. 이것은 지속적인 경제 발전과 은행 시스템 강화를 동시에 가능케 하는 매우 중요한 방안이었다.

우선 합리적인 이자율로 공공대출을 제공하는 것이 기본적인 구상이었다. 이것은 금융기관에서 대출을 받은 주택구입자가 이후 자금상환 부담이 불합리하게 높아지지 않도록 보장해주기 위한 것이었다. 이 제도는 사회적으로 좋은 영향을 미쳤다. 중산층과 저소득 봉급생활자들이 주택을 소유할 수 있게 해주었고, 그 결과 자가 소유 주택의 비율이 비교적 빠르게 상승해 전체 주택 중 70퍼센트를 웃돌게 되었다. 이 제도는 수십만 핀란드 사람들의 사회적 안정과 생활수준 향상을 가져다주었다. 이것은 핀란드에서 교육제도와 더불어 평등사회 구축을 목표로 하는 정부 정책의 가장 중요한 기둥 중 하나가 되어왔다.

아라바 시스템은 합리적인 공공대출을 제공하는 데 한정되지 않았다. 주택의 품질과 새 주택단지 지역의 기능성에 주의를 기울이면서 주택 건축의 질과 비용에도 영향을 주었다. 그래서 아직도 핀란드에서는 최상의 주거지역 주택들이 주로 아라바 자금을 지원받아 건설되었다고 주장할 수 있는 것이다.

그 아이디어는 새로 조성하는 주거단지와 동네는 다양한 사회적 구조를 갖추도록 건설되어야 한다는 데서 출발했다. 모든 주거지역은 보조금 지원 건축과 그렇지 않은 건축이 동시에 포함되어야 하고, 건물 형태도 다양하게 분산되어야 한다는 계획상의 원칙을 세웠다. 아파트 건물은 비교적 낮게, 거의 예외 없이 3층 또는 4층 규모로 건축되게 했다.

　1950년대와 1960년대에 아라바 제도로 지은 주택은 주로 자가 소유였다. 핀란드의 경제구조가 급속히 변화하면서 1970년대에는 정책의 초점이 임대주택 건설로 바뀌었다. 그러나 그 시기에도 모든 주거단지마다 임대아파트와 자가 소유 아파트가 혼합되도록 계획했다. 주택의 품질뿐만 아니라 건축비가 합리적 수준에 머물도록 각별한 주의를 기울였다. 1970년대 이후에는 모든 건설사가 경쟁 입찰에 응하도록 체계적으로 요구되었다.

　아라바 주택이 품질 대비 가격이 저렴한 점과 다른 주택보다 융자가 저렴한 점을 감안하면, 최초 구매자뿐만 아니라 범위를 더 넓혀 혜택을 부여하는 것이 중요해졌다. 뒤에 이사 오는 사람들에게도 합리적인 가격의 혜택을 누리도록 해야 했다. 그래서 또 하나의 원칙이 정해졌다. 아라바 제도에 의해 소유·거주하는 주택은 지자체(시·군) 당국이나 지자체가 정해준 매입자에게만 팔 수 있고, 주택가치 상승분을 제외하고 물가 상승분만 적용된 가격으로 매매하게 했다.

　이러한 관행은 매도인이 매수인을 선택할 수 있을 때 항상 발생하는 모든 형태의 불법적 가격의 거래를 뿌리 뽑았다. 이러한 방법을 통해 지자체들이, 예를 들면 여러 모로 불리한 위치에서 처음 주택을 구입하는 젊은 세대에게 임대주택뿐만 아니라 합리적인 가격의 자가 주택을 제공할 수 있었다. 또한 소유자의 임대주택 매매를 규제함으로써—특히 적정한 가격의 임대주택 수요가 꾸준히 팽창하는 도시에서는—주택 물량이 당초 의도대로 충족되도록 보장하고 있다. 1970년대 이후 아라바 제도는 기존 건물의 유지와 보수를 위한 지원을 증대해왔고, 모든 건물이 에너지 절약 기준을 유지하도록 관심을 기울여왔다. 보조금을 지급하지 않았던, 주택제도 시행 훨씬 전인 1973년부터 모든 아라

핀란드의 사회주택. 임대주택아파트지만 품질에 신경을 써서 상당히 고급스럽다.

바 주택이 삼중 유리창으로 건축되도록 하기도 했다.

1980년대 말 이후 퓌란드이 금융세노가 완화되었을 때 아라바 제도에 개혁이 이루어졌다. 일종의 회전자금으로서 '핀란드 주택기금' 창설이 가장 중요한 개혁 중 하나였다. 이 기금은 수입이자와 분할상환금을 기금의 소득으로 재사용되게 하는 모델이었다. 또한 이 기금은 일반 금융 또는 자본시장으로부터 필요한 자금을 동원할 수 있게 했다. 그 결과 이자 보조금 대출이 기금의 직접대출을 대체하는 중요한 발전이 이루어졌다. 이자 보조금 모델의 경우, 주택기금은 개발업자에게 제공하는 상업대출에 대해 이자 보조금을 주는 제도다. 이렇게 대출 이율 혜택을 받으려면 공개입찰에 참여해야 가능하다.

1949년부터 2005년까지 아라바는 약 95만 채의 주택 건설과 약 25만 채의 주택 보수공사에 자금을 융자해주었다. 아라바 제도로 건축된 주

택 중 절반 정도가 자가 소유 주택이고, 나머지 절반은 임대주택이었
다. 전체 주택 중 약 17퍼센트가 아라바 임대주택이다. 임대주택 중
60퍼센트 이상을 지자체가 직접 또는 간접적으로 소유하고 있으며,
나머지 대부분은 비영리 단체가 소유하고 있다. 이들 비영리 단체 중
일부는 노년층, 학생, 그리고 빈곤층의 주거조건을 향상시키는 데 힘
쓰고 있다.

016

슬럼가가 없다

빼까 꼬르삐넨 Pekka Korpinen
헬싱키 시 부시장

거주 장소와 주거 조건에 대한 불평등은
사회적 소외와 가난의 대물림을 야기할 수 있다.

헬싱키는 400년이 훨씬 넘는 오랜 도읍이지만, 큰 화재를 여러 차례 겪고 나서 1809년 이후에야 진정으로 도시 건설을 시작했다. 오래된 장원manor들을 제외하면 헬싱키는 어느 한 지역도 부유층만을 위해 건설되지 않았다.

끄루운눈하까Kruununhaka와 울란린나Ullanlinna 같은 지역도 한 건물 안에 안쪽 마당 입구의 복도나 계단에 위치하는 임대주택과 아주 크고 호화스런 고급주택이 함께 있는 형태다. 외국인들이 헬싱키에는 슬럼가가 어디에 있느냐고 종종 묻는데, 슬럼가가 없다고 대답해주면 오히려 의아해한다.

슬럼가가 없다는 것은 핀란드의 일반적인 경제 발전과 관련된 여러 요인으로 설명할 수 있다. 다른 나라보다 작은 소득 편차, 고도로 발전한 북유럽의 복지정책, 그리고 비교적 낮은 이민 유입률 등이다. 특히 헬싱키 시의 주택정책이 큰 영향을 미쳤다.

우선, 핀란드의 지자체는 다른 유럽 국가의 지자체보다 세금징수권을 비롯해 더 광범위한 자치행정권을 갖고 있다. 그리고 역사적인 이유와 의도적 정책의 결과로 헬싱키 시가 전체 시 면적 중 약 70퍼센트를 소유하고 있어 시에서 가장 중요한 토지 주인이다. 또한 핀란드의 도시계획은 전적으로 지자체의 손에 달려 있으므로 헬싱키 시는 매우 강력한 주택정책을 시행할 수 있다.

지난 50여 년간 헬싱키 시는 집중적인 사회주택정책을 시행해왔다. (이것의 반사이익이겠지만) 헬싱키 인근의 다른 도시들이 특히 최근 몇 년간 세수입이 가파르게 늘어날 정도다. 거의 예외 없이 헬싱키 시의 신규 주거지역은 모든 사회계층이 어우러져 살 수 있도록 계획되고 있다. 부자나 가난한 사람이 나란히 살고, 사회주택이라 해도 품질이나 외형 면에서 고급주택과 별다른 차이가 없다.

헬싱키 시의 주택정책도 당연히 국가 보조금과 지침에 따라 영향을 받아왔다. 헬싱키가 오랫동안 부유한 도시였고 국가의 주택 보조금 규모도 상당했지만, 1990년대 초 이후에는 국가의 지원금이 점점 줄어들었다. 동시에 국가는 시가 갖는 법인세 수입의 몫을 크게 삭감해왔다. 그래서 지자체들은 '모범 납세자'를 유치하기 위해 서로 경쟁하지 않으면 안 된다.

헬싱키 시가 시행하고 있는 사회주택 정책이 외부의 공격적 상황을 잘 견뎌낼지는 좀더 두고 봐야 한다. '사회 혼합거주'의 원칙은 중요한 사회적 창안 중 하나다. 거주 장소와 주거 조건에 대한 불평

등은 사회적 소외와 가난의 대물림을 야기할 수 있다. 그러나 헬싱
키에서 당분간은 그런 바람직하지 않은 사태가 벌어지지는 않을 것
이다.

017

한누 뿌또넨 Hannu Puttonen
Y-재단 이사장

Y-재단

노숙자의 재활 서비스와 주택 지원을 위해
설립된 Y-재단은
노숙자가 독립적 생활을 시작할 수 있게 해주었다.

사회의 일원으로 정상적인 삶을 영위하려면 적절한 주거지와 안전한 환경이 갖추어져야 한다. 가정은 단순한 안전 그 이상의 의미를 갖는 삶의 장소로, 사회적으로 인정받는 삶을 갖는 데 필요한 열쇠다. 노숙자에게도 주거지와 적절한 도움이 제공된다면 그들 대부분은 자기 스스로 대처해나갈 수 있을 것이다. 재활 서비스와 주택 지원은 노숙자가 독립적인 생활을 시작할 수 있게 해준다.

　양호한 주택 지원은 사회보건사업에 투입된 투자가 제 효과를 거두게 해준다. 젊은이에게 주택을 지원한다는 것은 그들의 평생에 투자하는 것이고, 적절한 주택 제공은 사회의 안정과 통합에도 매우 중요하다. 노숙자 문제가 적은 돈으로 해결되지는 않지만, 계속 방치할 경우 경제적 지출, 즉 사회문제와 범죄의 관점에서 지불할 장기적 비용은 어떤 방식으로 산출해도 매우 높다. 노숙자 문제의 항구적 해결책을 찾는 데는 주택, 사회보건사업과 지원 서비스, 사회주택의 운영 등 여러 가지 조치를 필요로 한다.

1985년 노숙자와 난민들에게 집을 마련해주기 위해 설립된 Y-재단(핀란드어 'Yksinainen'의 이니셜로, 영어로는 'lonely'에 해당한다. 즉 외로운 노숙자들을 돕는다는 뜻에서 붙여진 명칭이라고 한다.—옮긴이)은 핀란드에서 노숙자 문제를 해결하는 실용적 수단이 되어왔다. 이 재단의 창설에는 핀란드 정신건강협회, 핀란드 적십자사, 전국성직자이사회, 핀란드 건설회사연합, 건설노조, 핀란드 지자체협의회, 핀란드의 5대 시(헬싱키·에스뽀·반따아·땀뻬레·뚜르쿠) 등이 주축 멤버로 참여했다.

Y-재단은 원룸 아파트를 구매하거나 임대를 위한 새집 건축을 위탁하기도 한다. 사회적 차별과 슬럼화를 막기 위해 정상적인 주택단지 안에 아파트를 건축하도록 하고, 새로운 주택난지를 조성하는 경우에노 이 방식을 따르도록 하고 있다. 핵심 목표는 임시 피난처나 기숙사가 아닌 정상적이고 항구적인 주택을 제공하는 것으로, 모든 사람은 품위 있는 삶을 영위할 권리가 있다는 것이 대전제다.

주택 제공에 필요한 재원은 정부와 신용기관의 대출, 핀란드 슬롯머신협회와 Y-재단의 자금으로 충당된다. Y-재단은 여러 지자체와 성직교구와 NGO들의 협력을 받아 입주자들에 대한 지원을 알선한다. 지방 연락망을 활용해 지방 당국과 자원봉사기관의 잠재력을 충분히 동원할 수 있다. 노숙자를 위한 재활과 지원 서비스에 관해 협의할 때 관련 단체와 기관들을 참여시키며, 노숙자에게 적절하고 영구적인 주거 형태가 되도록 설계하는 데 서비스의 초점을 맞춘다.

　1987년 핀란드에는 노숙자가 약 2만 명이었지만 지금은 그 수가 크게 줄어 8,000명 정도다. 2005년 Y-재단은 핀란드의 52개 지방에 5,300채의 아파트를 보유하고 있었다. 또한 Y-재단은 유엔 인간정주 프로그램인 유엔-해비타트UN-Habitat나 '노숙자와 함께 일하는 국내 단체들의 유럽연맹FEANTSA'에 가입하는 등 국제적으로도 활발한 연대 활동을 펼치고 있다.

018

울라-마리 까르후Ulla-Mari Karhu
핀란드 학생주택회사 전무

학생주택

핀란드의 학생주택은
어느 대학 무슨 전공인가와 상관없이
모든 학생에게 입주가 허용된다.

큰 규모의 대학교가 있는 핀란드의 모든 도시에는 학생주택을 건축·보수·관리하는 재단이나 조직이 하나씩 있다. 그들은 지금까지 본연의 임무를 잘 수행하고 있다. 2006년에는 6만 명의 학생을 수용할 수 있는 학생 아파트가 4만 채 있었다. 최근 조사 결과에 따르면 현재의 수요를 감안하더라도 학생주택이 모자라지 않는데, 이것은 인구이동에 따른 장애가 잘 해결되어왔음을 의미한다. 지금은 모든 학생이 대학교 주변에 합리적인 가격의 학생 숙소가 있음을 알고 자기가 원하는 학교에 등록할 수 있다.

학생주택 관리기관은 1966년 국가가 학생주택 건설을 위한 자금 대출을 시작한 이후 1960년대와 1970년대 초에 대부분 설립되었다. 학생

자치단체와 지방정부가 재단 또는 관리조직을 설립했고 그 조직의 이사회에는 항상 학생, 입주자, 그리고 지방정부 대표가 함께 참석했다.

핀란드에서 학생 숙소 문제를 해결한 방법은 요즘도 사람들이 문제를 풀어나가는 전형적인 사례로 알려져 있다. 재원이 부족한데도 30여 년 전에 몇몇 도시에서 학생 숙소용 집이 지어졌고, 그 후 국가의 자금 대출과 지자체의 주택단지 배정에 힘입어 학생주택이 하나둘 늘어났다. 30년이 지나 건설이 완료되면서, 대출금도 갚아나가고 오래된 집은 계속 수리해나감으로써 학생주택 문제는 매우 성공적으로 발전해 나갔다.

학생주택 건설이 시작되자 학생단체와 학생주택 관리기관 대표들이 마주 앉아 사업의 기본원칙에 합의했다. 아직 그대로 적용되고 있는 이 원칙들은 유럽의 다른 나라와 비교해 흥미로운 점이 몇 가지 있다. 그것은 각 도시에 오직 하나의 학생주택 관리기관을 설립한다는 것, 그 기관이 그 지역의 모든 학생주택을 건설·관리·운영한다는 것, 학생 숙소는 대학교와 아무런 상관이 없다는 것 등이었다.

핀란드에서 학생주택 관리기관은 학교와 별개로 운영되지만, 국가의 융자로 지어진 만큼 학생주택에는 고등학교 졸업 후 어떤 전공을 선택하든 간에 모든 학생에게 입주가 허용된다. 다른 유럽 국가에서는 학생주택에 그 대학교 학생들만 입주할 수 있는 반면 핀란드에서는 그러한 제한이 없다. 또한 다른 유럽 국가들과 달리 핀란드에서는 학생 가족이 학생 아파트에 사는 경우도 아주 흔하다.

잘 알려진 몇 군데 예외가 있기는 하지만, 대부분의 학생주택은 캠퍼스에서 조금 떨어진 곳에, 그것도 기숙사가 아니고 일반주거지역에 위치하고 있다. 가장 흔한 주택 형태는 방이 둘 또는 셋인 아파트로 1인

핀란드의 모든 대학생들은 숙소 문제에 대해 큰 고민 없이 원하는 학교에 등록할 수 있다.

1실, 부엌과 욕실은 공동 사용한다. 이런 아파트는 한 가족용으로 쉽게 꾸밀 수도 있다.

이렇게 해서 학생들이 필요하다면 그들 모두를 위해 대학교 부근에 합리적인 가격으로 안전한 숙소를 마련해준다는 목표가 달성되었다. 또한 학생주택 관리기관은 지방대학교와 전문대학교의 국제화 전략에도 기여하고 있다. 핀란드는 학생 교류와 교환 프로그램에 관한 한 유럽에서 두 번째로 인기 있는 나라가 되었다. 이는 놀랄 만한 일이라 할 수 있지만, 실은 많은 대학교가 영어로 강의를 진행하는 한편 학생주택 관리기관이 외국인 학생들에게 숙소를 마련해주고 있다는 점도 큰 몫을 하고 있다.

019

일까 따이팔레Ilkka Taipale
1971~1975 · 2000~2007
핀란드 의회 의원

24시간 서비스 주택

스스로 생활할 수 없지만 집단주택이나 요양시설을
기피하는 사람들을 위해 24시간 서비스 주택을 제공한다.

핀란드에는 화장실, 수도, 부엌, 그리고 거실이 있는 집에 24시간 서비스와 보호감시체제를 갖춘 '24시간 서비스 주택'이라는 것이 있다. 여러 모임에서 나는 100번도 넘게 청중에게 '24시간 서비스 주택'에 가장 많이 사는 사람은 어떤 부류인가를 질문해보았다. 사람들은 대개 노년층, 또는 출소한 복역자를 가끔 언급했지만 지금까지 아무도 맞는 답을 대지 못했다.

　정답은 바로 우리들, 즉 가족이 있는 사람들이다. 우린 보통 가족끼리 매일 전화를 걸어 몇 시에 귀가하느냐, 냉장고에 먹을 것이 없다, 고양이 먹이를 사와야 한다, 누구랑 오늘 술을 마시느냐, 어제처럼 너무 많이 마시지 말라는 등의 얘기를 한다. 간섭이 심하다고 할 수도 있지만, 아침에 집에서 만든 빵과 식사가 당신을 기다리고 있을 때 당신은 훌륭한 서비스를 받고 있음을 인정해야 한다. 그러나 혼자 사는 사람, 가족이 없는 사람은 어떨까? 누가 돌봐줄까?

1980년대에 세계에서 제도화가 가장 잘 되어 있던 나라 핀란드는 각종 요양·재활시설 중심에서 환자들을 외래로 돌보는 개방 서비스를 제공하기 시작했다. 노년층 인구가 점점 더 늘어나면서 65세가 넘은 노인들을 위한 양로원이나 요양원이 뒤따라 건축되었다. 이들 시설의 서비스 제공은 낮 시간대가 점차 늘다가 마침내 24시간 서비스로 확대되었다.

하지만 65세 이하 사람들의 경우 상대적으로 소홀해졌다. 정신병원의 병상이 2만 개에서 6,000개로 줄어들었고 환자들이 황폐화된 기숙사나 요양원 또는 재활원으로 옮겨졌다. 발달장애인에게도 같은 일이 벌어졌으며, 알코올중독자도 마치 감방에서 풀려난 죄수처럼 매우 낡은 기숙사나 집단주택으로 내몰렸다. 1970년대 핀란드에서—스웨덴보다 20년 뒤지지만—학생주택이 건설됨으로써 '하숙'제도가 사라졌을 때, 그렇게 열악한 환경에서 살아야 했던 부류는 오직 정신질환자, 발달장애인, 치매 노인이나 신경장애환자들이었다. 그 수는 수천 명에 이르렀다.

1988년 입법된 '장애인지원법'에 따라 1992년까지 중증장애인의 주택조건이 따로 정해졌고, 신체나 시각 및 청각장애인에게도 그러했다. 이들에게 해당 장애협회에서 1,000개가 넘는 독립 원룸 아파트를 지어주었다. 그러나 장애인에 대한 법률과 규칙이 정신질환자 또는 발달장애인에게는 적용되지 않았고, 그 결과 그들의 주택환경은 사회적 지위와 마찬가지로 매우 열악한 상태로 남게 되었다. 젊은 나이에

병을 잃게 된 사람에게는 국민연금만 주어지는데, 사실 그것은 젊은 이들이 살아가는 데 쓰이는 것이 아니고 노년층 보호를 위해 만들어진 것이었다.

'24시간 서비스 주택'의 혜택을 누릴 수 있는 사람으로는 세 그룹이 있다. 그 첫 번째 그룹은 혼자 사는 정신질환자 중 약 10퍼센트로 스스로 생활하지 못하는 사람들이다. 두 번째는 보호시설에서 생활하는 수천 명의 사람들이다. '24시간 서비스 주택'은 이들에게 정상적인 삶을 영위하도록 해주는 동시에 국가에 비용절감 효과를 가져다준다. 세 번째 그룹은 고령의 부모나 연로한 가족과 함께 생활하는 약 7만 명의 사람들이다. 여기에는 학생이나 독신자가 일부 포함되어 있지만 대부분은 돌봐주는 사람이 있어야 살아갈 수 있는 사람들(남자 85퍼센트, 여자 15퍼센트)이다.

이들 세 그룹에 대한 종합적인 연구가 있지는 않았다. 오이바 안띠 매끼Oiva Antti M ki는 박사학위 논문에서 부모와 함께 사는 3,500명의 성인 발달장애인을 대상으로 한 연구 결과를 발표했는데, '나는 내 아이보다 하루만 더 살 수 있기를 바란다'라는 그의 논문 제목이 모든 것을 말해주고 있다. 이들 그룹에 속하는 대부분의 사람들은 '24시간 서비스 주택'에서 더 독립적으로 살고 싶어한다. 이들은 스스로 자신의 삶을 영위할 수 없지만 집단주택이나 요양·재활시설에서 생활하고 싶어하지 않는 사람들이다.

추산해본 결과 정신질환자를 위해 최소한 2,000채, 발달장애인을 위해 2,000채(그중 일부는 신경장애환자, 알코올중독자, 출소자 등에게 제공)가 '24시간 서비스 주택'으로 건설되어야 한다. 이러한 서비스 주택을 건설하지 않고는 노숙자 문제도 해결할 수 없다. 기존의 요양·재활시설의 입주환자 수를 줄임으로써 절약되는 돈으로 주택의 건설 재원을 일부 조달할 수는 있다. 그러나 정작 문제는 주택 건설이 아니다. '서비스 주택' 운영에 관한 결정이 약 500개나 되는 지자체의 손으로 분산되어 있고, 이들 지자체는 지금까지도 대부분 기준 이하의 '서비스 주택' 입주를 선호하고 있다. 기본적으로 웬만큼 품위 있는 숙소가 되어야만 민간 차원에서 서비스 제공 사업이 마련될 수 있는 것이다.

지금 막 핀란드에서 핀란드 슬롯머신협회, Y-재단, 아스파 ASPA(주택서비스재단), 장애인재단을 포함한 주요 도시의 재단들이 '24시간 서비스 주택' 네트워크를 구축하기 시작했지만, 현재 이 서비스를 필요로 하는 65세 이하 사람들 중 약 25퍼센트에만 그 혜택이 미치고 있다. 더욱 속도를 내어 일을 추진해야 한다.

020

끼오스띠 수오노야Kyösti Suonoja
겸임교수
2004~2006 '집시의 사명' 회장

집시족의 지위

집시뿐만 아니라 모든 핀란드인은
그들을 집시이자 핀란드인이라고 생각한다.

핀란드에서 흔히 '로마니Romani'라고 불리는 핀란드의 집시Gypsy들은 16세기 말 스웨덴과 러시아에서 이동해왔다. 다른 유럽 국가에서와 같이 그들은 환영받지 못했다. 그들의 생활양식, 문화, 언어 등은 낯선 외부의 것으로 간주되었다. 1637년에는 추방령에 저항하는 집시를 교수형에 처할 수 있는 법이 만들어지기도 했다. 17세기 들어 교회가 그들의 생활조건을 개선해주며 인구등록을 시작했고, 성직자들에게는 세례를 통해 집시들이 올바른 사회구성원이 되게끔 해야 하는 의무가 지워졌다. 집 없는 방랑자들이 모두 노동자 거처에 수용되었는데, 그중 집시들은 1863년 생긴 법에 따라 해멘린나H meenlinna에 있는 교도소로 이송되었다. 1900년이 되어서야 집시 문제에 관한 위원회가 그들을 일반 대중으로 동화시키는 것을 최선의 정책으로 채택하게 되었다. 그 주된 방법은 마치 어린아이들처럼 그들을 교육시키고 등록시켜 감시·보호하는 것이었다.

핀란드 정부가 집시정책을 완전히 바꾸기까지는 오랜 세월이 걸렸다. 1953년 집시위원회를 설치해 집시들을 정상적인 사회생활에 동화시키는 방안과 그들의 취업, 의무교육 시행 등의 문제를 검토케 했다. 1956년에는 집시문제협의회로 하여금 집시들이 처한 사회적 상황의 변화를 관찰·추적해 개선 방안을 제출하게 했다. 이 협의회가 핀란드 내 집시들의 복지에 영향을 미치는 전국적 규모의 조직이라고 할 수 있다.

1960년대 급진주의자들은 취약 계층의 생활조건에 대한 정부의 실정을 부각시키는 한편, 차별받고 가난하고 병약한 사람과 소수민족을 대변하는 역할을 맡았다. 특히 '11월 운동'은 언급될 만하다. 이 단체는 1967년 의회에서 집시 문제 해결을 위한 위원회 설치와 실제적 조치 강구에 필요한 예산 배정을 요구하는 청원 발의를 주도했고, 이것은 집시족의 이익보호 문제를 논의토록 하고 그 논의에 참여할 수 있는 '소수민족의 권리'를 분명히 하는 최초의 기회가 되었다. 그럼으로써 집시들이 협의회에 대표를 내보낼 수 있는 권한이 처음으로 부여되었다.

집시들은 살 집이 없다는 문제가 가장 두드러졌는데, 1975년 특별자금 지원을 포함하는 '특별주택법'이 통과되었다. 1980년 말까지 집시들의 주택환경을 일반 핀란드인과 똑같은 수준으로 만드는 것이 목적이었다. 1년 더 효력이 연장된 이 법은 특정 인종 그룹에 일반인들보다 우위의 특권을 부여한 특별법으로, 일종의 긍정적 차별(역차별)

이었다. 덕분에 집시들의 주택조건이 크게 개선되었지만, 이 특별법이 이들의 가난한 상황까지 해결하지는 못했다. 이 법이 정한 목적을 완전히 달성하진 못한 셈이었다. 집시들의 상황을 개선하는 더 나은 방안은, 한 예로 공공임대주택을 더 늘리는 것이었다.

새로 구성한 집시문제협의회가 집시들의 지위에 관한 보고서를 작성했는데, 집시 문제를 핀란드 주류사회의 관점에서 접근했지 그들의 독특한 문화의 관점에서 접근하지 못했음을 지적했다. 이 접근방법의 중요한 변화가 1992년 핀란드 기본권위원회의 한 보고서에 반영되었는데, 이 보고서는 모든 핀란드 국민은 자신의 언어와 문화에 대해 법적으로 동등한 권리를 갖는다고 밝히고 있다.

1995년 기본권에 관하여 '헌법 법률 The Constitution Act of Finland of 1919'의 개정이 이루어졌다. 특히 중요한 것은 차별금지 조항으로 '어느 누구도 특별한 이유 없이 출신, 언어, 성별, 나이, 종교, 신념, 견해, 건강, 신체장애, 또는 자신에 관한 여타 사유에 근거하여 다른 사람들과 차별되어서는 안 된다'는 것이다. 여기서 출신이란 국가, 민족, 사회적인 배경을 말하며 인종과 피부색을 포함하는 것으로도 간주된다.

헌법The Constitution of Finland(2000년 명칭 수정)은 '토착주민으로서 사미족, 집시족과 기타 인종 그룹은 그들 자신의 언어와 문화를 유지하고 발전시킬 권리를 갖는다'고 규정하고 있다. 이 규정은 별도로 핀란드 인구 중에서 두 개의 전통적인 소수민족인 사미족과 집시족을 언급하고 있지만, 이것은 핀란드에 살아온 소수민족에 국한하는 것은 아니다.

모국어는 정체성 확립에 매우 중요한 요소다. '기본교육법'의 모국어 조항에 따르면 사미어, 집시어, 수화 또는 기타 외국어를 모국어로 하는 학생은 최소한 주당 두 시간은 그들 모국어로 교육받을 권리를 갖는다. 1996년 핀란드 언어연구소에는 집시어의 개발·유지와 연구를 수행하는 집시어위원회가 설치되었다. '어린이보육법'에도 집시족 사회 대표들의 협력하에 집시 어린이들에게 언어와 문화 교육을 지원하는 목표가 포함되어 있다. 초·중등교육뿐만 아니라 성인들의 평생교육에 관한 모든 교육법에도 같은 목표가 채택되어 있다.

오늘날 핀란드의 모든 집시는 완전한 시민권과 함께 시민적 의무도 갖는다. 집시뿐만 아니라 모든 핀란드인은 그들을 집시이자 핀란드 사람이라고 생각한다. 대부분의 집시들은 도시에 살며 주택을 소유하고 있다. 그들의 방랑자 같은 생활은 옛날이야기다. 대부분 루터란 교회 신자로 등록되어 있다. 다만 학력수준이 낮아 일반 핀란드인보다 재정적·사회적 지위가 약하다. 그들은 법적인 지위는 평등하지만 그들을 대하는 사회적 태도로 인해 여전히 전통적인 불신의 대상이다. 집시에게 모든 문이 열려 있지는 않다. 낮은 교육수준이 그들의 생활수준을 말해주고 있으며, 재정적인 어려움은 대를 이어 계속되고 있다. 그들의 지위를 향상시킬 수 있는 다음 단계의 조치는 집시들의 중앙조직을 설립하는 것이다. 그러려면 집시들 스스로 의견을 통일할 수 있어야 하고, 또 자신들의 능력을 믿어야 한다.

021

주택회사 모델

마르띠 루야넨Martti Lujanen
핀란드 환경부 국장

핀란드의 '주택회사' 모델은 깨끗하고 투명한
주택 소유 구조를 보여주고 있다.

아파트 건물의 소유와 관리를 효과적으로 운영하는 방법은 무엇일까? 유럽연합 신규 회원국들의 민영화 프로그램 실행 과정에서 드러나는 문제다. 이 경우 지붕, 벽, 계단, 엘리베이터, 수도, 가스 등의 공익시설과 하수도, 전기설비와 같은 공동구조물과 시설의 지속적인 유지와 보수가 관심의 초점이다. 이 문제는 아파트 건물 내 개별 주택의 소유권이 입법화되어 있지 않거나 그 효력이 미약한 기존의 몇몇 유럽연합 회원국에서도 관심사항이었다.

대부분의 경우 '공동주택condominium 모델'이 입법적 해결 방안으로 적용되어왔다. 이 모델은 주택을 각자 소유하고 공동구역 및 구조물은 공동 소유하는 방식이지만, 주택소유자들이 공동구조물과 시설을 공동으로 유지·보수해나가는 과정에서 여러 가지 관리상의 문제가 야기되었다. 그래서 이 공동주택 모델에 주택소유자협회 방식을 결합하는 것이 훨씬 더 효과적이다. 다만 이 방식도 여러 군데에서 부족한 점이 있다. 특히 공동구조물과 시설의 대규모 보수를 위한 의사결정과 자금 대출 획득상의 어려움들이다.

핀란드에서는 이런 문제들을 아파트 건물과 연립주택에 대한 '특별소유'의 모델을 통해 해결했다. 이것은 주택단지 내 또는 일부 단독주택 건물들을 하나의 주택회사가 소유토록 하고 회사 주식을 각 아파트나 주택별로 배분하는 모델이다. 이러한 소유 모델을 위해 특별한 입법이 이루어졌다. 개별 주택(또는 아파트 각호)에 배당된 주식을 소유함으로써 주택회사의 구분 소유주가 되며, 각 주택의 주식증서는 그 주택에 대한 융자의 담보로 사용 가능하게 되었다.

주택회사 최고의 권한은 대개 1년에 2회 개최되는 주주총회에 의해 행사된다. 각 주주는 소유하는 주식 수에 따라 표결에 참여한다. 주식 수는 일반적으로 아파트 면적에 기초하여 정해진다. 주주총회는 입주자들의 매월 관리비를 정하고, 공동 지출되는 예산을 승인하며, 주요 보수공사에 관한 의사결정을 한다. 또한 의사결정권을 행사하는 이사회를 선출하고, 의사결정은 통상 과반수 표결로 한다.

이사회는 무엇보다도 매월 관리비를 수납하고 회사의 회계를 책임지는 관리자를 임명한다. 이사회가 어떤 보수공사의 사업자를 선정하기로 결정한 경우, 관리자는 여러 보수공사의 입찰문서를 준비해 이사회에 제출하고 이사회가 최종 사업자를 선정한다. 관리자들은 보통 하나의 '부동산 관리 에이전시'에 고용되어 있는데, 한 에이전시는 최소 열 개의 '주택회사'를 담당한다.

각 아파트의 주식증서는 재산 매입 또는 아파트 보수를 위한 대출을 받을 때 유동성 담보물로 사용될 수 있다. 이에 대신하여 회사는 공동구조물과 시설을 보수하기 위해 담보물 저당을 통해 대출금을 인출할 수 있다. 그럼으로써 가장 유리한 시장이자율로 대출을 받는 것이 가능하다. 회사에 매겨지는 대출이자와 월부금은 매월 납부금(관리비)과 연결하여 지불된다. 이 월 납부금은 회사 운영, 보수, 그리고 난방 등 모든 비용을 지불하는 데 충분하다. 만약 아파트 소유자가 월 납부금을 지불하지 못하는 경우, 회사가 문제의 아파트를 보유하고 임대 수입에서 미불금을 지출한다. 그러나 이 경우에도 아파트 소유자는 소유권을 상실하지 않는다.

주택회사제도가 가져다주는 혜택은 다음과 같은 것들이다.

1. 의사결정 책임이 분명하게 정해지고 건물의 공동구조물과 시설의 소유주가 하나로 특정된다.

2. 건물 전체 공동구조물과 시설 보수를 위한 대출이 가능하고, 개개 아파트의 필요(매매와 수리 등)에 따른 대출이 가능하다.

3. 한 아파트의 소유주가 보유하는 주택회사의 주식 매매가 용이하다.(자동차 매매보다 더 쉬울 정도다)

4. 월 관리비를 지불하지 않는 사람에 대한 제재가 매우 잘 기능한다.(제재가 거의 드물다는 것을 의미한다)

5. 의사결정 과정이 분명하고 용이하므로 건물과 공동구조물, 시설의 상태가 양호하고 충분한 보수가 시행된다. 이것은 재산가치와 향상된 생활수준을 유지시켜준다.

6. 주식 소유자는 개인, 회사, 지자체, 또는 비영리 법인 등 누구나 될 수

있다. 개인은 자가 주택에 살 수도 있고 세를 내놓을 수도 있다. 그 결과 같은 건물 내에서 소유자 거주와 임대 거주의 통합을 가능케 해주므로 차별적 상황을 줄일 수 있다.

주택회사제도는 핀란드에서 1920년부터 별다른 문제 없이 기능해왔다. 주택단지에서 주택회사 방식의 주거가 차지하는 비율은 45퍼센트에 이를 정도로 높다. 결론적으로 말해 핀란드의 '주택회사' 모델은 깨끗하고 투명한, 모든 사람이 이해하기 쉬운 주택 소유 구조를 보여주고 있다.

022

까리 뿌로Kari Puro
2001~2006 일마리넨(Ilmarinen)
상호연금보험회사 사장

고용연금제도

핀란드 고용연금제도는 모든 사회계층에
동등한 대우를 가능하게 한다.

고용(실업)연금제도는 핀란드의 발명품이 아니다. 모든 선진 경제에서 사람들의 생활은 봉급을 받고 일하는 유급근로에 바탕을 두고 있다. 그런데 정년이나 근로능력의 상실로 더 이상 유급근로가 불가능해지면 고용연금으로 대체된다. 고용연금이 소득의 종료에 따른 보험 역할을 하는 것이다.

연금제도의 기본구조(연금 지급과 보험료 납입)나 재원 마련 방식(분담 혹은 기금의 사전 적립)도 핀란드에서 처음 만들진 않았다. 또한 이들 방식의 중간 형태도 핀란드의 발명품이 아니다.

얽히고설킨 고용연금과 노동시장의 상호 연관된 패턴을 처음 발견한 것도 핀란드가 아니다. 다른 나라들도 핀란드와 같은 전철을 밟아

왔다. 나이 든 사람을 퇴직시켜 젊은이에게 고용기회를 주는 조기퇴
직연금제도의 유용성을 일찍 알았지만, 이 제도가 초래할 복잡한 행
동양식과 반응은 나중에야 깨달은 것이다.

핀란드가 발명했다고 인정할 수 있는 것은 고용연금제도에 관해 많
은 나라가 선택한 여러 방식을 잘 기능하는 실체로 집대성한 것이다.
또 하나 핀란드가 만들어낸 것이 있다면 의사결정 방식으로, 이것은
시대별 사회적 상황에 적응하도록 연금제도를 조정하는 일이다. 아울
러 그런 조정에도 불구하고 제도의 기본개념은 유지되며, 모든 사회
계층에 동등한 대우가 가능하다는 점이 핀란드 고용연금제도의 두드
러진 특성이다.

고용연금은 소득을 대체하는 것이므로 연금 지급액이 무엇보다 중
요하다. 연금 지급액의 한도는 대략 봉급 대비 60퍼센트가 목표치다.
국민 개개인에게 연금혜택이 보장되어야 하므로 연금제도는 법적인
강제성이 뒤따라야 한다. 법으로 확립된 연금제도 덕택에 사람들은
직업을 바꿀 때에도 그동안 적립한 연금을 유지해왔다. 그럼으로써
연금제도는 유럽연합의 4대 기본권 중 하나인 직업 선택의 자유를 뒷
받침해왔다.

만약 고용연금을 최소한 소비자물가 수준으로 재평가하지 않는다
면 물가가 상승할 때 연금은 그 빛을 잃게 된다. 따라서 물가상승률에
맞추거나 웃도는 재평가율을 적용해야 한다. 그로 인한 비용 상승은
소득 분배로 보충함으로써 재평가율을 적용한 연금 지급이 보장된다.

일부이긴 하지만, 상당한 액수인 사전적립기금은 세대 간 고용연금
보험료 수준을 평준화시켜준다. 이 사전적립기금은 국가경제의 커다
란 부분에 맞먹는 규모(최근 어느 해의 경우 국민총생산의 3분의 2 규모인

1,000억 유로)에 이르렀다. 그 덕택에 고용연금 보험료 상승속도가 연금 지급 사용액 상승속도보다 훨씬 느리다.

연금제도는 연금보험회사, 연금신용기금, 그리고 연금투자펀드 3자 간에 공동으로 운영된다. 연금혜택은 어느 연금회사에 가입하든 동일하다. 그래서 기금 미납 시의 혜택과 수납된 기여금이 모든 연금기관 간에 공동자금으로 운영되도록 그에 필요한 절차가 마련되어 있다. 처음부터 이 공동자금은 효율적으로 기능하는 청산 및 비용분담 절차에 의해 규율되어왔다.

또한 연금 관련 기관의 분권화를 통해 어느 정도 경쟁을 허용하고 있다. 법의 규율을 받는 법정연금은 일반 연금만큼 경쟁이 허용되지 않는다. 그러나 일반 연금의 경우 투자활동 및 서비스의 품질과 효율 면에서 더 많은 경쟁이 허용되고 있다. 또한 연금기관의 분권화는 국가경제의 주요 부분이 과도한 위험에 노출되어서는 안 된다는 의미에서 중요성을 갖는다.

연금가입자에게 연금기관의 분권화로 인해 복잡한 절차가 더 늘어나지는 않는다. '최종절차 원칙'이 적용되고 있어 연금가입자는 연금기관 중 한 곳과 거래하면 된다.

핀란드의 고용연금제도는 핀란드에서 꽃피우고 있는 사회적 창안의 대표적인 예다. 이 제도는 시대별 사회의 필요에 부응하기 위해 관련 기관 간의 공동노력으로 개선·발전되고 다양한 요소로 구성되는 균형 잡힌 복합체라고 평가할 수 있다.

023

밥뿌 따이팔레Vappu Taipale
전 국립보건복지연구원 원장

탁아 서비스

부모들이 탁아 문제에 관한
다양한 선택을 할 수 있도록 법률을 통해 지원하고 있다.

제2차 세계대전 이후 핀란드는 가난과 전쟁으로 황폐해져 있었다. 여자들도 일을 해야 했다. 남자들의 일손만으로 부족하기도 했지만, 원래 핀란드에서는 남녀평등의 오랜 전통 때문에 여자들도 직장에서 일을 했다. 전쟁 후에도 여자들은 직장에 그대로 남았다. 한편으로는 소규모 농업이 발달했던 핀란드가 1960년대에 이르러 어느 유럽 국가보다도 빨리 도시화되었고, 젊은이들은 일자리와 학업을 찾아 도시로 이주했다. 이것이 여성의 취업, 특히 지방에서 여성 근로의 필요성을 더욱 증대시켰다. 그러나 낮 동안 어린아이들을 돌봐줄 보육시설은 턱없이 부족했다.

1973년 모든 지방자치단체가 중앙정부의 재정 지원을 받아 주간 탁

탁아 서비스가 발달한 핀란드에선 출근길에 유모차를 끄는 모습을 흔히 볼 수 있다.

아센터를 설치하도록 하는 '어린이(주간)보육법'이 제정·발효되었
다. 이 법의 입법 과정에서 '어린이들을 공공시설에 수용한다'는 것에
대해 열띤 논쟁이 벌어졌다. 우파는 가정에서 엄마가 아이들을 돌봐
야 한다고 강조하며 법안에 반대했고, 좌파는 당시 인력시장의 상황
을 언급하며 법안에 찬성했다. 결과적으로 이 법은 또 하나의 사회적
창안, 즉 가정에서 어린이를 돌보는 직업을 탄생시켰다. 자기 아이를
포함해 다섯 명의 아이를 돌보는 '가정탁아보육사'가 바로 그것이다.
그들에게도 부모와 지방 당국이 부담하는 월급이 지급되었고, 근로연
금의 권리가 주어졌으며 특별교육을 받도록 의무화되었다.

　1980년대로 들어서자 주간 탁아시설의 공급은 수요를 따라가지 못
했다. 그래서 양육휴가가 9개월로 늘어났다. 구 농민당이었던 중도당
Center Party에서는 또 하나의 사회적 창안인 '가정양육수당'을 만들었
다. 부모 중 한 사람이 집에서 미취학 아동을 돌보는 경우 지급되는 수
당이었다. 정치적으로 좌파는 반대 입장이었는데, 여성들이 불리한
덫에 빠지지 않을까 우려했기 때문이다. 여성들이 직장을 그만두거나
직장에서 불리한 위치에 놓일 뿐만 아니라 근로연금도 축적할 수 없
을 것이라는 주장이었다. 그러나 1984년에 정치적 타협이 이루어져
'탁아보육지원법'이 만들어졌다. 이 법은 1990년까지 여러 단계에 걸
쳐 발효되는 점진적 시행 방식을 취했다.

　'탁아보육지원법'은 부모에게 탁아 문제에 관한 결정권을 부여했
다. 즉 부모에게 당시 11개월이었던 출산·양육휴가가 끝난 후, 지자
체가 제공하는 탁아보육(보육원 혹은 가정탁아보육) 서비스와 자신들의
재량으로 쓸 수 있는 가정양육수당 중에서 하나를 선택할 수 있게 한
것이다. 이 권리는 세 살 이하의 유아가 있는 가정에만 해당되도록 함

으로써 특히 갓난아이를 보호하는 데 목적을 두었다. 이 법의 시행으로 지자체는 탁아보육시설을 제공해야 하는 의무가 더욱 무거워졌지만 중앙정부의 자금 지원을 받아 잘 완수해냈다.

1990년대 중반, 핀란드 경제는 경제협력개발기구 국가 중에서 가장 어려운 상태에 놓였던 1990년대 초반의 경제침체에서 벗어나 다시 고도성장을 하게 되었고, 이 무렵 탁아보육 문제가 다시 주요 과제로 등장했다. 그러자 의회에서 흥미로운 일이 벌어졌다. 모든 정당의 여성 의원 전원이 1996년 이후부터는 취학 전 모든 아동에게 탁아보육을 받을 권리를 확대하는 데 가세했다. 이로써 또 하나의 사회적 창안이 만들어졌다. 이제 모든 가족의 어린이들이 탁아보육을 받게 된 것이다. 또한 지방자치단체가 탁아·보육 책임을 원활히 이행하도록 사설 보육센터를 활용할 수 있게 해주었다.

핀란드에서 취학 전 아동 중 탁아시설 보육을 받는 비율은 유럽연합의 평균보다 낮은 45퍼센트 정도다. 이것은 세 살 미만의 영유아 중 약 70퍼센트가 집에서 양육되고, 탁아보육 대상 어린이 중 25퍼센트가 가정탁아보육사의 보살핌을 받고 있기 때문이다. 또한 현재 핀란드에서 모든 어린이는 취학 전 1년간 유치원pre-school에 다닐 수 있고, 그 교육은 탁아보육원이나 초등학교에서 이루어진다. 전체적으로 탁아보육 서비스는 핀란드의 사회복지 서비스 중에서 가장 큰 부분을 차지하면서도 재정투입 효과가 매우 크다는 분석 결과가 나와 있다.

024

가정양육수당

출산율 저하로 고민하던 때 제기된 가정양육수당은
30년간의 합의 과정을 거쳐 실시되었다.

가정양육수당은 세 살 이하의 아이를 지자체 운영 탁아보육원에 보내지 않고 가정에서 돌보려는 사람들에게 지급되는 가족정책 보조금이다. 나는 아이들을 집에서 돌보기 위한 보조금제도를 1950년대 말에 제안했는데, 그것이 실현되기까지 무려 30년이 걸렸다.

그 일은 내가 학업을 마치고 직장생활을 시작할 무렵 세 아이를 집에서 돌볼 수 있기를 희망한 데서 비롯되었다. 이런 생각은 어린이가 정상적으로 발달하려면 최소 두 살, 가능하면 세 살이 될 때까지 한 사람이 돌봐야 한다는 아동심리학자의 견해에 따른 것이었다. 보육원의 보모들은 서로 다른 성격을 갖고 있는데다 자주 바뀜으로써 생기는 불안감은 세 살 미만 유아들에게 바람직하지 못하다는 것이다. 1950년

가족피크닉을 즐기고 있는 모습.
핀란드에선 3세 이하 아이를 집에서 양육하는 경우 별도의 보조금이 지급된다.

대에 핀란드의 일반 가정에서 유아 양육을 맡기기 위해 가정부를 두는 것은 그전보다 쉽지 않았다. 한편으로 근로여성의 비율이 스웨덴은 26퍼센트 정도에 불과했지만 핀란드에서는 40퍼센트에 이른 상황이었다.

그렇다고 엄마가 어린아이를 돌보기 위해 가정에 머문다면 자연히 소득이 감소할 수밖에 없는 현실이었다. 물론 엄마가 유급 직장에 계속 다니도록 아이를 지자체 운영 보육시설에 맡길 수 있고 보육원 이용에 따른 비용도 가족의 능력에 따라 지불하므로, 그 액수가 실제 비용 중 일부만 부담하는 정도였다. 이뿐만이 아니었다. 직장에 다니는 엄마는 연금을 축적할 수 있지만 집에 있는 엄마는 연금을 잃는 셈이었다. 나는 이것이 아이를 집에서 돌보는 소중한 책무를 다하고 싶은 젊은 세대 가정들을 불공평한 위치에 놓이게 한다는 생각이 들었다.

언론인이었던 나는 이러한 사회적 불공평에 대해 신문기사를 쓰기 시작했고, 이 문제를 인구정책협회 이사회에 제기했다. 때마침 핀란드에서 출산율이 놀랄 만큼 줄어들고 있던 상황이라 큰 관심을 끌었다. 또한 나는 이 문제를 중도당(당시엔 농민당)에 제기한 결과 1962년 정당 프로그램에 '가정양육수당'(처음에는 '모성급여'라고 했다) 의제가 포함되었다. 우리는 가족정책 실무그룹을 조직해 이 문제에 관한 입법안 초안을 잡기 시작했다.

나는 러시아혁명 이후 만들어진 소비에트 아동보육제도도 살펴보았다. 어린아이를 가진 모든 엄마가 공산사회와 제도 건설에 기여하기 위해 직장에 나가야 했고, 아이들은 공공탁아소에 맡겨져 자랐음을 알 수 있었다. 그렇다면 우리가 살고 있는 민주주의 사회에서는 가족이 육아 문제에서 선택의 자유를 가져야 하고, 평등사회 구현을 위해 가정양육 보조금이 지급되어야 한다고 생각했다. 이 문제를 맡은 위원회에서 여당은 입법안을 지지했지만 야당은 협상과정에서 반대했다. 그러나 중도당이 소수 연립정부를 구성한 1976년, 비로소 시범적인 가정양육수당제도가 출범하게 되었다.

그 후 사람들은 이 개혁안이 쉽게 승인될 거라고 생각했지만 그렇지 못했다. 이 수당의 수혜자는 오로지 직장여성들이어야 한다고 주장했던 사회민주당이 가장 강력하게 반대했다. 그들은 중도당이 어차

피 집에 있어야 하는 농가의 엄마들에게 보조금을 안겨주려 한다고 공격했다. (하지만 매년 태어나는 6만여 명 중 농가에서 태어나는 어린아이는 수천 명에 불과했다.) 게다가 학계의 여성단체들까지 이 수당이 오히려 여성들의 커리어 발전에 장애가 될 수 있다는 이유로 반대행렬에 합류했다.

이 문제를 놓고 몇 년에 걸쳐, 특히 두 정당이 의회뿐만 아니라 연립정부 내에서도 논쟁을 벌였다. 나 자신도 동료인 밥뿌 따이팔레 장관과 팽팽하게 맞섰다. 마침내 1986년 '가정양육수당'이 통과되었다. 이 수당은 세 살 이하 유아의 경우 출산수당 및 부모수당 지급 기간이 끝난 후 지급되고, 여섯 살 이하의 미취학 아동에게도 지급되는 것으로 결정되었다. 1990년에는 사회민주당이 세 살 이하 아이에게 선택적으로 탁아보육을 받을 권리를 부여하자고 밀어붙였다. 그렇게 해서 이 문제에 관한 정치적 이견이 해소되었다. 아동심리학자의 조언과 같이 아이의 올바른 성장발달을 도우려면 세 살이 넘은 후 탁아보육이 실시되어야 한다고 주장했지만, 어쨌든 협상은 이루어졌다.

가정양육수당은 15만 가정이 수혜자가 된 1990년대 초 절정에 달했다. 뒤이은 경제침체기 동안 이 수당은 20퍼센트가 감액되었는데, 아직까지 원상 복구되지 못했다. 2004년 핀란드에서는 13만 8,000개 가정에서 이 수당을 지급받은 것으로 조사되었다. 수당 금액으로는 같은 가정 내 세 살 이하의 첫 자녀에게 월 294유로, 다른 세 살 이하 자녀 한 명당 월 84유로, 그 밖의 모든 미취학 자녀 한 명당 월 50유로를 지급한다. 이 제도로 두 살 이하 어린이 중 60퍼센트 정도가, 여섯 살 이하 어린이 중 약 30퍼센트가 수혜자가 되었다.

가정양육과 탁아보육을 받는 어린이의 비율에서 핀란드와 가정

양육수당제도가 없는 북유럽 국가 사이에 흥미로운 차이점이 발견된
다. 핀란드에서는 두 살 이하 어린이 중 절반 이상이 집에서 자라고
있는 반면 덴마크와 스웨덴에서는 그 비율이 13퍼센트에 불과하다는
점이다.

025

요한네스 꼬스끼넨Johannes Koskinen
1999~2005 핀란드 법무부 장관
핀란드 의회 부의장

아빠 육아휴가

핀란드에선 아빠도 육아휴가를 받는다.
남녀 모두가 육아의 책임을 공유해야 한다는
사회적 인식이 반영된 결과다.

몇 년 전 영국의 여성단체들이 '나는 차라리 핀란드에서 엄마가 되고 싶다'라는 캠페인을 벌였다. 이처럼 남성들도 '나는 차라리 핀란드에서 아빠가 되고 싶다'는 캠페인을 나란히 벌일 수 있다.

북유럽 국가들은 부모가 받는 복지혜택, 특히 아빠에게 주어지는 혜택이 다른 유럽연합 국가보다 크게 앞서 있다. 이 지역을 벗어나면 남성이 아빠라는 이유로 독자적인 육아휴가나 수당을 받는 권리를 가질 수 없다. 1970년대 들어 적극적인 아빠의 역할이 강조되기 시작했다. 예전의 아빠들은 자녀 출산 후 양육에 관심이 없었고 경제적 역할만 하는 것으로 여겨져왔다. 그러나 1980년대에 들어와서는 남자가 산모와 함께 산부인과에 진료를 받으러 가고 조산원에서 산모의 출산

과정에 참여하는 것이 장려되었다.

핀란드에서 아빠의 육아휴가 권리는 새로운 남녀평등의 문제를 포함해 10년 넘게 토의된 후 1978년부터 부여되었다. 1985년 출산수당이 엄마의 동의하에 아빠도 일부 받을 수 있는 부모육아수당으로 바뀌었고, 1990년대에는 더 많은 아빠들이 이 혜택을 받도록 제도가 개혁되기도 했다. 1991년 초에는 아빠들에게도 6일 출산휴가를 부여했다. 경제침체가 극심하던 1993년에 부모육아수당을 받는 기간이 단축되었지만, 출산 직후 아빠의 6일 출산휴가 기간은 별개였다. 1997년 이후에는 출산 직후 곧바로 출산휴가를 갖지 않고 미룰 수도 있게 되었다.

핀란드에서 부모육아수당은 근무일working day 263일간의 휴가 기간에 대해 지급된다. 처음 105일(출산휴가)은 엄마에게(출산수당) 지급되고, 이후 158일은 부모의 육아휴가 기간으로 엄마 또는 아빠에게 지급된다.

이 부모육아수당 지급 기간 동안 아빠는 18일까지 휴가를 받을 권리(아빠 육아휴가)가 주어진다. 이것은 엄마 출산휴가 또는 부모 육아휴가 둘 중 어느 기간에라도 쓸 수 있다. 부모 육아휴가는 최대 네 번으로 나누어 쓸 수 있는데, 만약 아빠 육아휴가가 부모 육아휴가의 마지막 12일 중에 포함되면 부모 육아휴가 기간이 끝난 후 아빠는 추가로 12일이 늘어난 부모 육아휴가를 받을 수 있다.

1990년대 이후 아빠 육아휴가 이용률은 일정 수준에 머물고 있는데, 아빠가 되는 남자들 중 약 3분의 2가 아빠 육아휴가를 택했다. 2003년 통계로는 약 4만 4,500명이 아빠육아수당을 청구했고, 평균 휴가 기간은 14일이었다.

아빠 육아휴가는 중산층의 사무직 종사자와 사회·보건·교육 분야 전문가들이 자주 사용하고 있으며, 기술 분야와 산업 근로자들도 사용하고 있다. 공공 부문 근로자들보다 민간 기업 등 개인 부문 근로자들이 아빠 육아휴가를 더 짧게 사용하고 있고, 사회 및 보건 분야 종사자와 농업 근로자들이 가장 빈번히 3주간의 아빠 육아휴가를 쓰고 있는 것으로 나타났다.

연구 결과에 따르면, 아빠들이 주어진 휴가 기간을 모두 사용하지 않는 건 육아수당이 같은 기간 동안 직장에서 받는 소득에 미치지 못하거나 자신의 경력관리에 부정적인 영향을 미칠 가능성이 높다는 점, 그리고 연속되어야 하는 업무적 특성 때문이라고 한다. 이는 설문에 응한 아빠들이 지적한 내용이다.

나 역시 빠아보 립뽀넨 총리 정부에서(립뽀넨 총리 자신도 아빠 육아휴가를 사용했다) 법무부 장관을 맡고 있을 때 두 번이나 아빠 육아휴가를 받아 흔쾌히 다녀온 적이 있다. 두 딸이 태어났을 때 나는 곧바로 1주일간 아빠 육아휴가에 며칠을 더 합해 여름휴가를 다녀왔다. 하지만 그것이 나에게 나쁜 영향을 끼쳤다고 생각하진 않는다. 오히려 부모로서 동등한 자격을 갖는 데 긍정적인 영향을 주었다고 확신한다.

026

씨르빠 따스끼넨 Sirpa Taskinen
국립보건복지연구원 개발담당이사

무료
산모 육아용품

'산모 육아용품 세트' 무료 지급 이후에
산모와 신생아 사망률이 크게 줄었다.

핀란드에는 산모 육아용품 세트를 무료로 제공하는 제도가 있다. 이 제도가 처음 시작되었을 때에는 사회적으로 중요한 창안 중 하나였으며, 지금도 지원 범위와 내용의 충실함을 살필 때 전 세계적으로 유례를 찾아보기 힘들다. 다른 나라에서도 물론 산모에게 다양한 혜택을 주지만, 대개는 의류 몇 가지에 그친다.

핀란드에서 산모에게 무료로 용품을 지원하게 된 배경 중 하나는 1940년대 전쟁 직후 돈이 있어도 사지 못하고 배급 받아야 할 정도로 물건이 부족했기 때문이다. 그 당시 무료 산모 육아용품은 '국가가 엄마들에게 주는 종합선물세트'였고, 필요 그 이상이었던 셈이다.

초창기에는 지방자치단체의 사회복지위원회가 신청자별로 요청할 수 있는 무료 제공 용품의 종류를 결정했다. 모두 세 종류였는데 하나는 산모와 신생아 둘 다를 위한 용품, 또 하나는 신생아만을 위한 용품(배가리개, 배냇저고리 등), 그리고 산모만을 위한 용품(이불보, 수건, 바느질 도구 등)이었다.

1949년에는 가정의 재정상태와 상관없이 이러한 용품이 보호시설 수용자나 재소자 산모를 제외한 모든 산모에게 무료로 제공되었다. 1977년 이후에는 모든 산모에게 이 혜택이 주어졌다.

처음에 옷가지들은 전통 옷감으로 만들어진 주름장식이 들어갔는데, 1950년대에 들어와 당시 아기 옷으로 유행한 속바지와 놀이용 바지 등이 추가되었다. 1960년대에는 신상품으로 나온 턱 끈 달린 모자, 슬리핑 백, 일회용 기저귀가 포함되었고 1970년대에는 색상이 화려하고 땀을 잘 흡수하는 놀이용 옷들로 교체되었다. 그때까지도 의복은 엄마가 장식을 하거나 수를 놓을 수 있도록 하얀색 또는 표백되지 않은 면으로 만들어졌다. 1980년대에는 양말, 지퍼 달린 보온담요, 슬리핑 백 또는 유모차 등과 같은 새로운 물품으로 채워졌다. 이때까지만 해도 품질 좋은 옷을 강조했는데, 요즘은 전체적인 색조에 더 중점을 두고 있다. 지난 10년 동안에는 변화하는 유행에 맞춰 더욱 새로운 것들이 추가되었는데 지금은 면으로 된 땀 흡수 셔츠, 외출복, 재사용이 가능한 면 기저귀, 몸에 붙는 옷, 타이츠, 누비옷 등이 포함되어 있다.

그리고 옷뿐만 아니라 다른 육아용품도 무료로 제공되어왔다. 그중 대표적인 것으로 아기를 씻기거나 빨래할 때 많이 사용했던 '에나멜 대야'가 있는데, 1970년대 들어 이 대야는 제공 품목에서 제외되었다. 품목의 선택과 첨부되는 설명서 목록에 점점 더 아빠들의 고려사항이 늘어났다. 그리고 '산모 육아용품 세트'라는 용어를 바꾸려는 시도도

핀란드에선 출산을 앞둔 산모들에게 육아용품 세트를 무료로 제공하고 있다.

있었다. 같은 맥락에서 1980년대에는 '엄마에게'라는 육아안내서의 제목이 '우리 집에 아기가 태어나요'라고 바뀌기도 했다.

이 제도가 국가사회복지청 관할하에 있던 1980년대에는 제공 품목의 품질뿐만 아니라 어린아이들의 정신발달 증진에도 관심을 기울이기 시작했다. 당시만 해도 아기가 볼 수 있는 그림책을 시중에서 구할 수 없었기 때문에 '우리 아가의 책'을 개발해 제공했다. 또한 무료 육아용품에는 신생아용 장난감—한쪽에는 웃는 얼굴, 다른 쪽에는 부루퉁한 얼굴을 한 노란색 천으로 만든 딸랑이 방울 장난감 하나가 꼭 포함되었다. 그 책과 방울 장난감은 어린아이들에게 큰 인기를 끌었다.

산모 육아용품 무료 제공은 핀란드 사회에 새로운 전환점을 마련해주었다. 이들 용품을 받으려면 엄마가 임신 4개월 이전에 반드시 임산부 클리닉을 방문해야 한다는 전제조건이 있었다. 그래서 사실상 모든 임산부는 보건의료 서비스에 등록하게 된다. 1960년대 이후 핀란드에서는 산모와 신생아의 사망률이 크게 줄었고, 그 결과 핀란드는 오랫동안 복지 분야에서 세계 3위권을 유지할 수 있었다. 이는 아마도 무료 산모 육아용품의 매력이 없었다면 불가능했을 것이다.

027

끼르시 린드로오스 Kirsi Lindroos
전 핀란드 교육청장

무료 학교급식

학교급식은 학생의 교육과 양육에
빠뜨릴 수 없는 부분으로,
학교와 가정의 공동책임이다.

핀란드에서 종합학교(초등학교와 중등학교를 통합한 학교), 고등학교, 직업교육학교에 다니는 학생은 수업이 있는 날이면 언제나 무료 급식을 제공받는다. 이미 학교급식은 100년이 넘는 역사를 자랑하고 있으며 21세기에 들어서도 여전히 교육계획의 기본사항, 학생복지후생 등에서 중요한 부분을 차지하고 있다.

핀란드에서는 17세기부터 학업을 장려하려면 학교급식이 중요하다는 사실을 터득했다. 문헌에 따르면, 그 당시 학생들은 지방을 돌아다니면서 식재료와 학습용품을 구했다고 한다. 또한 학교에 주방시설을 설치했다고 한다. 1896년 초등학교 전국대회에서 처음으로 학교급식 문제가 논의되었고, 1913년부터는 국가가 초등학교에 학교급식을 위한 보조금을 지급했다.

1930년대에 교육청은 초등학생들의 영양상태에 관한 책을 발간하면서 '학교급식이 필요한 것은 두말할 필요가 없다'고 선언했으며, 관련법 제정을 위한 준비가 시작되었다.

1943년 핀란드에서는 세계 최초로 학교 식당에 음식을 마련해 학생들에게 무료로 급식하기 위한 법령을 제정했다. 한편으로 학생들에게도 방과 후 학교급식에 필요한 식재료 재배나 채취 등을 맡겼다. 의무교육을 받는 모든 학생에게 학교 수업이 있는 날에는 항상 무료로 식사를 제공하겠다는 목표를 세우고 5년 안에 달성토록 했다. 그래서 목표가 실현된 1948년부터 오늘날까지 이 제도는 이어지고 있다.

그 후 교육에 관한 규정이 계속 개혁되고 다듬어지면서 실질적인 학교급식제도에 관한 더 많은 지침이 생겨났다. 현재 약 90만 아동과 청소년 학생이 매일 무료 학교급식의 혜택을 받고 있다.

학교급식을 실시함으로써 학생들은 날마다 무료로 영양이 고른 따뜻한 식사를 할 수 있다. 이는 학생들의 건강 유지와 함께 전체 학교사회의 복지 향상에도 큰 도움이 되고 있다. 급식과 간식 제공, 다이어트가 필요한 학생에 대한 건강 모니터링과 관리는 당연히 학생복지사업의 일부분이다.

핀란드의 학교급식은 다양하면서도 영양이 고르게 포함되어 있고, 학생의 연령과 신체조건에 따른 건강을 유지시키고 성장과 발육을 촉진하는 데 맞게 설계되어 있다. 학교급식은 아동과 청소년 학생이 매일 필요로 하는 영양섭취의 일정 부분을 공급하고, 매일 먹는 다른 식사를 보충해준다. 건강에 좋고 다양하면서도 맛있는 식사를 제공하기 위해 많은 신경을 쓴다. 제철 음식을 제공할 뿐만 아니라 청결하고 즐거운 식사환경을 만들어 평온하고 여유 있는 식사가 되게 하는 데 관심을 기울이고 있다. 학교급식에 학생들도 직접 참여케 하여 저학년 학생들의 식사를 돕거나 주방에서 실습을 하기도 한다. 학생들은 식사 준비에 참여함으로써 급식의 중요성을 이해하고 공동책임의식을 기를 수 있다.

학교급식은 핀란드 음식문화의 중요한 한 부분이다. 학교급식은 대개 기본적인 핀란드식 식단인데 따뜻한 음식, 샐러드, 채 썬 생야채 또는 과일, 채소, 빵과 마가린, 음료수 등으로 구성된다. 학생, 직원, 부모가 함께 마련하는 메뉴에는 각 지방의 특색이나 계절적인 여러 요소가 고려된다. 또 판에 박힌 일상적인 방식에서 벗어나 특별한 주제가 있는 날을 기획하기도 하고, 핀란드 전통 명절 음식을 제공하거나, 다른 나라의 음식과 관습을 선보이기도 한다.

학교급식은 학생들의 하루 일과 리듬에 맞추도록 설계되고 있다. 최근에는 학생들의 일과표에 따라 즐거운 환경에서 영양이 골고루 함유된 다양한 건강 간식을 먹게 하는 방안을 논의하고 있다. 그 대안으로는 무료나 유료 학교 간식 또는 집에서 가져오는 간식 중에서 선택하도록 하는 것이다. 오전이나 오후 특별활동에 참여하는 학생들에게는 항상 간식이 제공된다.

학교급식은 학생의 교육과 양육에서 빠뜨릴 수 없는 부분으로, 학교와 가정의 공동책임이다. 어릴 때 몸에 밴 식사습관이 평생의 건강 유지에 영향을 주기 때문에 학교급식은 양육과정에서 중요한 역할을 하고 있다. 21세기 들어 비만 어린이가 늘고 있어 걱정하는 목소리가 커지고 있는데, 학교에서 실행하는 여러 방법이 이러한 비만 증가 추세를 막는 데 중대한 수단으로 여겨지고 있다. 규칙적인 학교 일과,

올바른 식사습관, 운동이야말로 학교생활을 유익하게 해주고 배움을 즐기며 균형 잡힌 하루하루를 보낼 수 있도록 뒷받침해준다. 따뜻한 무료 학교급식은 성공적인 학습능력, 지식, 그리고 건강을 일구는 핀란드 사람들의 성공비결 중 하나다.

028

벨리-마띠 후이띠넨Veli-Matti Huittinen
까우니알라 보훈병원 명예원장

참전 상이용사
후생복지

참전 상이용사라면
정치적 견해차나 출신배경과 상관없이
누구나 필요한 서비스를 제공받는다.

제2차 세계대전이 끝나고 400만 인구의 핀란드에는 참전 상이용사가 10만 명에 이르렀다. 전쟁에서 20만 명이 넘는 핀란드 사람들이 부상했다. 이들 중 9만 5,000명 이상이 영구적인 부상을 입어 '상이용사법'에 따라 보상을 받게 되었다.

정부는 우선 9만 4,000여 명에 이르는 전사자의 가족을 돕고, 전쟁으로 상실한 러시아 접경 지역에 살던 50여만 명의 난민 이주 문제를 해결해야 했으며 막대한 전쟁배상금을 치러야 했다. 참전 상이용사들의 치료와 복지 문제는 자연히 뒤로 미뤄둘 수밖에 없었다. 병원시설 또한 상이용사 수에 비해 턱없이 부족했다.

러시아가 1944년 9월 '평화유지협약'에서 핀란드에 제시한 요구조건은 매우 까다로웠다. 정부에서는 적국 소련에 의한 점령이나 압력을 피하기 위해 협약사항을 빠짐없이 이행해야 했다. 이러한 정치·경제적 상황에서 정부가 상이용사를 돌볼 가능성은 희박했다. 1940년 상이용사들의 후생, 권익보호와 친목을 목적으로 설립된 상이용사전우회는 자신들이 당면한 문제를 스스로 해결해나가야 했다. 법적인 뒷받침도 뒤따라야 했고 간호, 재활, 모니터링 등 실제적인 문제 해결이 절실했다. 또한 그에 따른 시설을 건설하거나 구입해야 했고, 모금과 기부로 재원을 마련해야 했다.

일단 상이용사전우회는 정부에서 추후에 전적으로 운영자금을 지원한다는 약속을 받아내고 고도장애 상이용사들의 치료시설을 건축했다. 이런 상황에서 1946년 까우니알라Kauniala 병원이 설립된 것이다. 이 병원은 지금도 상이용사전우회가 참전 상이용사들의 병원으로 운영하고 있다. 핀란드의 참전 상이용사들의 치료와 재활제도는 세계적으로 높이 칭송되고 있다. 법적인 보호장치 없이도 참전 상이용사조직이 참전용사들의 치료와 재활을 위해 계획, 실행 및 재무까지 담당하고 동시에 재활이나 치료 서비스를 제공하는 나라는 전 세계 어디에도 없다.

핀란드 사람들은 겨울전쟁Winter War(1939~1940년), 계속전쟁Continuation War(1941~1944년), 그리고 라플란드 전쟁Lapland War(1944~1945년)을 국가방위투쟁으로 여기기 때문에 이들 전쟁에서 치른 희생을 매우 소중히 여긴다. 전쟁 이전에는 장애인들이 푸대접을 받았지만, 참전 상이용사들을 대하는 태도가 달라지면서 다른 장애인들에까지 영향을 주었다. 그래서 전쟁이 끝난 직후 1948년 일반 장애인들에 대한 '장애인치료법'도 개정되었다. 상이용사전우회의 개척적인 업적은 핀란드 장애권익보호 역사의 중심에 위치하고 있다.

겨울전쟁이 끝나고 상이용사전우회는 다른 조직들과 협력해 상이용사들의 본격적인 재활, 직업교육과 구직 알선 등을 제공했다. 재활이나 직업교육에서 사용한 구호는 '생업으로 돌아가자. 빈둥대는 것은 독이다. 사회는 우리를 필요로 한다'였다. 상이용사가 병원에서 치료를 받은 후 생업을 갖는다는 것은 핀란드 사회에서 그야말로 위대한 생존 스토리였다. 이러한 현상은 전쟁 이후 재건이라는 사회적 과제에 따라 노동력이 필요했고 복지제도 또한 미흡했기 때문이었다. 그러나 이것은 기적과도 같은 결과였다. 예전에는 중증장애가 있는 경우 아주 드물게 생업을 가질 수 있었다. 상이용사들은 사회가 베푸는 자선에만 기대어 남겨지는 것을 원치 않았다. 끈질긴 노력으로 그들은 건강한 사람들 사이에서 성공했고, 일반인들과 함께 복지국가의 초석을 놓는 데 최선을 다했다.

상이용사전우회는 참전 상이용사들이 실립했다. 그들은 군 참모총장인 만네르헤임Mannerheim 장군의 전폭적인 지지를 받았다. 젊은 상이용사들의 지위와 장래는 매우 불투명했지만 전쟁터와 군 병원에서의 혹독한 경험에서 나온 전우애로 뭉치면서 이 조직이 탄생한 것이다.

전우회는 회원들에게 필요한 서비스를 제공하며 신규 사업모델을 개발하고 그 시행을 도맡았다.(전우회의 시행 사업들은 점차 정부의 손으로 넘겨졌다. 이것은 현재 다른 나라의 중앙과 지방정부가 보건사회복지 책임을 이른바 '제3부문' 등 비영리 단체에 넘기고 있는 관행과는 정반대인 셈이다.) 국가가 참전 상이용사들의 치료나 재활 계획을 장기적으로 세울 수 없는 상황이었기에 전우회는 직접 해결책을 강구해야 했다. 전우회는 척추 부상 군인들을 위한 진료전문병원으로 까우니알라 병원을, 뇌

부상자 진료센터 두 곳과 결핵에 걸린 군인들을 위한 직업재활센터를 설립했다. 또 1950년대에 전우회는 팔다리를 잃은 상이용사들을 위해 재활센터를 만들어 다시 걷는 법과 의족 사용법을 가르치고 훈련하는 프로그램을 제공함으로써 노쇠한 상이용사들이 혼자서도 일상생활을 할 수 있게 도와주었다.

사회적인 경계나 의견차 그 어느 것도 전우회의 일을 방해하지 못했으며, 참전 상이용사라면 정치적 견해차나 출신배경과 상관없이 누구나 회원으로 인정했다. 경미한 부상을 입은 참전용사들도 회원이 되어 동료 상이용사들을 도울 수 있었다. 상이용사들의 배우자나 미망인도 '배우자 회원'으로 전우회에 가입할 수 있게 되었다. 전우회는 그야말로 전우애로 똘똘 뭉친 유일한 상이용사협회다.

현재 핀란드에 생존하는 참전 상이용사는 약 1만 4,000명이다. 이들의 평균연령이 84세임에도 대부분(85퍼센트) 자기 집에서 생활한다. 오늘날 전우회의 가장 중요한 임무는 회원들에 대한 진료와 보상 범위의 확대를 법령화하고 지속적으로 상담 서비스를 제공하는 것이다.

현재 전우회는 활발한 활동을 전개하는 자발적 단체로, 가사 도우미를 제공하거나 낡은 집을 수리해주는 등 상이용사와 그 배우자 또는 미망인이 자기 집에서 여생을 보낼 수 있도록 도와주는 데 전념하고 있다. 5,000명 가까운 상이용사와 그 배우자 또는 미망인이 전우회의 협력 프로젝트를 통해 가사 도우미 서비스를 받고 있다.

029

깔레 꽝낄래Kalle Könkkölä
1983~1986 핀란드 의회 의원
아빌리스 재단 총재

아빌리스 재단

아빌리스 재단은 개발도상국 장애인 단체에
최대 1만 유로까지
소액 지원하는 것을 원칙으로 한다.

아빌리스 재단Abilis Foundation(접미사로 쓰이는 라틴어로, '할 수 있다'라는 뜻이다—옮긴이)은 개발도상국의 발달장애인과 장애인 단체를 돕고 있다. 언뜻 보기엔 그리 대단치 않아 보일 수 있지만, 좀더 자세히 들여다보면 이 재단이 얼마나 의미 있는 일을 하는지 알 수 있다.

1970년대 초에 나는 대학생들과 함께 문턱협회Threshold Association라는 장애인 인권단체를 설립했다. 설립 직후 나는 장애 학생들과 교류하고 장애 인권단체의 현황을 살펴보기 위해 미국으로 향했다. 거기서 나는 미국 현지의 장애인들이 자신의 장애를 창피해하기는커녕 자긍심을 갖고 생활하는 모습을 보고 큰 감명을 받았다. 그 여행은 젊은 시절의 나에게 가슴 벅찬 경험으로 남았고, 이후 그걸 계기로 나는 국내 활동 외에도 국제적인 협력의 중요성을 항상 강조하게 되었다.

1980년 국제장애인협회Disabled Peoples' International가 설립되었고 나는 협회 활동에 열성적으로 뛰어들었다. 1990년에는 개발담당 부회장에 선출되었고, 1994년에는 회장이 되어 전 세계를 돌아다니며 장애인 단체를 돕는 데 앞장섰다. 핀란드에서는 개발협력사업을 펼치는 장애인 단체들이 힘을 합쳐 장애인 개발협력협회Fidida를 설립했다. 이들은 장애인들을 지원하는 사업을 집행하고 운영했다. 핀란드 정부(외교부)가 민간단체들의 사업에 승인된 비용 중 80퍼센트(현재는 장애인 대상 사업에 92.5퍼센트)를 지원한다. 물론 이 제도는 훌륭하지만 한편으로 효율성이 결여되어 있었다.

나는 문턱협회가 초기에 경험했던 것처럼 개발도상국의 장애인 단체들이 재정적인 문제로 얼마나 힘겹게 버티고 있는지 보아왔다. 그런가 하면 잘못 선택된 시기에 너무 쉽게 받은 큰 액수의 돈이 오히려 수많은 장애인 단체를 쓰러뜨리는 모습도 많이 보았다. 두툼한 지갑으로 무장한 유럽의 단체들도 영구적인 변화를 불러일으키지 못한 채 생겨났다 사라지곤 했다. 부패도 당연히 끼여 있었다.

뻬르띠 빠아시오Pertti Paasio는 1990년대 중반 핀란드의 개발협력사업 평가를 수행했는데, 그의 권고안 중 하나가 자금 지원 경로를 개발하는 것이었다. 나는 개발도상국의 장애인 단체를 좀더 효율적으로 지원할 수 있는 방법을 연구하던 차에, 개발도상국의 장애인 단체를 직접 지원하고 외교부가 재정 지원하는 재단의 설립을 창안했다. 당시의 개발협력부 장관 뻬까 하아비스또Pekka Haavisto는 재단 설립을 지지해주었고, 외교부 차관보 끼르시띠 린또넨Kirsti Lintonen은 재단이 설립되면 외교부에서 활동자금을 지원하겠지만 재단 설립 자본금은 내가 마련해야 한다는 조건을 내걸었다. 지금 이 글에서 그 자본금을 어떻게 마련했는지 자세히 설명할 수는 없지만 많은 시간과 에너지와 친구들의 협조가 있었음을 밝혀둔다. 그렇게 해서 돈이 모아졌고, 드디어 1998년 아빌리스 재단이 설립되었다.

재단 설립자는 일반 개인들이었다. 장애인 또는 장애인 단체 활동가들로 이사회가 구성되었고 '장애인들이 다른 장애인을 돕는다'는 것이 기본구상이었다. 조직을 재단 형태로 구성하는 것이 설립 목적에 가장 합당했는데 재단은 정관에 정해진 활동만 할 수 있고, 운영비 또한 목적에 부합하는 사업에만 사용할 수 있었기 때문이다. 그래서 조금은 비민주주의적으로 비칠지도 모르지만 실제로는 재단의 활동이 개발도상국 장애인들의 지원에 집중되게 해주었다.

아빌리스 재단도 당연히 개발원조 집행 때 자체적인 기준에 따르고 있다. 이 재단의 가장 기본적인 활동은 개발도상국의 장애인 단체에 최대 1만 유로까지 소액 지원하는 것이다. 이보다 더 큰 규모의 지원은 예전에 성공적으로 사업을 같이한 단체에 한정하고, 대개 한 번만 지원하며, 계속적인 지원은 하지 않음을 원칙으로 한다. 이 재단은 여성 자활, 인권 향상, 각종 교육, 소득창출사업 등에 우선권을 주고 있다.

지원 신청과 제공 절차는 매우 간단하다. 개발도상국의 장애인 단체가 재단에 접촉하고 신청서를 작성해 제출하면 단체의 진위부터 확인한다. 이어 사무국의 제안에 기초해 이사회가 지원 결정을 하면 해당 협력단체는 사업 착수와 함께 총지원금의 50퍼센트를 제공받고, 중간보고서 제출 후 40퍼센트를, 그리고 최종보고서 제출 후 나머지 10퍼센트를 제공받는다. 쉬운 일처럼 보일지 모르지만, 실제로는 지원 신청 단체가 사회 취약 계층이라는 점에서 많은 난관이 있어왔다.

교육이나 경험 부족, 개발도상국의 인프라 부족 등은 사업 진행을 어렵게 만든다. 아빌리스 재단은 당국의 관료주의에 맞서 사업을 진행하는 지원 신청 단체를 도와주기도 하고, 재단의 각종 안내서를 각국 언어로 번역하기도 한다.

지원된 자금은 대부분 신청서에 쓴 목적에 맞게 사용되고 있음이 조사 결과 확인되었다. 소규모지만 구체적인 결과를 나타내고 있다. 손익계산을 세세히 따져보는 건 조금 복잡하다. 그러나 어느 마을의 소규모 양계장, 젊은 장애 여성에게 돌아간 소 두 마리, 인권에 관한 수업, 인터넷 카페 등 각각의 원조 결과는 장애인 개인과 단체에 소중한 것이다. 아빌리스 재단은 정책상 처음부터 끝까지 장애인이 참여하는 사업에 한해 지원한다. 다른 단체의 원조사업도 장애인들을 돕지만, 계획과 시행에 장애인들이 직접 참여하지 않는 경우가 많다.

아빌리스 재단은 2006년 100만 유로를, 2007년 110만 유로를 지원받았다. 이것은 큰 액수이며 많은 사업을 진행할 수 있었다. 2005년 말 재단에서 지원하고 있던 사업만 170개 이상이었다. 재단은 헬싱키 사무소에 다섯 명의 직원이 근무하고 인도, 우간다, 카자흐스탄과 니카라과에 사무소가 있다. 탄자니아와 에티오피아에도 사무소 설립을 검토 중이다. 이들 협력국가의 사무소는 현지인이 운영한다. 재정 지원은 이들 현지 사무소가 있는 나라로 집중되는데, 그래야 현지에서 사업 지원 신청서의 진위나 필요성을 확인하고 사업의 진척 상황을 잘 감시할 수 있기 때문이다. 하지만 아빌리스 재단은 때때로 위험을 감수하면서 원조를 필요로 하는 오지의 단체에도 지원을 하고 있다.

030

빼이비 보우띨라이넨Päivi Voutilainen
국립보건복지연구원 개발부장

가정간호수당

가족구성원이 제공하는 가정간호를
지원함으로써 구성원 간의 권리와 의무관계를
다시금 정의할 수 있게 되었다.

인류 역사 이래 가족과 친지는 항상 환자나 장애인을 간병하고 돌봐
왔다. 그동안 가족이나 친지가 거의 전적으로 맡아온 일을 이제는 사
회가 책임지지만, 간호 제공자로서 가족과 친지의 역할은 여전히 중
요하다. 오히려 사람들은 필요한 도움과 간호를 가족이나 친지에게서
받고 있다. 이러한 비공식 간호는 인간관계상의 불가피함과 감정적
측면 때문에 당연시되는 규범적 성격을 갖고 있다.

 가족구성원이 제공하는 간호는 전문인의 간호와 크게 다르다. 여
기에는 가족 내, 세대 간, 그리고 남녀 간의 문화적 규범과 상호 약속
이 내재되어 있다. 가족구성원을 간호한다는 것은 개인 간의 특별하
고 독특한 인간관계상의 감정과 애착으로 형성되는 의무감에 바탕을

두고 있다. 가까운 관계라는 것이야말로 간호를 베푸는 데 가장 중요한 동기가 되고, 어쩌면 불가피한 전제조건이기도 하다. 이 관계는 간호의 필요성에 의해 형성된 것이 아니라 그와 상관없이 존재하는 것이다.

오늘날 가정에서 노인, 장애인 또는 환자를 간호하는 사람이 설 자리에 대해 새로운 시각이 형성되고 있다. '가정간호'는 병원이나 시설에서의 간호를 대체하는 저렴한 비용의 선택으로, 보조금 제공을 통해 가정에서 환자를 간호하는 방식으로 인정되고 있다.

1980년대 초 핀란드에서는 노인과 장애인에 대한 가정간호수당의 도입('사회복지법')과 함께 가족간호지원에 대한 논의가 시작되었다. 이것이 사회적 관심을 끌 만큼 화제가 된 것은 1990년대 경제침체의 여파로 세대별 소득이 줄고 보건시설 서비스가 감축되면서 가정간호지원과 생활보조를 늘리면서부터다. 1993년부터 가정간호수당은 '사회복지법'과 '가정간호 행정명령'에 의해 시행되는 사회복지 서비스가 되었다. 나아가 2006년 초에는 '가정간호지원법'이 입법·발효되었다.

'가정간호지원'은 간호를 받는 사람에게 주어지는 서비스, 간호를 하는 사람에게 주어지는 간호수당과 휴가일, 담당 의료진이 정한 간호계획에 포함된 가정간호지원 서비스 등을 아울러 일컫는 개념이다. 간호수당 금액은 간호 범위에 따라 정해진다. 수당은 최저 매월 300유로이고, 간호인이 직장에서 임시 휴가를 내야 하는 경우에는 최저 매월 600유로로 정해져 있다. 만약 밤낮으로 간호에 매달려야 하는 경우 간호인은 매월 최소 2일간 휴가를 추가로 가질 권리가 있다.

가정간호수당은 다음과 같은 경우에 지급된다.

1. 신체기능의 장애, 질환, 불구 또는 유사한 이유로 치료나 간호가 필
   요하여 가족구성원 또는 친지가 적절한 치료와 더불어 간호할 책임
   을 맡고자 하는 경우
2. 간호인이 건강과 능력 면에서 간호 제공에 필요한 조건을 충족하는
   경우
3. 가정간호의 제공이 기타 사회보건 서비스와 더불어 간호를 받는 사
   람의 심신의 평온, 건강, 안전에 필요한 경우
4. 간호를 받는 사람의 가정이 보건이나 여러 환경적 측면에서 적절한
   상태인 경우
5. 가정간호의 제공이 간호를 받는 사람에게 최선의 선택이라고 판단되
   는 경우

가정간호에 참여하는 사람은 따로 등록하지 않기 때문에 그 수를
정확히 파악하기 어렵다. 하지만 가정간호수당을 지급받는 사람보다
훨씬 더 많은 사람들이 가정간호에 참여하고 있을 것이다. 핀란드에
서 60세가 넘은 가정간호인은 15만 명 정도이고, 전체 가정간호인은
30만 명이 넘을 것으로 추산하고 있다.

가정간호에 대한 지원은 1980년대의 제도적·사회적 창안으로 핀
란드 복지제도에 부가가치를 창출해주었다. 가정간호는 노년층에 대
한 서비스의 핵심 부분이었다. 가족구성원이 제공하는 가정간호를 사
회복지제도에 포함시킴으로써 관련 개개인 모두와 사회 전체가 상호
간의 권리와 의무관계를 다시금 정의할 수 있게 되었다.

현재 가정간호에 대한 각종 조사와 연구개발이 활발히 진행되고 있

다. 가정간호를 하는 가정을 지원하는 방안이 속속 연구되고 있다. 가
정간호를 폭넓게 지원하기 위해서는 지방정부, 사회단체, 교회와 민
간 서비스 제공자 등의 다자적인 협력이 필요하다.

03

밥뿌 따이팔레 Vappu Taipale
전 국립보건복지연구원 원장

국립보건
복지연구원

대부분의 통계와 데이터가 실명으로 수집 조사됨으로써
복지 분야의 생산성과 효율성, 결과가 정확히 평가된다.

국립보건복지연구원STAKES은 핀란드의 사회적 창안 사례 중 하나다. 주요 업무는 지방·국가·국제적 차원에서 정책결정권자들에게 사회복지와 보건 분야의 정책에 관련되는 정보와 지식, 연구 결과, 개발 프로젝트와 통계 등을 제공하는 것이다.

국립보건복지연구원은 핀란드 정부가 급진적으로 개혁되던 1992년에 설립되었다. 특히 개혁을 통해 그동안 광범위한 국가의 정책결정과 규범제정 권한을 갖고 있던 중앙정부기관들이 영향을 받았다. 국립보건복지연구원의 전신이었던 20년 된 국립사회복지원과 1878년에 설립된 국립보건원이 1991년에 합쳐져 국립보건복지청이 되었다. 그러나 1년도 지나지 않아 조직개편이 이루어져 국립보건복지연구원이 설립되었는데, 더 이상 행정기관이 아니라 복지·보건 분야의 연구 기관이 된 것이다.

핀란드는 매우 분명하게 조직화된 국가혁신 시스템을 시행하고 있다. 이 시스템은 총리가 이끄는 과학기술위원회가 주도하고 있다. 핀란드 학술원과 핀란드 기술혁신지원청, 이 두 기관이 기초와 응용연구에 대한 자금 지원을 책임지고 있다. 부문별 연구기관은 각각 해당 중앙부처에 의해 운영되는데, 그 부처가 필요로 하는 정보 수요에 부응하고 있다. 국제적 표준으로 보면 핀란드의 사회보건부가 매우 작은 부처이지만 산하에 큰 규모의 4개 연구원—국립공공보건원, 핀란드 직업보건원, 방사성핵안전원, 그리고 국립보건복지연구원을 갖고 있다. 국립보건복지연구원은 사회보건부 산하기관이고 중앙부처와 연간 사업계획을 협의하지만 연구주제 결정, 전략적 연구, 응용연구 등을 독자적으로 수행할 수 있어 모든 학술적 기준에서 매우 높은 수준을 유지하고 있다.

무엇이 국립보건복지연구원을 사회적 창안으로 만들어주는 것일까? 국립보건복지연구원은 사회보건 분야 활동의 감시, 평가, 정책결정 지원을 위한 정보 제공, 서비스 제공 시스템 개발 참여, 통계 작성 등 중요한 일을 자체적으로 수행하고 있다. 핀란드 국민들은 연구 작업에 매우 적극적으로 응하고 있으며, 대규모 조사와 인터뷰에 기꺼이 참여하고 있다. 핀란드에서는 대부분의 통계와 데이터가 실명으로 수집·조사되며, 그 결과 보건간호 활동, 사회적 지원, 아동 복지 등에 관하여 국립보건복지연구원이 작성·유지하는 통계와 데이터베이스는 세계에서 가장 독보적인 것으로 알려져 있다. 현행법은 이러한 데이터를 별도의 허가절차를 거쳐 연구 목적에만 사용하도록 규정하고 있는데, 그래야만 개인정보를 보호하고 데이터의 안전을 확보할 수 있기 때문이다. 이러한 통계와 등록 자료에 근거한 연구를 통해 보건간호시설이 정확한 벤치마킹의 대상이 되게 해주고 있으며, 특정 환자 그룹과 질병의 관련 정도에 이르기까지 보건간호 활동의 생산성, 효율성 및 결과가 정확히 평가될 수 있도록 해준다.

국립보건복지연구원이 제공하는 정보는 광범위하게 사용되고 있다. 일차적으로는 국립보건복지연구원이 사회보건부를 위해 일하지만, 다른 부처들도 국립보건복지연구원의 전문적 지식을 활용하고 있다. 교통통신부는 정보접근성 부분에서, 교육부는 학생과 학교 복지 부분에서, 통상산업부는 복지기술 부분에서 전문지식을 필요로 하고 있다.

국립보건복지연구원의 정보는 의회뿐 아니라 지방정부, 여당과 집권 정부, 사회단체와 기관, 시민들에게도 제공된다. 정보는 경제의 부침이나 정치적 변화로부터 자유로워야 한다. 한 나라의 생활환경과 복지 서비스에 대한 비판적이고도 편견 없는 평가는 항상 제공되어야 한다. 국립보건복지연구원은 사회보건복지 서비스의 새로운 활용방법을 창안할 뿐만 아니라 현장에서 활용 중인 방안들을 평가하기도 한다. 정보는 개발사업 시행, 서적 발간, 보고서 등의 전통적인 형태로, 그리고 사회봉사자와 탁아시설 근무자를 위한 쌍방향 웹 포털로도 제공된다.

〈디알로기Dialogi(대화)〉라는 잡지는 국립보건복지연구원이 편집하는 사회보건 서비스 전문가들을 위한 잡지다. 2006년 실시한 독자층 조사에 따르면 20만 명, 즉 이 분야의 모든 전문가 중 3분의 2가 이 잡지를 읽는 것으로 나타났다. 독자들은 연구 결과에 관한 최신 정보를 제공해주는 것을 특히 좋아했다.

이와 같이 국립보건복지연구원은 광범위한 활동을 전개하면서 정치과정과 정책결정상의 필요에도 직접 부응하는데, 세계의 어느 기관도 이에 필적하지 못한다. 물론 비슷한 활동을 하는 협력 파트너는 많다. 국립보건복지연구원은 세계적으로 널리 알려진 기관인 동시에 많은 나라에서 협력 파트너로 찾는 대상이다.

032

빈곤 퇴치

마띠 헤이낄래 Matti Heikkilä
국립보건복지연구원 부원장

> 최저소득 보장은 임시적이어야 하고,
> 오래 지속되어서는 안 되는 하나의 과정이다.

핀란드와 같은 복지국가에서 경제적 빈곤은 전통적으로 주변적 현상에 머물렀다. 빈곤을 퇴치하는 핵심 전략은 고용수준을 높이 유지하는 노력, 저소득 계층 생성의 방지, 계층 간 소득 격차를 줄이는 정책과 조세정책 등이다.

1990년대 말까지만 해도 소득에 연계된 사회보장기여금제도 덕택에 실업 기간에도 일정 수준의 소비가 가능했다. 하지만 실업 기간이 길어질 때 많은 사람들이 소득 연계 생활보장 대상에서 기초생활보장 대상자로 전락했다. 그러한 문제 때문에 21세기에 접어들면서 기초생활보장이 충분한가와 이른바 '극빈자 정책'을 택하는 문제가 사회정책 이슈로 떠올랐다. 이 극빈자 정책은 보편성을 허물고 예외주의를 택하자는 것을 의미한다. 유럽의 관점에서 볼 때 핀란드의 최저소득 보장의 점진적인 제도와, 이를 사회적 기본권으로 인식하는 것은 중대한 사회적 창안이다.

핀란드에서 최저소득 보장은 실업 보조금과 같은 이유로 주어지는 최저 수준의 보조금, 기초생활 보조금과 이를 보충하는 주택 보조금으로 구성된다. 이 모든 것은 법으로 정해져 있다. 최저소득 보장으로 이뤄지는 생활수준이 과연 얼마나 충분한가는 언제라도 논쟁거리가 될 수 있다. 최저소득 보장에 의한 생활은 임시적이어야 하고, 오래 지속되어서는 안 되는 하나의 과정이어야 한다.

핀란드의 기초생활보장이 혁신적인 요소로 간주되는 것은 법제화가 되어 있기 때문이다. 1983년부터 기초생활보장에 관련된 제도의 점진적인 통합화가 이루어졌다. 이는 곧 지방정부의 재량권 행사가 최소화되었음을 뜻한다. 1995년의 기본권 개혁은 중대한 의미를 갖는다. 기초생활권은 핀란드 헌법 제19조에 확고한 개인적인 권리라는 의미로 아주 잘 규정되어 있다. 어떤 상황이든 공공기관(지방정부)은 이유를 불문하고 기초생활보장 대상자에게 법으로 정해놓은 최저소득을 보장해야 한다.

1990년대에 이루어진 또 다른 기초생활보장 관련 개혁은 정부의 최고대표기관인 의회가 직접 그 혜택의 정도를 정하게 한 것이다. 헌법의 해당 조항은 '최저 수준의 보조금을 지급받는 사람들이 또다시 기초생활 보조금을 지원하지 않아도 생활수준을 유지할 수 있게끔 해야 된다'고 규정하고 있지만 실제로 항상 그럴 수 있는 것은 아니다.

사회보장의 최저 수준인 기초생활 보조금은 핀란드에서 정치행정적인 '빈곤의 경계선'이다. 이것은 어느 누구도 그 이하로 낙오해선

안 된다는 삶의 물질적 수준에 관해 의회가 판단한 선이다.

유럽연합은 전체 중간 소득의 60퍼센트를 빈곤위험선으로 보고 있는데, 최근 몇 년간 핀란드에서는 사회보장의 최저 수준이 그 아래로 떨어져 있었다. 이러한 현상은 소득 재분배 패턴과 소득 격차가 커진 데 기인한다. 국민들 대부분의 소득이 증가하면서 중간 소득수준도 올라가지만, 빈곤위험에 처하는 사람들도 증가한다. 이것은 소득 분배의 불균형에서 오는 빈곤이라고 할 수 있다.

033

레에나 베이꼴라 Leena Veikkola
보증재단 운영부장

대출조정과
보증재단

보증재단은 서민들에게 대출로 인한
부담을 덜 수 있게 도와주고 있다.

성경에서 '당신 곁에 항상 가난한 이가 있으리라'고 말하고 있지만, 왜 1980년대 말 복음루터 교회에서 가장 가난한 이들—출소전과자, 마약중독자나 시설수용자들을 돕기 위한 새로운 방법을 개발하는 데 힘썼을까? 당시 핀란드는 경제성장에 열을 올리고 있었고 많은 사람들이 풍요롭게 살고 있었다. 그러나 실제로 대부분이 그러했던 것은 아니다. 사회 저변으로 내몰린 사람들이 외면당하는 경우가 허다했다. 어떤 은행이 출소전과자들을 고객으로 모시고자 했겠는가?

그런 이유로 교회가 여러 개의 부채를 하나로 묶어 은행 대출을 보증해주는 보증재단의 설립을 제안했다. 이 재단은 사람들에게 은행에서 대출할 때 필요한 보증을 제공해주고, 대출로 인한 크고 작은 부담을 덜 수 있게 도와주었다. 여러 개의 사채를 안고 있기보다는 이를 묶어 은행에서 대출하는 것이 사채 해결에 용이하며, 은행대출금 이자 비용이 압류로 인해 생기는 비용보다 저렴하기 때문이다. 교회의 이러한 제안은 큰 호응을 받았다. 그리하여 핀란드 정신보건협회, A진료재단과 형사사법협회 등 3개 재단이 모여 보증재단을 설립했다. 재단의 정관도 일사천리로 합의되었다.

그런데 행운의 여신이 갑작스레 등을 돌렸다. 교회가 재단 설립과 보증에 필요한 재원을 교회의 주도하에 매년 열리는 '공동의 책임' 모금 캠페인으로 충당하겠다고 결정했지만 곧 사람들의 반대에 부딪혔다. 이제껏 모금을 맡아온 책임자들이 협조하지 않았고 기부자들도 슬그머니 사라졌다. 누가 전과자와 사회적 문제아의 부채 탕감을 도와주고 싶었겠는가? 경제침체가 막 시작될 조짐이 보이는데다 전과자들 외에도 도움을 필요로 하는 사람들이 크게 늘어난 점이 상황을 더욱 어렵게 했다. 결국 1991년 모금 수익은 이전 몇 해 동안의 모금액보다 훨씬 적었다.

그럼에도 1992년 봄부터 보증재단은 활동을 시작했다. 훈련된 일선 상담자들이 고객들의 사채 경감을 위해 신용기관과의 교섭을 도왔고, 여러 사채를 하나로 통합하는 은행 신규 대출에 대한 보증을 제공했다. 이런 활동은 소규모로 진행되었지만, 점차 널리 알려졌다. 사채를 보증해준 사람들과, 아이들이 있는 일반 가정에서도 사채로 인한 문제가 나타나자 1993년 사회보건부는 '대출제도법'을 개정해 보증재단에서 전과자나 마약중독자 외에 일반 가정에도 대출보증을 해주도록 재단의 활동영역 확대를 제안했다. 보증재단이 이 제안을 받아들임으로써 사채로 고민하는 많은 사람들의 시름을 한층 덜어주었다.

보증재단의 대출보증을 통해 3만여 명의 핀란드 사람들이 부채 문제를 효과적으로 해결한 것으로 추정하고 있다. 재단을 통해 보증된 대출금액은 10억 유로가 넘는다.

또한 보증재단은 사회적인 기능에 관해 새로운 방법을 핀란드에 소개했다. 재단의 주도로 사회신용제도를 시범적으로 운영하게 되었고, 이는 현재 법제화되어 있다. 재단은 대출조정 프로그램을 개발하고 있었는데, 이를 통해 경제침체기에 1만여 명의 사채를 합리적으로 정리할 수 있도록 했다. 1995년 재단은 과도한 사채를 가지고 있는 사람들을 위한 무료 전화상담 서비스도 개설했다. 재단은 과거의 경험을 통해 휴대전화 문자 대출, 대출 기간이나 대출금액이 과도한 경우 등 앞으로 야기될 문제와 사회적 현상도 예측할 수 있다.

아마 전 세계 어느 나라에도 핀란드의 보증재단과 같은 활동을 펼치는 재단은 없을 것이다. 이 재단의 활동 결과가 재단 존재의 효율성을 입증해주고 있다. 재단의 설립 정관이 말해주듯, 정의란 합리성 reasonableness에서 출발한다.

034

마리안네 리까마 Marianne Rikama
헬싱키 시 사회서비스국 국장

사회신용
대출제도

**각 가정의 경제적 독립성을 지켜주기 위해
사회신용대출이 법제화되어 있다.**

핀란드는 1990년대 경제위기를 겪는 동안 과도하게 빚을 진 사람들을 지원하기 위해 입법을 통한 해결을 추구했다. 그리하여 1993년 '개인의 부채 해결에 관한 법률'이 발효되었다. 그러나 부채 문제의 해결과 예방을 위해서는 경제 상담이나 사회신용대출과 같은 방법이 필요하다는 것을 뒤늦게야 깨닫게 되었다.

1999년부터 2001년 사이에 사회보건부는 8개 지자체에서 시범적으로 사회신용사업을 시행케 했다. 시범사업 결과는 '무자산 저소득 가정'이 경제적으로 소외되거나 과도한 부채에 시달리는 것을 방지하고 각 가정의 경제적 독립성을 지켜줄 수 있음을 보여주었다.

3년간의 시범사업을 통해 300만 유로가 넘는 신용대출이 1,100건

이상 허가되었다. 이 사업의 연구자들은 전체 대출금 중 약 5퍼센트가 회수되지 않았는데, 손실분 중 일부는 이자수입으로 충당될 수 있다고 추산했다. 헬싱키의 경우 이자수입이 17만 6,000유로였던 반면 회수하지 못한 대출금은 10만 1,000유로였다.

2003년 1월 1일 '사회신용에 관한 법률'이 발효되었다. 또한 사회신용에 관한 조항 삽입을 위해 관련법인 '사회복지법'과 '사회복지 대상자의 지위와 권리에 관한 법률'도 개정되었다.

지방자치단체는 지역 주민의 사회복지사업으로 사회신용대출을 제공하는 권한을 갖게 되었다. 그 대상은 신용불량자로 등록되어 있거나 자산이 없는 저소득층이라는 이유로 합리적인 조건의 대출을 받을 수 없는 지역 주민들이다. 사회신용은 기존의 여러 형태의 부채를 재조정하거나 주택을 구입 또는 수리하기 위해 제공될 수 있고, 신용불량상태라 국가가 보증하는 학생대출을 받지 못하는 학생들에게 제공될 수도 있다. 그러나 기초생활 보조금 수혜자는 정부 보조금 대신 사회신용대출을 받을 수 없다.

헬싱키에서 '사회신용대출'은 1999년부터 사회행정 서비스로 프로젝트 성격을 띠며 운영되다가 2003년부터 법령으로 정해진 상설 서비스가 되었다. 사회신용대출은 그 대출자들이 기초생활 보조금 대상자로 낙오하지 않고 경제적으로 독립할 수 있도록 이끌어주는 사회적 지원이다. 산술적으로 계산했을 경우에도 기초생활 보조금 대상자가 줄어들어 절약되는 예산이 사회신용대출 운용을 위한 행정자금 및 미회수 때 발생하는 손실금을 합친 액수보다 훨씬 큰 것으로 나타났다.

사회신용은 지방자치단체의 사회행정 부서인 경제·부채상담과에서 받을 수 있는데, 이는 한 개인이 부채를 해결할 수 있는 방법 중 하나다. 이곳에서는 부채상환에 문제가 생기는 경우 대출고객에게 융통성 있는 경제 상담을 해주기도 한다. 최고 대출한도액은 1만 유로이고, 최장 상환기간은 5년이다. 대출고객은 별도의 비용 없이 12개월 고정 유리보Euribor(유로화를 사용하는 유럽연합 내 12개국의 시중 은행 간 금리―옮긴이)에 따른 이자만 지불하면 된다.

최근 들어 소비자 금융대출과 관련해 상환 문제가 크게 증가하고 있다. 사회신용대출제도는 자산이 없고 소득이 낮은 가정의 부채 문제를 해결하는 중요한 수단이 되었다. 이들 저소득층 가정이야말로 소비자 금융에서 가장 큰 피해를 입는 사람들이다.

유씨 심뿌라 Jussi Simpura
국립보건복지연구원 과장

035

주류 판매의 국가독점

술과 관련된 폐해를 효과적으로 규제하기 위해
국가가 주류 이용을 통제한다.

1932년부터 핀란드에서는 국가가 주류(알코올) 판매를 독점하고 있
다. 이는 1931년 주류금지제도가 국민투표에 부쳐져 부결됨으로써 주
류금지시대(1919~1932년)를 마감한 직후였다. 국가의 주류 판매 독점
이 핀란드에만 존재해온 사회적 창안은 아니다. 덴마크를 제외한 북
유럽 국가, 미국과 캐나다의 여러 주에서 주류독점제도를 찾아볼 수
있다. 그런데 핀란드에서 이 제도가 생겨나기 전과 후에 일어난 상황
을 살펴보면 특이한 점이 발견된다.

　국가가 주류독점권을 가져야 한다는 생각은 술과 관련된 폐해를 효
과적으로 규제하려면 알코올음료의 이용을 통제해야 한다는 믿음에
서 출발했다. 그 시기는 서로 다르지만 많은 국가에서 국가의 주류독

국가가 독점 운영하는 주류 판매점. 술 관련 폐해를 규제하기 위해 국가가 주류독점권을 갖고 있다.

점권 소유가 술 소비를 조절하는 수단이 되어왔고, 그럼으로써 술과 관련된 건강상의 문제를 줄여 사회생활과 공공질서에 도움이 되어왔다. 이러한 견해를 뒷받침하는 연구문헌은 상당히 많다. 국가의 주류 독점권을 찬성하는 또 다른 이유로는, 잠재적 해로움이 많은 상품을 제조·판매해 사적인 이득을 취하게 해서는 안 된다는 주장이 있다. 게다가 제도 시행 초기에는 국가의 주류 독점이 효과적으로 세금을 거둬들이는 수단이자 산업정책 문제들을 해결하는 역할을 하기도 했다.

1932년 4월 5일 오전 10시 정각(카운트다운을 할 정도로) 국가의 독점 주류상점이 문을 열기 전까지 핀란드는 13년간 주류금지시대를 이어왔다. 사실, 주류 판매를 금지하는 법률이 핀란드 최초의 현대적 민주주의 의회에서 통과된 것은 1907년이었다. 그러나 당시 핀란드 대공국은 러시아 제국의 한 부분이었으므로 제정러시아 행정 관할 아래서 여러 차례 지체되다가 핀란드가 독립한 직후 1919년에야 금주법이 시행되었다. 금주법의 시행 효과는 긍정과 부정이 반반이었다. 밀수와 조직범죄가 증가한 반면, 어느 정도 일반 대중의 건강과 사회생활의 향상을 가져왔다. 예상보다 긍정적 효과가 크지 않았던 것은 아마도 금주법 도입 전부터 주류소비량이 많지 않았기 때문이었을 것이다.

국가의 주류독점권이 확립된 후에도 주류 판매는 제한적이었다. 특히 주류상점이 한 군데도 없는 지방에서는 주류 구입이 더욱 어려웠다. 제2차 세계대전 중에는 소비자별로 주류 구입을 통제했다. 그러나 10여 년 후 별다른 효과가 없다는 연구 결과로 인해 이런 통제는 폐지되었다. 1969년에는 법 개정으로 큰 변화가 생겼다. 알코올 함량이 낮은 맥주 판매가 자율화되고 지방에서도 주류상점ALKO이 문을 열었다. 이 개정으로 개정 제안자들조차 예상치 못할 만큼 주류소비량과 각종 폐해가 급증했다. 주류 판매의 통제야말로 음주로 인한 폐해를 예방하는 방법임을 보여준 것이었다. 그렇다고 통제체제로 되돌아가기엔 정치적으로 불가능했다.

현행 주류 판매의 국가독점제도는 1995년 핀란드가 유럽연합에 가입할 때 문제될 수 있었지만 별다른 지장을 주지는 않았다. 유럽연합도 이 제도의 목적이 일반 국민의 건강을 보호하는 데 있음을 공식적으로 받아들였다. 그 후에도 식품점에서 와인 판매가 허용되도록 제도가 완화되어야 한다는 압력이 계속되었지만 지금까지 큰 변동은 없었다.

2004년 주세 개혁으로 주류 문제가 다시 공론의 대상이 되었다. 그해 이웃나라 에스토니아가 유럽연합에 가입함으로써 핀란드는 주세를 인하할 필요가 있었고, 유럽연합이 관광객의 주류수입에 관한 정책을 더 완화하라고 요구했기 때문에 핀란드는 주세를 인하하게 되었다. 그 결과 주류소비량과 관련한 폐해가 훨씬 늘어나 사회적인 우려를 낳았다.

핀란드에서 주류 문제는 국민투표에 부칠 만큼 매우 중요한 이슈다. 1917년 핀란드 독립 이후 국민투표는 두 번밖에 실시되지 않았다. 1931년에 처음 실시된 국민투표는 금주에 관한 것이었고, 두 번째 국민투표는 1994년 유럽연합 가입에 관한 것이었다. 주류 판매의 국가독점제도는 세계화 과정에서 많은 도전에 직면했지만 잘 존속되어왔고, 더욱이 오늘날 핀란드가 유럽연합 회원국이 된 상황에서도 건재하고 있다.

036

일까 따이팔레Ilkka Taipale
1971~1975 · 2000~2007
핀란드 의회 의원

11월 운동

'11월 운동'은 사회적 분노와
이성에 대한 강한 믿음에서 출발했다.

과거에 핀란드는 사회정책 분야에서 엄격한 통제와 수용시설 중심 정책을 시행해왔다. 1960년대 핀란드는 범죄율이 비슷한 북유럽 국가들보다 네 배나 많은 재소자를 수용하고 있었다. 인구의 0.4퍼센트가 정신병원에 수용되어 있었는데 아일랜드, 스웨덴과 함께 세계에서 가장 높은 비율이었다. 음주 문제로 수용된 사람들 또한 덴마크보다 열 배나 많았다. '여호와의 증인' 신자로 입영을 거부한 이들은 2년 7개월간 격리 수용되었고, 동성연애는 형법상 처벌 대상이었으며, 아동양육비 체납자는 방랑자와 함께 노동수용소에 보내졌는가 하면 알코올 중독자 수용소는 강제치료를 일삼았다. 이들 수용시설이나 범죄교도소에서는 수용자를 매우 엄격히 통제했다. 노숙자도 수없이 많았다.

세계의 많은 사회학자들은 수용시설 재소자의 탈선행위에 관한 사회학 책을 편찬했다. 핀란드에서도 핀란드 알코올연구재단과 핀란드 형사연구소가 놀랄 만한 연구 논문들을 발표했다. 1966년 헬싱키 대학교 학생회에서는 일련의 주제들, 즉 재소자, 정신장애인, 노동기피자, 방랑자, 노숙자, 알코올중독자 등에 대해 다섯 차례에 걸친 패널토론을 마련했다. 그즈음 핀란드에서도 비평이나 자기주장을 담은 유인물이 유행처럼 배포되었다. 일단의 사회학자, 변호사, 작가와 과학자는 라스 에릭슨Lars D. Eriksson이 편집한 책에 수용시설과 그 강제성에 관한 글을 발표함으로써 언론의 집중적인 토론을 촉발했다. 이로써 당시의 사회복지와 통제정책은 비판의 도마에 올랐다. 다른 북유럽 국가에는 이미 형무소 재소자의 권익을 옹호하는 급진적 단체들이 설립되어 있었다.

1967년 11월 7일 핀란드에서도 앞서 언급한 집단에 속하는 사람들의 지위 향상을 위해 '11월 운동'이라는 사회조정협회가 설립되었다. 그해 초 500개 침상이 있는 임시 야간숙소의 폐쇄조치로 노숙자 40명이 동사한 사건이 협회의 설립 추진에 추동력을 제공했다. 같은 해 12월 6일 핀란드 독립 50주년 기념일에 이 협회는 일반인에게 더욱 널리 알려졌다. 당시 우르호 케꼬넨Urho Kekkonen 대통령이 대통령궁에서 독립기념일 행사를 주최할 때 '11월 운동'은 헬싱키의 모든 노숙자를 소시지와 맥주를 차려놓은 헬싱키 대학교 학생회관에 초대했다. 약 500명의 노숙자가 격렬한 연설과 항거의 노래를 듣기 위해 모여들었고, 대통령궁의 독립기념일 행사 이상의 주목을 받았다. 이 모임을 이끈 세 명 중 한 사람이 바로 훗날 총리와 의장을 지낸 빠아보 립뽀넨이었다. 이 행사보다 조금 앞서 '11월 운동'은 버려진 페인트 창고를 1,000

개 침상을 둔 야간숙소로 개조했는데, 사회에서 가장 소외받는 사람들이 이곳에서 마치 관처럼 생긴 나무상자에 들어가 잠을 청할 수 있었다. 독립기념 50주년 축하 분위기로 온 나라가 들떠 있었지만 사회의 비참함은 곳곳에 널려 있었다. 독립기념일에 '11월 운동'은 핀란드 사회의 '50개 악惡'이라는 리스트를 발표하기도 했다.

'11월 운동'은 세 개의 실무그룹으로 나눠 시위의 조직, 관련 정보 수집, 성명문 작성, 책자 발간, 연구조사 및 통솔기구Umbrella organization 설치에 관한 활동을 벌였다. 그리고 나중에는 정부 산하 위원회를 설치하기까지 했다. 그중에서 사회기초복지위원회가 가장 중요했다. 핵심 위원들이 정부 요직에 진출하기도 했다. 예술가와 정치가들을 각종 시설에 초청해 시설을 돌아보게 하고, 총선에 앞서 연설회를 개최했다. 이 운동의 회원 1,000여 명 중 대부분은 젊은 학생이었고, 수용시설 재소자나 통제 대상자도 일부 참여했다.

1960년대에 '11월 운동'은 한 가지 이슈에 집중해 활동한 단체였다. 당시 눈에 띄게 활동한 단체로는 핵군축평화단체, 남녀 성별에 따른 역할분담을 긍정적으로 수정 제시한 제9단체, 제3세계 운동단체인 트리콘트Tricont(아시아, 중남미, 아프리카 3개 대륙의 뜻을 지닌 단체), 자동차 문화를 비판하고 대중교통과 보행 및 자전거환경 개선을 촉구한 교통정책연구회 등이 있었다.

1967년부터 1971년까지 '11월 운동'은 사회 저변과 소수집단의 이익을 대변하는 단체 설립을 활발히 추진했다. 그리하여 1967년에 핀란드 집시연맹이, 1970년에 핀란드 사병협회, 동성애자평등단체SETA와 정신재활협회가, 1971년에 핀란드 정신보건중앙협회가, 그리고 1974년에 양심적병역거부협회가 설립되었다. 이후 노숙자를 위한 집이없는사람들협회와 외롭게 생활하는 사람들에게 주택을 건설·제공하는 Y-재단도 설립되었다.

'11월 운동'의 선언문을 쓴 클라우스 매껠래Klaus M kel 는 이렇게 말했다.

"이 운동을 이끈 원칙은 보통 사회과학에서 말하는 사회적 분노와 이성에 대한 강한 믿음을 나타내주고 있다. 운동 참여자 중 많은 이들이 각 정당에 소속되어 있었지만, 이 운동 자체는 명백히 독립적 입장을 취했다."

그는 또 이렇게 말했다.

"1969년 가을 어느 세미나에서 젊은이들은 구세대의 부르주아적인 개혁을 비판했는데, 이는 여러 면에서 1970년대에 다가올 충돌을 예견하는 것이었다."

신세대들은 가난한 핀란드 사람들을 위해 일하는 데 그치지 않고 빈곤을 세상에서 완전히 뿌리 뽑기를 원했던 것이다.

1972년에 종료된 '11월 운동'은 그동안 새로운 운동조직을 설립했고, 정부 당국에 영향을 미쳤으며, 여론을 변화시키는 임무를 훌륭히 완수했다.

037

일까 따이팔레Ilkka Taipale
1971~1975 · 2000~2007
핀란드 의회 의원

3퍼센트 이론

3퍼센트의 문제 집단을 지원하는 비용은
이들 그룹이 야기하는 문제를 해결하는 데
드는 비용보다 훨씬 저렴하다.

1993년 나는 아울란꼬Aulanko에서 열린 경찰청 주최 제2차 형사정책
에 관한 세미나에 참석하기 전에 세미나 주제와 관련된 핀란드 문헌
들을 읽어보았다. 법무부의 유씨 빠유오야Jussi Pajuoja에 의하면, 연간
160여 건의 살인사건 중 3분의 2는 핀란드 전체 남자 중 5퍼센트에 해
당하는 그룹 사람들이 자행한다고 한다. 이 그룹에 속한 남자들은 일
자리가 풍부한 경제호황기에도 실직상태였다. 이 그룹에서 살인범죄
를 저지르지 않을 것 같은 사람들, 즉 스웨덴어 사용자, 레스타디안
Laestadian(루터교의 한 파) 신자, 일류 또는 이류 사회계층에 속하는 연금
생활자, 발달장애인, 온순한 정신장애환자나 신체장애 연금생활자 등
을 제외하면 전체 핀란드 남자 중 3퍼센트가 남는다. 이 3퍼센트 그룹

은 약 4만 명으로, 대부분 독신이거나 이혼 후 혼자 살고 있다.

이들은 누구인가? 실질적으로 핀란드의 모든 노숙자(80퍼센트가 남성)와 재소자(97퍼센트가 남성), 특수교도소 출신자, 군 탈영병, 장기실업자, 악성 알코올중독자, 대부분의 마약중독자가 바로 그들이다. 그 밖에 가난하고 불화가 잦은 가정에서 태어난 뇌기능장애, 주의력 결핍과 과잉행동장애, 난독장애 등을 갖고 있는 사람들이 (잘 알려지지 않았지만) 이 부류에 속할 가능성이 높다.

이 소규모 집단의 사람들이야말로 각종 해악과 문제를 야기하고 경찰과 법 집행기관이나 사회보건 당국의 부담과 책임을 가중시킨다. 내무부가 핀란드의 국내적 안보 위협 요인을 분석한 적이 있다. 그에 따르면 컴퓨터 범죄, 조류독감, 에이즈 감염이나 러시아의 조직범죄 또는 지구 온난화 등의 요인보다 무직·무연고·무자산의 20~40대 남자들이 더 위협적인 요인으로 드러났다. 이들은 사회로부터 기대할 것이 아무것도 없고, 사회 또한 그들에게 기대하는 것이 없다!

이들을 위해 약 2만 명의 직원—특수교사, 사회복지사, 간병인, 간호사, 의사, 구급차 요원, 경찰, 교도관, 청소부, 소방대원, 성직자, 자원봉사자 등을 고용하더라도 별다른 변화가 없다. 그들도 점점 늙고 차례로 죽어가고 있지만, 젊은이들로 구성된 문제집단이 속속 생겨나 이 3퍼센트 그룹을 다시 채우고 있다.

이들에게 무슨 일이 일어나고 있는가? 따파니 발꼬넨Tapani Valkonen 교수에 의하면, 핀란드에서 지금 우리는 제4의 '사망 물결'을 목격하고 있다고 한다. 첫 번째로 전쟁에서 죽어갔고, 두 번째로 1950년대 중반까지 결핵으로 죽었으며, 세 번째로 심장 및 동맥질환으로 많은 남자들이 목숨을 잃었다. 이제 제4의 물결—발꼬넨 교수의 말을 빌리면 '위험한 추수 농기구에 잘려나가서가 아니라 풀 베는 기계에 깔려' 45세 미만의 남자들이 죽고 있다. 법의학 교수인 뻬까 까르후넨Pekka Karhunen도 같은 맥락에서 '병상 위에 누운 젊은이가 너무 많다'고 실토했다. 그들은 폭력이나 사고, 자살, 과도한 음주, 담배와 술로 인한 질병 때문에 죽어간다. 그러나 중요한 차이점이 하나 있다. 앞의 세 가지 물결(사망 원인)은 가난한 자나 부자에 상관없이 모든 사람에게 영향을 끼쳤다. 때문에 문제를 해결해야 한다는 사회적 관심사가 된 반면, 가난한 자들만 죽어가고 있는 제4의 물결은 많은 이들의 관심 대상이 아니다. 누가 장기판의 '졸'과 같은 존재에 신경 쓰겠는가?

'3퍼센트 이론'에 따르면, 이들 잔존 그룹 사람들에 초점을 맞춰 비스마르크적인 사회정책을 강력히 취한다면 많은 문제를 해결할 수 있다는 것이다. '대우를 잘 받은 사람들은 응분의 호의를 베푼다'는 사례를 우리 사회에서 얼마든지 찾아볼 수 있지 않은가.

1995년까지 핀란드는 유럽에서 노숙자와 재소자가 감소하는 유일한 나라였다. 그 후에는 실상이 달라졌다. 사회의 평온을 유지하려면 이 문제집단 사람들의 사회적 지위를 향상시켜야 한다. 부자와 가난한 자가 서로 '눈을 마주칠' 수 없다면 '눈에는 눈으로' 맞대는 싸움이 될 것이기 때문이다.

심지어 경찰도 살인사건을 약 35퍼센트 줄일 수 있다고 추산한다. 1930년대 이후 살인사건이 3분의 1 정도 감소했지만, 아직까지는 유럽의 다른 나라들보다 높은 편이다.

이러한 상황을 치유하기 위해선 다양한 조치가 강구되어야 한다. 첫째, 노숙자들을 줄이고 궁극적으로 근절하기 위해 소규모 '24시간 서비스 주택'을 더 많이 건설해야 한다. 둘째, 일하기 어려운 사람들에게도 연금혜택이 보장되어야 한다. 셋째, 저소득 빈곤을 근절하는 노력을 배가해야 한다. 넷째, 여가시간과 직업 관련 활동을 강화하고 청년층 워크숍 네트워크를 확대해야 한다. 이러한 조치를 취하는 데 필요한 비용은 이들 그룹이 야기하는 문제를 해결하는 데 드는 비용보다 훨씬 저렴하다.

038

뚜이야 브락스Tuija Brax
2003~2007 핀란드 의회 법사위원장
현 핀란드 법무부 장관

법률구조와
범죄피해보상

국가는 범죄로부터 받은 정신적인 피해까지
개인에게 보상한다.

계몽적 이상에 비춰보거나 국제 인권규약과 핀란드 헌법에 따르면 모든 사람은 법 앞에 평등하다. 그런데 이 기본권은 사실상 자신의 문제 해결을 법원에 의뢰할 방도가 없거나, 법원에서 전문가의 도움을 받아 자신을 변호할 수 없다면 의미가 없어진다. 이것이 바로 핀란드에 법률구조제도와 범죄피해에 따른 보상제도가 마련된 이유다. 핀란드의 이런 제도는 어느 나라와 비교하더라도 월등한 수준이다.

 핀란드에서 법률구조제도는 19세기 말부터 발달했다. 당시 지각 있는 상류층 인사들은 가난한 사람들이 비싼 비용 때문에 재판소에 문제 해결을 의뢰할 꿈조차 꾸지 못하는 상황을 부당하게 생각했다. 헬싱키 시가 법률구조 서비스를 시작한 1886년 이후 법률구조사무소는 계속 운영되어왔다. 그러나 이에 관한 법률은 1973년에야 생겼다. 1998년에는 법률구조 책임이 지방자치단체에서 중앙정부로 이관되었고, 2002년 법 개정을 통해 적용 범위가 저소득 가정뿐 아니라 중산층 가정까지 확대되었다.

오늘날 법률구조는 소액사건이나 소송에 대비해 사법보험을 가입한 경우를 제외한 대부분의 사건에 적용되고 있다. 법률구조란 기업이나 회사가 아닌 핀란드에 거주하는 개인이 소송사건 처리에 필요한 법무사, 변호사를 고용하는 비용을 국가가 전액 혹은 일부를 부담하는 제도다. 전액 혹은 일부를 보조 받는 소득의 기준에 대한 정보는 법무부 웹사이트나 법률구조사무소를 통해 상세히 알 수 있다.

범죄피의자는 특정한 경우에만 소득수준에 상관없이 변호가 보장된다. 중범인 폭력범죄나 성범죄의 피해자도 소득수준에 상관없이 국가로부터 변호사 또는 법률자문관을 지원받는다. 보통 생각하는 바와 달리 핀란드에서 범죄피해를 입은 사람이 받을 수 있는 보상이나 지원 범위는 국제적 기준보다 훨씬 광범위하다. '형사범죄 피해보상에 관한 법률'은 2006년 개정을 통해 폭력범죄나 성범죄의 희생자가 국가로부터 보상받을 권리를 한층 강화했는데, 특히 이들 범죄로부터 받은 정신적인 피해를 보상대상 범위에 추가했다.

국제적 기준으로 볼 때 핀란드는 형사범죄 희생자에 대한 공공 법률구조와 피해보상에서 선봉에 서 있지만, 두 제도 모두 개선할 점은 있다. 재판에서 패소하는 경우 상대방의 재판 비용까지 떠안아야 하는데, 많은 사람들이 비용을 감당할 수 없다는 문제점 때문에 최근 '법률구조에 관한 법' 개정이 있었지만 아직 충분치 못한 것 같다. 중산층이 여전히 어려움을 호소하고 있다. 게다가 법률구조에 필요한 예산이 한정되어 있어 '제로섬 게임'이 될 수밖에 없는 것도 의회의 우려 대상이다. 왜냐하면 법률구조를 중산층까지 확대한다는 것은 곧 저소득층에 대한 배려의 감소로 이어지기 때문이다. 또한 법률 개정이 변호사와 공공법무사의 업무를 비효율적으로 배분하게 만들었다는 비판을 받기도 했다.

사실 여론조사와 국립사법정책연구소의 예비조사에 따르면, 의회의 우려는 노파심이 아니었다. 법률구조제도와 범죄피해보상제도에 필요한 예산은 터무니없이 부족하다. 사법행정 예산 배정은 최근 몇 년간 이해할 수 없을 정도로 낮은 수준이었고, 이는 정의를 위해 만들어진 두 제도의 원활한 실천을 가로막고 있다. 법률구조나 범죄피해보상을 받더라도 개인 부담액이 너무 많다는 점도 문제로 남아 있다.

039

유하니 이이바리 Juhani Iivari
국립보건복지연구원 연구부장

형사사건 중재

모든 국민은 자신의 범죄와 사소한 분쟁을
중재에 회부할 권리와 기회를 가지고 있다.

핀란드는 형사사건에서 피해자와 가해자의 중재제도를 시범적으로
시행한 첫 번째 유럽 국가군에 속하는데, 1983년 반따아 Vantaa 시가 벌
인 사업에서 발생한 분쟁에 처음으로 적용했다. 시범적 시행은 두 가
지 이유에서 필요했다. 그 당시까지 핀란드의 형사정책은 주로 사법
정의에 관한 '신 고전이론', 즉 범죄행위에 근거해 범법자를 처벌하는
데 초점을 맞추었다. 죄를 판단하고 처벌하는 데 범법자의 행위능력
이나 사회적 지위는 아무런 관련이 없다는 것이었다. 이렇게 범죄행
위에 초점을 두는 형사정책은 범법자의 사정을 고려하지 않는 결과를
낳았다. 이것이 첫 번째 이유였다. 그리고 다른 유럽 국가와 달리, 특
히 청소년 범죄를 처벌하는 방법에서 대안을 폭넓게 강구할 수 없다

는 점이 두 번째 이유였다.

반따아 시에서 시범 실시된 모델은 기대 이상으로 긍정적인 결과를 낳았고, 일반 대중의 호응에 힘입어 반따아 시 복지사업의 일부로 자리잡았다. 나아가 이 중재활동은 다른 도시로 급속히 확산되었다.

사법 당국과 지방 중재사무소의 협력이 더욱 중요해졌다. 모든 사건의 80퍼센트 이상이 경찰과 검찰에 의해 중재에 회부되었다. 사소한 분쟁이 차지하는 비율은 약 5퍼센트였다. 중재사건 중 약 55퍼센트가 청소년과 관련되어 있었는데, 형사책임이 면제되는 15세 미만의 소년 범죄사건이 총 중재사건의 15퍼센트에 이르렀다. 청소년의 연령이 낮을수록 범죄 재발 가능성을 억제하기 때문에 중재제도는 청소년 피의자에게 더없이 좋은 방법이다.

형사사건중재제도는 더욱 큰 호응을 얻었다. 중재에 회부된 사건 당사자 중 75퍼센트 가량이 이 방법을 택하기로 합의했고, 중재로 탄생한 합의사항은 90퍼센트 이상 이행되었다. 가해자 중 80퍼센트 이상과 피해자의 75퍼센트 정도가 중재 결과에 만족한 것으로 조사되었다. 국제적 비교에서도 이는 매우 높은 비율이다. 현재 핀란드에서는 매년 3,500~4,000건의 형사사건이 중재에 회부되고 있다.

1995년의 경우 핀란드에는 경제침체로 지방 당국이 자발적으로 개시했던 중재활동의 일부가 중단되거나 아예 활동이 전면 중단된 지방도 있었다. 그러나 연구조사 결과 중재제도의 중요성이 확인됨에 따라, 중재제도를 법제화하고 국가예산으로 뒷받침하는 등 이 제도가 전국적으로 실시될 수 있도록 꾸준한 노력이 계속되었다. 2005년 가을에는 의회가 '형사사건과 사소한 민사사건의 중재에 관한 법률'을 입법하고, 그 법에 따라 연간 630만 유로의 예산을 책정해 중재제도가 전국적으로 실시되었다. 이 새로운 법률은 모든 국민이 자신의 범죄와 사소한 분쟁을 중재에 회부할 권리와 기회를 부여하고 있다.

　이 법률의 시행은 사회보건부가 주무부처로 관장하고 있으며, 6개 지역에 설치된 국가지방사무소(사회복지, 교육, 사법, 경찰 등 업무 관련 7개 중앙부처의 사무를 지방에서 합동 관장하는 사무소)는 핀란드 전 지역에서 형사사건 중재 서비스가 실시되도록 책임지고 있다. 국가지방사무소는 지방자치단체, 각종 사회단체, 사회사업회사, 심지어 사설 중재 서비스 제공업체들과도 위임협약을 체결하고 있다. 법률의 시행과 형사사건 중재 결과에 대한 연구조사는 사회보건 분야 연구개발센터인 국립보건복지연구원이 맡고 있다.

자살은 국민보건을 위협하는 중대한 문제다.

핀란드는 세계에서 처음으로

범국가적 자살 예방 프로그램을 만들어 시행했다.

극도의 자살 위험에 노출된 사람들을 돕는

예방 노력을 통해 자살률은 30퍼센트 이상 감소했다.

040 지역보건센터　　　　041 임산부와 아동진료소

042 대학생 보건진료재단　　043 직업보건연구소

044 교통사고 사상자 수를 절반으로　　045 북까렐리아 프로젝트

046 정신분열증 진료 프로젝트　　047 자살 예방 국가 프로젝트

048 성병 통제　　　　049 담배 관련 입법과 소송

050 자일리톨　　　　051 실증 의료지침서

제 3 부

핀란드의 국민보건

040

씨모 코꼬Simo Kokko
국립보건복지연구원 개발과장

지역보건센터

지역보건센터는 담당 주치의 시스템, 상시 전화 응대 의무 등 의료 서비스를 강화하고 있다.

핀란드는 국민들의 기초보건진료를 독특한 방법으로 해결했다. 모든 국민은 전국적으로 설치된 275개 지역보건센터를 연결한 네트워크 서비스를 이용한다. 지역보건센터는 주민들에게 질병 예방과 기초치료 서비스를 제공하고 있다. 지역보건센터에는 일반의, 간호사, 주로 예방 차원의 일을 하는 간호보조원, 치과의사, 물리치료사, 정신과의사 및 전문 인력이 일하고 있다. 또한 장기치료나 급성 혹은 단기치료를 받아야 하지만 특수한 치료는 필요치 않는 일반 환자들을 위한 병동이 마련되어 있다.

핀란드의 지역보건센터는 진정한 의미의 사회적 창안이라고 할 수 있다. 1972년 제정된 법에 의해 지방자치단체에 광범위한 보건 서비스 제공 의무가 지워졌다. 그 야심찬 목표는 지역 차원의 기초보건진료와 병원 서비스 제공이었다. 당시 개혁을 주도한 젊고 급진적인 의사들은 핀란드 사람들의 건강 문제가 병원에서는 해결되지 않는다고 여겼다. 그즈음 핀란드는 결핵이나 그 밖의 전염병을 퇴치했지만 동북부지방의 젊은 남성들이 심장질환으로 목숨을 잃는 문제를 겪고 있었다. 그러면서 예방의학의 필요성이 점점 강조되었다. 암의 집단 검진을 실시함으로써 좋은 결과를 얻었고, 이를 통해 국민들의 건강이 호전될 수 있다고 믿었다.

이미 1972년 이전에도 시범적으로 지역보건센터가 건립되었다. 건물 내에는 보건 분야의 전문 인력과 부가 서비스 제공을 위한 공간이 있었다. 이런 공간 중 일부를 암 검진 장소로 사용하기도 했다. 1950년대 일반의들은 기초진료 외에도 수술이나 출산을 담당했는데, 수술이나 출산이 행해지던 일반 병동이 아주 외딴 지역을 제외하고는 점차 노약자들의 장·난기 입원실로 대체되었다. 지역보건센터에 관한 한 핀란드 인구 1,000명당 4.4개의 병상을 확보하고 있으며, 그중 2.4개는 단기 입원환자 전용 병상이다. 일부에서 비판의 목소리가 있었지만, 이는 독특한 시스템이다.

1972년 이후 정부는 새로운 지역보건센터의 건립과 서비스 제공을 위한 지원을 아끼지 않았다. 지역보건센터가 생긴 이후 34년간 제공 서비스가 계속 확대된 것으로 나타났다.

핀란드의 지역보건센터가 항상 국민들의 지지를 받은 건 아니었다. 초기에는 지역보건센터가 사설 클리닉의 존폐를 위협하고, 나아가 지방자치단체와 협력관계인 개업의의 활동을 저해할 것으로 여겨지기도 했다.

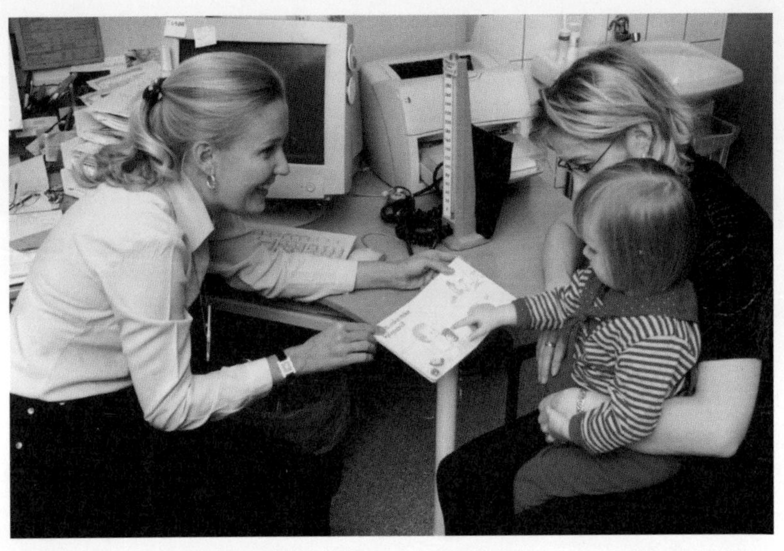

지역보건센터에서 어린이를 진찰하고 있는 모습.
지역보건센터는 주민들에게 질병예방과 기초치료 서비스를 제공한다.

지역보건센터 창설 초기 10~20년 동안에는 수많은 건물이 세워지고 전문 인력이 동원되었다. 그러나 환자가 몰려 의사 진료시간을 배정받기 힘든 점, 전화 서비스나 지역보건센터 내의 분위기 등 개선해야 할 사항이 많았다. 곧 개개인에게 담당 의사를 미리 배정하는 시스템을 추진함으로써 핀란드인 중 75퍼센트가 주치의를 갖게 되었다. 여러 의사에게 그때그때 진료를 받지 않고 개인병력을 정리하고 이를 잘 아는 담당 주치의에게 계속된 진료를 받도록 시스템이 향상되었다. 방문환자가 많고 친절한 응대가 불충분했던 도시에서 서비스가 특히 많이 개선되었다. 2002년에는 지역보건센터의 상시 전화 응대 의무와 3일 내 진료 의무 조항을 추가한 '기초보건진료에 관한 법률' 개정이 이루어졌다.

1993년 또 한 차례의 법 개정으로 이후에는 지역별 지역보건센터의 운영이 분권화되어 각기 다른 방향에서 발전해갔다. 대부분의 지역보건센터가 사회복지와 기초보건 서비스를 통합, 제공하는 시설로 운영되고 있는 한편, 운영과 기능 양면에서 기초보건 서비스 외에도 특수전문병원을 편입해 전문 분야 진료 서비스까지 제공하는 지역보건센터도 있다. 시간이 지나면서 지역보건센터의 제도는 여러 차례 변화했지만, 미래의 어떠한 도전에도 끄떡없을 것이라고 핀란드인 모두가 (심지어 비판자들까지도) 굳게 믿고 있는 사회적 창안임에는 틀림없다.

041

마르유까 매껠래Marjukka Mäkelä
국립보건복지연구원 연구교수

임산부와 아동진료소

핀란드 사람이라면 거주지가 어디고
교육 수준이 어떠한지에 상관없이
누구나 진료소를 이용한다.

100년 전만 해도 핀란드에서는 출산 170건당 한 건의 비율로 산모가 사망하고 출생아 100명 중 세 명이 사산아였을 만큼 출산은 매우 위험한 일이었다. 뿐만 아니라 신생아 중 15퍼센트가 첫해를 넘기지 못하고 사망했다. 1900년대 초 우르얄라Urjala라는 마을의 부유한 농가에서 태어난 아홉 명의 아이 중 한 명은 사산아, 세 명은 돌이 되기 전에, 또 한 명은 세 살 때 백일해를 앓다가 죽었다. 이 아이들 중 막내가 성장해 훗날 그 동네에서 '건강 언니'라고 불리는 간호사가 되었다고 전해진다.

유럽에서 임산부와 아동진료소는 1890년대 프랑스 파리에서 최초로 문을 열었는데, 설립 목표는 태아의 보호와 영아의 영양을 개선하는 것이었다. 이를 핀란드에 소개한 것은 만네르헤임 아동복지연맹 General Mannerheim's League for Child Protection이었다. 이 연맹이 설립한 병원 '어린이의 성 Lastenlinna'의 병원장으로 독일에서 소아과의사로 활동하던 아르보 월삐 Arvo Ylpp 박사가 1920년 취임했다. 그는 산모들에게 신생아와 영유아의 간호 방법을 가르쳐줄 수 있도록 간호사들을 교육시켰다. 또 다른 자선단체인 삼푼뎃 폴크할산 Samfundet Folkhalsan 에서는 스웨덴어로 처음에는 견습생 훈련 형식으로, 1927년부터는 교과목 강의 형식으로 똑같은 내용의 교육을 실시했다. 1931년 중앙정부가 간호사 교육훈련의 책임을 맡는 한편 지방정부는 일차적인 보건 간호 활동으로 조산원을 고용하는 데 국가의 지원을 받았다.

핀란드의 첫 아동진료소는 1922년에, 임산부진료소는 1926년에 각각 문을 열었다. 진료소의 활동은 자선단체들의 지원으로 점점 확대되어 나중에는 지방자치단체들도 진료소를 개설했다. 1944년 '임산부 및 아동진료소에 관한 법'의 입법으로 마침내 핀란드 전역에 무료진료소 설치가 의무화되었다. 그즈음 산모 사망률은 2,500건 출산에 한 건이었고 영아 사망률도 6퍼센트 정도로 떨어졌다. 1960년대에 핀란드를 방문한 외국 의사들은 인구 대비 의사 수가 유럽에서 세 번째로 낮은 핀란드의 영아 사망률이 어떻게 2퍼센트밖에 되지 않는지 무척 놀라워했다. 그 비밀은 바로 간호사와 조산원이 필요한 경우 의사의 자문을 받지만 진료소를 직접 운영하면서 임산부와 영아의 건강을 일일이 확인한 데 있었다. 또한 그들이 자주 가정을 직접 방문해 가족들의 병력이나 그 가정의 생활환경을 너무나 잘 알고 있었기 때문이기도 했다.

1940년대 후반 임산부진료소에서는 산모들이 출산의 고통에 대비하도록 '피트니스 클래스'를 마련해주었다. 1960년대에는 '심리 훈련'이 추가되었고, 1970년대에는 아빠도 '출산 전 교육' 과정에 초청되었다. 임신상태는 체중 측정부터 혈압, 부종, 빈혈, 당뇨, 단백뇨 측정에 이르기까지 각종 방법으로 관찰되었다. 매독과 결핵뿐 아니라 진단·치료될 수 있는 질병도 크게 늘어나 지금은 전문가들이 RH 항체, 에이즈, 태아기형 등을 찾아내고 진료의 방법을 찾고 있다. 또 영양 상담과 지원을 통해 담배를 끊도록 하여 임신상태가 잘 진행되도록 도와주기도 한다.

거의 모든 임산부가 임산부진료소를 이용했고, 1950년대 말에는 아동진료소에도 인원이 확충되었다. 진료소의 중요 업무로는 임산부의 임신상태와 아이들의 성장 검진 외에도 전염병 예방이 있다. 비록 예방접종이 의무화되지는 않았지만 95퍼센트 이상의 핀란드 아동이 취학 전 몇 년 동안 예방접종을 받고 있다.

2000년 핀란드의 영아 사망률은 1퍼센트 이하로 떨어졌고, 산모 사망률도 6,000건에 한 건 이하로 발생한다. 물론 전반적인 소득증가와 보건진료의 발달이 큰 영향을 주었다. 그렇지만 모두에게 무상으로 개방된 임산부와 아동진료소 서비스 또한 빠뜨릴 수 없는 요인이다. 질병의 관찰, 검진과 보건교육은 진료소 간호사의 임무 중 아주 중요한 부분이다. 핀란드 사람이라면 어디에 살고 교육수준이 어떠한지에 상관없이 누구나 진료소를 이용한 경험이 있다.

042

베사 부오렌꼬스끼|Vesa Vuorenkoski
대학생 보건진료재단 이사

대학생 보건진료재단

재단은 대학생의 학업능력 유지와 건강 개선을 위한 활동,
그리고 질병 예방 및 치료를 담당하고
이들의 건강을 책임진다.

핀란드의 보건진료 시스템에서 특이한 점은 대학생의 보건진료를 다른 기초보건진료와 상관없이 별도로 설립된 대학생 보건진료재단이 도맡고 있다는 것이다. 이 대학생 보건진료재단은 전국 14만 명 이상의 핀란드 대학생에게 보건, 질병 치료, 정신건강과 치과 진료 서비스를 제공하는 한편 대학생 또래에서 흔히 일어나는 문제나 학업에 관련된 건강과 질병 문제를 다루는 전문기관이다. 국민연금재단, 학생, 대학교가 있는 지방자치단체와 교육부에서 지원하는 대학생 보건진료재단은 핀란드 보건진료 시스템의 한 축이다.

이 재단은 대학생의 학업능력 유지와 건강 개선을 위한 활동과 질병 예방, 치료를 담당하고 이들의 건강을 책임져야 한다. 정신건강,

치과 진료, 성 건강과 관련된 서비스야말로 학업에 임하고 있는 젊은 이들이 갈구하는 부분이다. 학생들이 필요로 하는 부분을 진정으로 이해하는 것이 대학생 보건진료재단 활동의 기본이다. 일부 적극적인 학생들은 의사결정자로, 재단 활동의 감시자로, 개발자로 직접 참여한다. 1950년 핀란드 대학생협회 활동의 일환으로 설립된 이 재단은 처음부터 학생들의 자발적인 참여가 강조되어왔다.

이 재단이 설립되기 전부터 이미 학생들의 보건진료에 대한 관심은 커지고 있었다. 1932년 핀란드 결핵퇴치협회는 학생들의 폐 검진을 시작해 1936년에 뚜르쿠Turku와 헬싱키의 학생들은 모두 검진을 마쳤다. 1945년 핀란드 대학생협회는 전쟁으로 인해 중단되었던 학생들의 보건과 진료 재단 설립에 관한 위원회를 설치했다.

1946년 핀란드 대학생협회는 집단 결핵 진단과 질병 진료를 필두로 대학생 보건진료사무소의 활동을 시작했다. 당시 이 사무소의 소장은 여타-띵발드 핸니깨이넨G ta-Tingvald H nnik inen 의학박사였는데, 성병퇴치협회의 지원을 받아 매독 검진도 실시했다. 이는 재단의 설립 이유가 학생들의 건강을 전반적으로 살피는 데 있었음을 잘 설명해준다.

의회는 이 사무소의 활동에 따른 재정을 지원하기 위해 1947년 학생들의 건강검진과 그에 따른 학기당 의료비 예산 배정을 의무화하는 법을 입법했다. 이러한 검진활동은 이후 설립된 대학생 보건진료재단 소관으로 이전되었는데 핀란드 슬롯머신협회로부터 재정을, 대학 당국으로부터 구내에 재단 운영 사무실을 지원받게 되었다. 1955년에는 처음으로 정부 예산안에 재단 운영 지원금이 배정되었고, 1956년 추가적인 재단운영비 확보를 위해 대학생 보건협회가 설립되었다.

1970년대 대학생의 보건진료를 지방자치단체 관할로 옮기는 방안이 상당 기간 동안 거론되었지만, 대학생 보건진료재단은 대학생의 건강을 돌보는 담당기관으로 단순하고도 명백한 근거로 조직되었기 때문에 여전히 중요한 역할을 하고 있다. 또한 대학생들 자신도 재단의 활동을 적극적으로 지원하고 있다.

043 직업보건연구소

하리 바이니오 Harri Vainio
핀란드 직업보건연구소 소장

직업보건연구소는 직업 관련 보건과 안전에
관한 입법뿐 아니라 직업보건 서비스 개발에도
결정적인 역할을 해왔다.

핀란드에 직업보건연구소FIOH가 설립된 것은 60년 전이었다. 돌이켜
보면 설립 과정에 많은 시간이 소요되지는 않았다. 1944년 말 레오 노
로Leo Noro 박사와 아르보 베사Arvo Vesa 교수가 직업 관련 질병의 급증
을 우려하는 보고서를 국립보건원에 제출했고, 그에 대한 치료와 연
구, 대책 수립을 촉구했다. 특히 의사인 노로 박사는 목탄가스발전기
를 장착한 자동차 운전사들이 독성이 강한 목탄가스를 흡입한다는 사
실과, 탄환공장의 직공들이 간질환으로 황달을 앓는 일이 많음을 목
격하면서 직업과 질병의 상관관계에 깊은 관심을 갖게 되었다.

1945년 1월 초 국립보건원은 직업으로 인해 발생하는 질병 연구를
촉진히기 위해 별두의 위원회를 설치했다. 이 위원회는 소정의 임무

를 2월 말까지 마무리한 후 4월 4일 헬싱키 시립병원에 직업병동 하나
를 개설했다. 처음에는 의사 세 명과 간호사 세 명, 그리고 청소부 두
명으로 시작했다.

그러나 직업병동의 규모가 너무 작아 직업병을 효과적으로 예방하
고 통제하는 데 필요한 연구 성과를 낼 수가 없었다. 고민 끝에 노로
박사는 여러 분야의 전문가들에게 직장생활의 현황을 연구케 하면서
직업별로 연구종사자들을 교육시키고 환자들을 검진하며 관련 정보
의 제공과 계몽을 담당할 기관의 설립을 창안해냈다. 이렇게 생겨난
연구소는 실제로 연구 지식을 직장인들을 위해 효과적으로 활용하려
했다.

이 연구소도 외부 지원과 자금이 필요했으므로 정부 당국, 산업계
대표, 보험회사, 노동단체 등 직업 관련 질병 연구에 관계되는 각계
대표들이 연구소에 참여하게 되었다.

연구소는 개방적인 자세로 매우 열심히 연구에 임했다. 독극물, 전
염병, 생명공학, 직업심리학, 직업안전 등 여러 분야에 걸쳐 외국의
성공적인 연구 사례를 들여왔다. 당시 외국에서 들여온 만성생리학,
뇌 생명공학 분야의 연구·적용 사례가 몇 가지 있었는데 그 덕분에
작업 스케줄 조정이 건강에 미치는 영향, 그리고 정보의 과부하가 뇌
에 미치는 영향을 연구할 수 있게 되었다.

시간이 지나면서 직업보건을 위한 연구활동은 새로운 모습을 띠었
다. 처음에는 독성물질에 노출되는 경우 발생하는 문제에 관심이 컸
지만 20~30년이 지나면서 만성질환, 노출물질의 측정, 예방활동, 건
강증진, 작업능력의 유지, 일반적 복지 문제 등이 주요 관심사가 되
었다.

단지 몇 명의 전문가로 조그만 병동에서 출범한 핀란드 직업보건연구소는 직업보건과 관계된 다영역 연구multidisciplinary research와, 전문가로 구성된 연구소로 성장해 지금은 핀란드와 유럽, 그리고 유엔의 관련 기구에서 적극적인 활동을 펼치고 있다. 이 연구소는 핀란드에서 직업 관련 보건과 안전에 관한 입법뿐 아니라 직업보건 서비스 개발에도 결정적인 역할을 해왔다. 작업장 안전과 관련된 현행 법률은 작업장 안전의 총체적 목표를 규정하고 작업장에서의 자발적인 안전 관리를 강조하고 있다. '직업보건진료에 관한 법'은 사용자에 대해 피고용자를 위한 예방적 보건의료 서비스 마련을 의무화하고 있다. 현재 피고용자 중 약 90퍼센트가 직업보건의료 서비스에 가입되어 있고, 나머지 10퍼센트는 주로 소기업에 근무하는 사람들이다. 핀란드 직업보건연구소의 영향력이 얼마나 큰지는 세계보건기구WHO나 국제노동기구ILO의 직업안전과 보건 전략을 보면 잘 알 수 있다.

이 연구소의 연구원들이 연구에만 너무 몰두한 나머지 작업환경 발전을 위한 연구는 종종 뒷전으로 밀려나기도 한다. 그러나 지금은 본연의 역할을 다하고 있으며, 연구소 고객 및 협력 파트너들과 함께 직업보건과 복지를 더욱 향상시키기 위한 방안을 개발하고 있다. 이제 연구소가 특히 주목해야 할 부분은 세계화되고 있는 직장생활, 고령화되고 있는 노동력, 변화와 불확실성 속에서도 버텨낼 수 있는 능력, 신기술(나노, 바이오, 유전자 기술 등)이 건강에 미치는 영향, 직장에서 생기는 알레르기의 증가, 일과 삶의 균형 등에 관한 것이다.

044

뻬까 따르얀네|Pekka Tarjanne
1972~1975 핀란드 교통부 장관

교통사고 사상자 수를 절반으로

교통환경 개선과 홍보 캠페인, 공개토론 등의 노력을 통해
교통사고 사상자 수를 5년 만에 절반으로 줄였다.

핀란드에서 언론은 주로 비행기 사고나 자동차 전복 등 대형 사고에
관심을 두고 있지만 도로교통의 안전도 중요한 문제로 꾸준히 인식되
어왔다. 1960년대까지 도로안전에 관한 몇몇 연구가 있었지만, 입법
이나 안내 캠페인 또는 공개토론과 같은 행동으로 이어지진 않았다.

　1960년대 말 핀란드의 도로교통 사정은 더욱 악화되었고, 핀란드가
유럽에서 교통사각지대가 되고 있다는 통계가 발표되자 그제야 정치
인들이 문제의 심각성을 인식했다. 1972년 봄 정부는 의회 교통위원
회를 구성하고, 그 안에 교통안전특별소위원회를 설치했다. 당시 핀
란드의 연간 도로 사상자 수는 1,200명에 이르렀다.

　이런 사정을 배경으로 여러 대책이 나오기 시작했다. 대형 교통사

고가 발생하지도 않았고, 열성적인 공무원이나 한 표라도 더 얻으려는 정치인이 나서지도 않았다. 케꼬넨 대통령의 신년연설에서 언급되지도 않았다. 대책 마련에 많은 사람들이 기여했지만, 특히 교통안전 특별소위원회 내부의 분위기와 협력정신이 크게 도움되었다. 나는 그 과정에 참여해 수천 명의 생명을 구하고, 수많은 슬픔과 고통과 비용을 줄일 수 있었던 데 대해 자긍심을 갖고 있다.

우리의 첫 업적은 도로별로 일반 속도제한을 가하는 것이었다. 아직도 나는 생산농가중앙협회장이 내 사무실로 쳐들어와 소리를 지르며 만약 내 제안이 통과된다면 헬싱키 지역 주민들은 아침에 우유를 구경도 못할 줄 알라고 협박했던 순간을 생생히 기억하고 있다. 하지만 핀란드 시민 모두의 아침 식탁에는 변함없이 신선한 우유가 올라오고 있으며, 다만 스피드를 즐기는 사람들만 무모한 운전을 제지당하고 있을 뿐이다.

우선 일반 속도제한이 통과되었다. 이것은 오일파동을 겪은 경험에서 영향을 받기도 했지만, 무엇보다 안전벨트 착용을 의무화하자는 제안이 강한 반대에 부딪히자 상대적으로 속도제한을 반대하는 목소리가 약했기 때문이었다. 안전벨트 착용 의무는 국제적으로 그 효과가 입증되었음에도 의회 내 모든 정당이 합심해 반대했다. 어떤 이는 실제로 내가 반자유주의적 의도를 가지고 있다는 이유로 상급 탄핵재판에 서는 모습을 보고 싶다고까지 했다. 마침내 나는 반대 입장을 굽히지 않는 사람들을 병원으로 불러 안전벨트 착용을 소홀히 한 탓에 여러 군데에 부상을 입은 환자들을 두 눈으로 직접 보게 했다. 이것이 효과를 발휘했는지 안전벨트 착용 의무를 포함한 법안이 의회 본회의에서 결국 통과되었다.

그 후 도로 사상자 수가 급격히 감소했는데, 주로 다음과 같은 일곱 가지 조치에 따른 결과였다.

1. 일반 속도제한의 도입
2. 승용차 앞좌석에서의 안전벨트 착용 의무화
3. 모터사이클 운전자의 헬멧 착용 의무화(스쿠터 운전자는 10년 뒤에 착용 의무화)
4. 지방 국도의 진입로와 교차로 재정비
5. 모든 도심지역에 총 600킬로미터의 자전거도로와 다른 형태의 교통수단에 각기 다른 도로의 설치
6. 도시별 교통환경 개선(잘못 계획된 도시구역에서의 교통사고 위험률이 제대로 계획된 구역보다 열 배 가량 높다고 판명)
7. 철도 건널목의 개선

사람들의 인식도 크게 변화했다. 처음에 사람들은 교통사고가 주로 사람과 그들의 태도 또는 차량 상태 때문에 발생한다고 생각했다. 하지만 지금은 교통사고의 주범이 교통환경에 있다는 사실에 주목하고 있다. 그래서 개별 차량 운전자, 자전거 타는 사람, 보행자에게 책임을 묻기보다는 교통환경 개선에 더 많은 관심을 쏟게 되었다.

여기에 그치지 않고 학교의 역할, 일반 홍보 캠페인, 불량 차량의 운행, 도로망의 악화, 과로운전과 음주운전 등 다양한 문제에 관한 논의로 더 확대되었다. 열띤 공개토론과 그 후 취해진 조치들은 효과를 발휘했고, 이는 교통안전 옹호자들의 더 많은 열성을 불러일으켰다. 그 결과 놀랍게도 5년 만에 도로 사상자가 연 1,200명에서 약 600명으

로 급속히 감소했다. 그런데 교통안전에 관한 관심이 줄어들자 사상자 수가 다시 늘어나기 시작했다. 정치인, 언론, 그리고 시민들이 어떤 조치를 취하지 않으면 안 된다는 사실을 한 번 더 깨닫고 사상자 수가 늘었다가 다시 줄어들기까지는 여러 해가 걸렸다.

그래서 처음에 취했던 조치들이 되풀이되었다. 또 한 번 의회 교통위원회가 구성되었고, 여러 가지 안전문제가 더 논의되었고, 새로운 아이디어들이 예전의 조치와 함께 창출되고 시행되었다. 그 결과 이전과 마찬가지로 사상자가 줄어들었고 몇 년간 하향 추세가 지속되었다. 그 후 자동차와 교통량이 두 배 이상 늘어났음에도 상황은 안정되었다.

하지만 안타깝게도 최근 통계에 의하면 도로 사상자 수가 다시 증가하고 있다고 한다. 다시 한 번 의회에 교통안전특별소위원회를 구성해야 할 시점이 아닌가 싶다.

045

삐까 뿌스까 Pekka Puska
국립국민보건원 원장

북까렐리아 프로젝트

'북까렐리아 프로젝트'는 예방조치만으로
질병을 효과적으로 감소시킬 수 있음을 보여준
선구자적인 사업이다.

제2차 세계대전 이후 핀란드 사람들의 생활수준은 빠르게 향상되었다. 무서운 전염병의 위험성은 이제 옛말이 되었다. 그런데 심장·혈관질환, 암과 같은 새로운 만성질환이 핀란드 사람들을 괴롭히기 시작했다. 질병 치료 서비스를 확대하기 위해 어느 정도 수준이 있는 지역중앙병원 네트워크를 형성했다. 1970년대 초에는 특히 남성의 높은 사망률과 같은 국민보건 문제에 대한 우려의 목소리가 높아지기 시작했다. 일반적으로 보건진료의 초점이 외래환자 중심 치료와 질병 예방에 맞춰져야 한다는 의견이 형성되었다. 이렇게 국민보건에 대한 진지한 논의는 '기초보건진료법'의 입법으로 이어졌다.

1971년 1월 북까렐리아 North Karelia 에서 관상동맥심장병 환자 발생

률이 예외적으로 매우 높게 나타나자 요엔수우_{Joensuu} 시에서는 대책
마련을 청원하는 서명운동이 일어났다. 그 지방의 주지사를 중심으로
한 각계 대표들은 중앙정부에 심각한 상황의 개선을 촉구하고 효과적
인 긴급 지원을 탄원했다. 그 결과로 얼마간의 준비 단계를 거쳐 그해
에 '북까렐리아 프로젝트'가 시작되었다.

그 당시 이미 산업선진국에서는 심장 및 혈관질환이 사망 원인 1순
위였다. 1970년대 초만 해도 심장질환 예방이나 발병 원인 등이 제대
로 알려지지 않아 치료나 재활에만 힘썼다. 그러나 연구를 거듭하면
서 심장병의 발병 원인을 밝혀냈고, 그에 따라 새로운 예방법이 제시
되었다. 이 프로젝트의 기획 단계에서도 만성심장병은 발병 이후 치
료가 어려우므로 예방에 주력해야 한다는 점을 인지하고 있었다. 그
래서 '북까렐리아 프로젝트'는 발병 위험요인 감소를 목표로 예방조
치부터 실천하게 되었다.

핀란드 사람, 특히 북까렐리아 남성들에게 흔히 나타나는 발병 위
험요인이 조사 결과 밝혀졌다. 그들은 혈중콜레스테롤 수치가 높았
다. 이는 포화지방의 과다 섭취와 불포화지방의 섭취 부족 때문이었
다. 야채는 매우 적게 먹는 반면 버터와 지방, 지방을 제거하지 않은
우유 등을 많이 먹는 식사습관에서 비롯된 것이었다. 꽤 많은 사람들
이 관상동맥심장병에 걸릴 위험에 노출되어 있다는 조사 결과가 대응
전략에 큰 도움을 주었다. 그래서 이 프로젝트는 전 주민의 식사습관
을 바꾸는 데 초점이 맞춰졌고, 전 지역에서 효과를 창출하기 위한 지
역 차원의 예방 프로그램으로 기획되었다. 이는 당시로선 매우 획기
적인 접근방식이었다.

이 사업의 주목적이 사람들의 생활방식(흡연과 식사습관) 변화에 있

었기 때문인지 대부분 농업에 종사하는 주민들은 크게 반대했다. 그러나 이 사업은 지역 차원의 전략으로 중앙정부의 개입이 배제되었기에 지역단체와 주민들이 자발적으로 시행해나가도록 했다. 사업의 과제는 재원의 제공, 주민들의 교육과 동기 유발, 활동 내용의 조정, 감시 및 평가 등으로 이루어졌고 지역사회 내 모든 사회단체의 참여를 종용했다.

5개년 프로젝트가 1972년 봄 종합적인 기초연구로 시작되어 1977년 봄 신규 인구조사를 끝으로 종료되었다. 그 후에는 축적된 경험을 바탕으로 사업이 전국적으로 시행되었다. 북까렐리아에서는 이 예방조치와 모니터링이 1997년까지 계속되었다. 25년에 걸쳐 시행된 이 사업은 당초 내걸었던 목표는 물론 그 이상을 확실히 성취했다.

처음에 이 사업이 목표로 삼았던 발병 위험요인 제거에 커다란 변화가 일어났다. 남자들의 흡연이 크게 줄었고 식사습관도 눈에 띄게 변했다. 특히 섭취하는 지방의 양과 질에서 큰 발전이 있었다. 1972년에는 주민들 중 80퍼센트 이상이 빵에 버터를 발라 먹었는데, 1997년에는 그 비율이 10퍼센트 이하로 떨어졌다. 주민들의 혈중콜레스테롤 수치도 17퍼센트 줄었고, 혈압도 크게 낮아졌다.

발병 위험요인이 제거되면서 심장질환 사망률도 급격히 감소했다. 1970년대에 이미 북까렐리아 지역 근로 남성들의 심장질환 사망률은 이웃한 꾸오피오 지역이나 핀란드 전체 사망률보다 큰 폭으로 감소했다. 그 후로 감소폭이 조금씩 줄어 북까렐리아와 핀란드 전역이 비슷해졌다.

이 사업은 당초 목표대로 발병 위험요인의 획기적인 감소, 근로 남성들의 심장질환 사망률과 전체 사망률의 현저한 감소, 다방면에서의

189

국민보건 증진이라는 커다란 성과를 거두었다. 이는 결과적으로 국가 발전에도 기여하는 효과로 이어졌다.

이러한 긍정적인 사태 발전을 분석해본 결과, 무엇보다 표적으로 삼은 세 개의 발병 위험요인을 제거한 것이 심장병 발병률을 급격히 감소시킨 것으로 나타났다. 이는 전적으로 예방조치의 결과다. '북까렐리아 프로젝트'는 핀란드의 국민보건 향상에 기여했을 뿐만 아니라, 생활방식의 변화와 같은 예방조치만으로도 현대에 만연하는 심장질환을 효과적으로 감소시킬 수 있음을 국제적으로 보여준 선구자적인 사업이었다.

심지어 요즘은 개발도상국에서도 심장질환이 사망 원인의 주범으로 떠오르고 있다. 전 세계 사망자의 60퍼센트가 만성병이 사망 원인인데, 그중 절반은 심장 및 혈관질환이라고 한다. 이 때문에도 '북까렐리아 프로젝트'가 개척해낸 획기적인 결과에 대한 국제적인 관심이 광범위하게 퍼져나가고 있다. 그 경험은 과학적 연구협력에 잘 활용되고 있을 뿐만 아니라 세계적으로, 특히 세계보건기구와 관련된 수많은 국가와 지역 차원의 질병 예방 프로그램에 훌륭하게 적용되고 있다.

046

위르요 알라넨 Yrjö O. Alanen
명예교수

정신분열증
진료 프로젝트

이 프로젝트는 세계 어느 곳에서도
시행된 적이 없는 핀란드의 획기적인 사업이었고
대성공을 거두었다.

1980년 핀란드는 인구 1,000명당 정신병원 병상이 4.2개로, 아일랜드 다음으로 많은 병상을 확보하고 있었다. 그보다 2~3년 전, 정신분열증의 경우 입원환자보다 외래진료를 강화할 목적으로 '정신장애인법'을 개정했음에도 상황은 개선되지 않았다. 그래서 1979년 정신병원협회가 정신분열증 진료를 위한 국가적 프로그램을 창설하자는 제안서를 제출했다. 전체 정신장애환자 중 절반 이상이 정신분열 증상을 보였고, 그들 중 대부분이 적극적인 치료나 재활 프로그램을 받지 못하고 이른바 B급 정신병동으로 보내지는 장기진료환자였다.

　이 제안서에 근거해 1980년 말 국립보건원은 정신분열증 연구, 치료 및 재활을 위한 실행계획을 마련할 기획단을 설치했다. 이 기획단은 일선 병원과의 직접적인 교류를 통해 시행 가능한 적극적인 개발 프로그램의 수립을 권고했다. 이어 1981년 봄에는 보고서를 완성하고 '정신분열증 연구조사, 치료 및 재활에 관한 전국적 실행계획'의 초석을 마련했다. 이에 따라 국립보건원, 병원협회, 그리고 정신병원협회가 협력해 실행에 착수했다. 이는 단일 질환에 초점을 둔 연구개발 프로그램으로, 핀란드에서는 그 유례를 찾아볼 수 없을 뿐더러 정신분열증에 관한 한 세계 어느 곳에서도 시행된 적이 없는 획기적인 것이었다.

1981년과 1987년 사이에 정신분열증 진료사업이 전국적으로 실시되었고, 1992년에는 그 결과에 대한 검증이 추가 실시되었다. 첫 번째 목표는 정신분열증 환자의 신규 발생 건수를 절반으로 줄이고 장기 입원 중인 환자들을 10년 안에 완치시키는 것이었다. 이 목표를 달성하는 데 필요한 조치로는 주로 가족과 생활환경에 초점을 두어 새롭고 적극적인 치료와 재활 방법을 개발하는 것이었다. 두 번째 목표는 외래진료 방법을 질적·양적으로 개발하는 것이었는데, 입원환자를 완치시키는 목표 도달 과정 중에 추가적으로 생기는 환자를 외래로 진료하기 위한 것이었다. 이 두 가지 목표의 달성 여부는 지속적인 지역별 환자 통계 조사를 통해 추적했다.

정신병원이 세워져 있는 지역 모두가 이 사업에 참여했다. 지역병원 대표들은 각종 세미나에 참석해 사업의 목적, 방법 및 모니터링에 관한 설명을 들었다. 이 사업을 두 개의 단위사업으로 나눠 시행하는 방법을 택했는데 하나는 새로 발생하는 정신분열증 환자 진료를 개발하는 것(USP 단위사업)이고, 다른 하나는 장기입원환자 진료 및 재활을 개발하는 것(PSP 단위사업)이었다.

　　새로운 진료법의 시행은 본사업 진척에 큰 도움이 되었다. 뚜르쿠 시에서 나는 동료들과 함께 환자 개인과 가족에 초점을 둔 심리요법으로 정신분열증 환자를 진료하는 프로그램을 연구 개발했다. 이 진료법은 일반 보건진료 시스템에도 적합한 것이었다. 내가 전국적 규모인 USP 사업을 책임지고 있던 터라 이 모델은 전국적으로 확산되었다. 특히 '진료법 회의'가 큰 관심을 끌었다. 그 회의를 통해 의료진은 진료를 시작하면서 환자의 가족이나 가까운 친지들과의 관계에서 살펴본 진료에 필요한 요소들을 토의했다. 이 모델은 다른 북유럽 국가에도 전파되었고, 그 외의 나라에서도 관심을 불러일으켰다. 또한 땀페레Tampere 소삐무스부오리Sopimusvuori('약속의 동산') 협회 소속의 에릭 안띠넨Erik Anttinen 교수 팀이 개발한 장기(만성)치료 필요 환자의 재활치료도 많은 관심을 불러일으켰다. 안띠넨 교수도 바로 이 국가적 사업에 참여한 멤버로, PSP 사업을 책임지고 있었다. 이미 소삐무스부오리협회에서는 상당수의 장기 정신분열증 환자들이 재활치료를 받고 병원에서 퇴원할 수 있었다. 이 PSP 사업팀은 별도로 '정신분열증과 기초보건진료'라는 제목의 보고서에서 정신분열증의 예방 가능성을 밝혀내기도 했다.

　　정신분열증 진료 국가사업이 취한 조치들은 15개의 책자로 발간되어 보고되었다. 최종보고서에는 이 국가사업으로부터 얻은 교훈에 기초해 예방, 치료법, 재활, 진료체계, 질적인 재원, 기초진료를 받을 권리, 교육, 개발과제, 연구, 입법 등 10개 분야로 나눠 작성한 권고안이 포함되고 있다. 1985년 발간된 중간보고서에 따르면 특히 장기진료환자들의 재활효과가 이 사업의 초기 단계에서 빠른 진척을 보였다. 증세가 경미한 정신분열증 환자들도 병원에 수용되었는데, 이들 모두

재활치료를 받아 신속하게 외래진료로 전환되었음이 밝혀졌다. 장기 진료환자의 신규 발생을 감소시키는 데는 더 많은 시간이 걸렸으며 진료법을 크게 바꿔야 했다. 이 국가적 사업의 성공으로 의료진의 사기가 올라갔고, 관심 밖에 있던 분야가 새롭게 각광받을 만큼 병원 내 분위기가 크게 달라졌다.

사업의 양적인 목표도 달성되었다. 후속 연구에 따르면 1982년과 1992년 사이에 신규 발생 장기진료환자 수는 60퍼센트, 기존 장기입원환자 수는 67퍼센트나 감소했다. 정신병원 병상 수도 51퍼센트가 감소해 인구 1,000명당 1.9명으로 줄었다. 또 다른 목표였던 외래진료의 발전도 이루었다. 1982년 인구 1만 명당 외래진료 의료진이 2.7명이었는데 1992년에는 5.1명으로 늘어났다. 새로운 사업모델이 개발되면서 병원이 아닌 재활진료소, 소규모 요양원, 보조생활시설이 크게 증가했다. 그러다가 이러한 발전 추세가 1990년대 초 경제침체로 심한 타격을 받아 병원의 병상 수가 계속 축소되고 외래진료가 정지되거나 감소되는 비율이 높아갔다. 그리고 21세기에 들어와 다시 상황은 점진적으로 정상화되기 시작했다.

정신분열증 진료사업이 보여준 환자 중심의 인간적인 접근방법의 전통은 지역에 따라 조금씩 차이가 있지만 핀란드 전역에 고스란히 남아 있다. 일부 지역에서는 과도하게 투약 중심의 접근방법으로 전환하는 위험을 무릅쓰기도 한다.

047

요우꼬 뢴크비스트 Jouko Lönnqvist
국립국민보건원 연구교수

자살 예방
국가 프로젝트

'자살은 예방할 수 있다'는 신념으로
범국가적 자살 예방 프로그램을 만들어 시행했다.

자살은 국민보건을 위협하는 중대한 문제다. 세계적으로 매년 약 100만 명이 스스로 목숨을 끊고 있는데 유럽 전체에서는 10만 명 이상, 유럽 연합 국가에서는 약 6만 명, 그리고 북유럽 4개국에서는 약 4,000명이 매년 자살하는 것으로 추산된다. 2004년 핀란드의 자살 사망률은 10만 명당 20.4명이었다.

핀란드는 세계에서 처음으로 1986년부터 1996년까지 '자살은 예방 할 수 있다'라는 범국가적 자살 예방 프로그램을 만들어 시행했다. 자 살 예방 정책을 개발하기 위해 이미 여러 해 동안 핀란드에서 발생한 모든 자살사건을 철저히 조사 연구했다. 조사원들이 수천 시간을 보 내며 1,397건의 자살사건에 대한 심리학적 부검 보고서를 완성하고 의료 및 사회보장 지원 기록, 경찰 기록을 수집했으며 자살자의 의사, 간호사, 친구, 가족, 고용주 등을 면담해 각각의 자살사건을 둘러싼 정황들을 파악했다.

이러한 야심적인 프로그램의 틀 안에서 자살에 대한 연구와 예방 노력이 전국적으로 확대되었다. 이는 극도의 자살위험에 처한 사람들을 돕는 것을 목표로 한 일련의 대책을 마련하기 위해 취해진 종합적인 노력으로, 그 어느 나라에서도 유례를 찾아볼 수 없는 첫 시도였다.

핀란드에서 이 국가적 프로그램은 1992년부터 1996년까지 시행되었고, 국제 비교그룹에 의해 1996~1998년간 비교평가가 실시되었다. 그 결과 프로그램 시행 기간 동안 자살 사망률이 15퍼센트 감소했고, 이러한 하향 추세가 이어져 최고점이었던 1990년 10만 명당 30.3명에서 2004년 20.4명으로 30퍼센트 이상 감소했다. 이것은 약 50년 전과 비슷한 수준이었다. 이러한 종합적 자살 예방 프로그램을 통해 1950년대부터 1980년대 말까지 계속 증가했던 자살 사망률이 성공적으로 역전될 수 있었다.

자살행위의 발생 원인을 규명하려는 노력이 계속되어 과거보다 좀 더 많이 밝혀졌지만, 예방적 개입조치들이 자살 사망률 감소에 얼마나 영향을 주는지를 측정하기란 매우 힘들다. 물론 자살 예방의 필요성은 분명히 강조되어야 한다.

현재 자살을 예방하는 데 가장 효과적인 조치로는 의사들을 교육시키는 방법, 약이나 무기와 같은 자살 수단을 제한하는 방안, 문지기gatekeeper 교육 등이 있다. 리튬과 항우울증 약을 처방하는 약리적 치료와 심리치료도 어느 정도 효과적인 결과를 가져다주었다. 특히 개

196

별심사 프로그램은 학교나 학생들 사이에서 누가 자살 위험요소를 많이 가지고 있는지를 가려내는 데 어느 정도 성과를 거두는 것으로 보고되고 있다.

048

오스모 꼰뚤라 Osmo Kontula
핀란드 가족연맹 선임연구원

성병 통제

적극적인 청소년 성교육과 피임도구 사용에 대한 홍보로
성병 발병률은 주변국들보다 압도적으로 낮다.

핀란드에서 성병 발병 정도는 보통의 서유럽 수준이다. 이런 점에서 핀란드의 상황은 동쪽 이웃나라인 러시아보다 훨씬 양호하다. 예컨대 러시아는 매독이나 임질 환자가 핀란드보다 100배 이상 높다. 2004년 핀란드의 에이즈 감염률은 100만 명 중 24명으로, 유럽에서는 독일과 함께 최저 수준이었다. 다른 북유럽 국가는 핀란드의 두 배에 달했으며, 러시아와 에스토니아는 각각 열 배와 스무 배나 높았다. 1990~2001년 핀란드에서는 스무 살 미만의 청소년 중 에이즈 감염 환자가 18명인 데 비해 에스토니아에서는 748명, 스웨덴에서조차 68명이 발생했다. 이는 핀란드가 성인과 청소년 모두 에이즈 감염 예방에서 예외적으로 매우 성공적이었음을 잘 보여주는 통계다.

　그렇다면 핀란드는 성병과 에이즈 감염을 어떻게 예방할 수 있었을까? 핀란드는 청소년들에게 그들 자신뿐 아니라 상대방의 삶에 대해서도 책임 있는 행동을 해야 한다고 가르쳐왔다. 1970년부터 초·중등학교(핀란드에서는 9년제 ‘종합학교’라고 한다) 교과과정에 성교육을 의무화했다. 그리고 1972년에는 입법을 통해 모든 지방의 보건진료센터에서 가족계획 상담 서비스를 시행토록 했고, 모든 학교의 공중보건 간호사들에게 청소년 성교육의 중심 역할을 맡겼다. 그런데 한 가지 재미있는 현상이 있다. 1960년대 말 핀란드에서는 콘돔 사용이 급속히 대중화되었는데, 당시 청소년들 중 절반 이상이 첫 성관계 때 콘돔을 사용했다고 한다. 에이즈가 세상에서 문제가 되기 전에 이미 핀란드는 일본 다음으로 콘돔 사용이 가장 일반화된 나라였다.

　물론 초기에는 성교육과 성 관련 보건 서비스 부문에서 개선점이 많았지만, 성에 대한 인식이 자유분방해지면서 이 분야 전문가들의 훈련을 강화하는 등 성병 통제를 전문적으로 발전시켜나갔다. 여러 차례의 조사 결과에 의하면, 1970년대와 1990년대 사이에 청소년들의 성에 대한 지식은 꾸준히 높아졌고 일반인들의 피임도구 사용은 지속적으로 증가했다. 그러면서 성병 발병뿐 아니라 원치 않는 임신과 낙태가 크게 줄어들었다. 1990년대 임질 환자 수는 10분의 1로 줄어들었다. 이렇게 상황이 호전된 데는 혈관투약 마약 사용자가 이웃 나라들보다 많지 않았다는 점도 영향을 주었다. 또한 핀란드에서는 마약 사용자들에게 별도로 소독주사기를 무료 공급하는 등 ‘폐해 감소’ 조치를 시행했다. 이것은 최근까지도 중시되고 있다.

　이웃 북유럽 국가들과 함께 핀란드는 양성평등 문제에서 여타 유럽 국가들과 매우 다르다. 이미 도덕적인 이중기준이 존재하지 않을 만큼 양성평등이 확립되어 있다. 이와 병행하여 여성들의 향상된 지위와 능력은 성병 전염의 감소로 이어졌다. 젊은 여성들도 남성처럼 과감하게 콘돔을 사용하고 있다. 안전하게 성적 즐거움을 만끽할 수 있는 권리를 행사하고 있는 셈이다. 최근에는 상대방이 성적으로 지조를 지켜줄 것과 성적 욕구에 잘 호응해줄 것 등 상대방에 대한 기대가 높아지고 있다. 그 덕분에 과거보다 훨씬 더 효과적으로 성병을 예방하고 있다.

성병 감염 위험이 전혀 없는 안전한 섹스의 세계를 가상해볼 수 있지만, 성적 욕구가 많아질수록 그런 세계가 언제 올지는 오로지 시간만이 말해줄 것이다. 그러한 가상의 세계가 가능하다면, 요즘 점점 늘어나는 독신자나 배우자 없는 성인들이 성적 욕구를 만족시키지 못하는 상황에서 탈출할 수 있을지도 모른다. 이제 사람들은 성적 욕구를 채울 기회가 없는 삶을 더 이상 참으려 하지 않기 때문이다. 정보통신 기술 분야에서 선도국가가 된 핀란드가 이 분야에서도 다른 유럽 국가들보다 앞서나갈 수 있을 것이다.

049

메르비 하라 Mervi Hara
핀란드 ASH(Action on Smoking &
Health, 금연건강증진회) 대표

담배 관련
입법과 소송

2006년 핀란드 의회는 모든 음식점과 술집에서
흡연을 완전히 금지하는 결정을 내렸다.

핀란드의 흡연 감축 전략은 홍보 캠페인, 국민보건 프로그램, 건강보
호 입법 등을 포함한 종합적인 노력에 바탕을 두고 있다. 그와 더불어
가격정책, 금연지원정책, 감시와 조사연구 등도 흡연 감축 전략에서
중요한 역할을 하고 있다. 특히 흡연자에 대한 지속적인 관찰과 장기
적인 연구는 흡연 감축 전략을 수립하는 데 소중한 기초자료가 된다.

1960년대 초에 담배상품이 끼치는 해로운 영향을 인식하기 시작하
면서, 핀란드 의회는 만장일치 결의로 흡연의 부정적인 영향을 감소
시키기 위한 조치를 즉각 취하라고 정부에 요청했다. 이렇게 중요한
조치를 취했음에도 흡연 감축을 위한 입법은 15년 뒤인 1976년에야
통과되었다. 당시 가장 선진적이었던 '담배법'은 모든 형태의 담배 광

고 금지, 포장 겉면에 건강 유해 경고의 의무적 표시, 16세 이하 청소년에게 담배상품 판매 금지, 그리고 학교와 공공교통기관 및 공공장소 실내에서의 흡연 금지 등을 규정했다.

1980년대에는 담배연기가 주변 사람들의 건강에 미치는 부정적 영향이 확인되어 핀란드 의회는 시민들이 담배연기에 노출되지 않도록 새로운 입법을 강구했다. 1995년에는 '담배법'을 개정해 술집과 음식점을 제외한 모든 작업장에서 흡연을 금지했고 모든 학교, 공공건물, 공공교통수단을 흡연 금지구역으로 확대 지정했다. 또한 18세 이하의 학생들이 주로 사용하는 건물의 외부 운동장에서도 흡연을 금지했다. 나아가 간접적 형태의 담배 광고도 제한하고, 담배 구입 금지 연령 기준을 16세에서 18세로 높였다.

2000년에는 요식업소 근무자들의 건강을 위해 단계적으로 흡연 제한을 실시했다. 경과기간이 끝난 2003년 말까지 요식업소의 총면적 중 절반은 금연구역으로 지정해야 했다. 바텐더들이 주문을 받는 카운터 부근은 절대 금연구역이 되었다. 담배연기가 금연구역 밖으로 새어나오는 것도 허용되지 않는다. 또한 2000년 7월 핀란드는 세계 최초로 환경에 노출되어 있는 담배연기를 법적 발암물질로 분류했다.

그러나 환경적으로 담배연기에 노출되는 경우가 비일비재했으므로 사실상 이 법 조항은 있으나마나였다. 그래서 2006년 핀란드 의회는 모든 음식점과 술집에서 흡연을 완전히 금지하는 결정을 내렸다. 환기시설이 갖춰진 흡연실에서만 흡연이 허용되고, 흡연실에서는 음식물을 제공할 수 없게 했다. 이 법은 2007년 6월부터 발효되었지만 경과규정을 두어 2009년까지 음식점들이 담배연기가 금연구역으로 흘러나오지 않도록 하는 별도 흡연시설을 선택적으로 마련하게 했다.

2006년 초부터는 니코틴 껌 등 금연보조제를 약국뿐 아니라 허가를 받은 간이 편의점, 일반 식품점, 주유소 등에서 구입할 수 있도록 판매망을 확대했다. 이러한 흡연 감축 사업에 소요되는 재원은 대부분 국가예산으로 충당되었다. 2006년의 경우 담배세 수입 중 0.74퍼센트 정도가 흡연인구 감축 사업에 할당되었다. 이러한 제반 법적 조치의 집행과 지도, 감독은 보건 당국에서 책임지고 있다.

유럽에서 처음으로 담배회사에 소송을 제기한 사건은 1988년 핀란드에서 있었고, 2001년 대법원이 최종 판결을 내릴 때까지 계속되었다. 원고는 연금생활자 뻬띠 아호Pentti Aho였다. 그는 열여섯 살이었던 1941년에 흡연을 시작했는데, 1980년 흡연으로 인한 만성기관지염과 폐기종 진단을 받았고 1986년 후두암 진단을 받은 후 1992년에 사망한 사람이었다.

레티그 사Oy Retig Ab와 핀란드-영미토바코 사Suomen Tupakka-BAT Nordic Oy에 대한 상품책인소송은 이들 회사가 법적 금지를 위반하여 인체 건강에 해로운 상품을 제조·판매했기 때문에 그 손해에 따른 보상을 받을 권리를 주장한 것이었다. 또한 이들 회사는 상품이 유발하는 건강상의 폐해를 밝히지 않았고, 고객에게 경고하는 행위를 못하게 가로막았으며, 담배가 건강에 해롭지 않다고 말함으로써 고객에게 적극적으로 거짓말을 일삼았다고 소송을 당한 것이었다.

그러나 이 상품책임소송은 시 지방법원과 항소법원에서 기각되었고, 대법원 역시 같은 의견이었다. 대법원에서는 담배회사가 사전 경고를 해야 한다는 의무도 삭제했다.

2005년 3월에는 아메르 사Amer Oy(필립모리스의 핀란드 자회사였지만, 지금은 유명 스포츠-게임장비 제조회사로 변신했다)와 핀란드-영미토바코

사에 대한 법적 소송이 시작되었다. 이른바 '라이트 담배'에 초점을 둔 이 소송에서 원고는 이들 회사가 담배를 제조함으로써 니코틴 중독을 야기하려 했다는 점과, 1950년대 이후 그들의 담배 판매 과정에서 중독을 일으킬 수 있다는 점을 예외 없이 줄곧 숨기고 부정하려 했다고 주장하고 있다. 이 소송은 2008년 초부터 심리가 계속되고 있다.

050

자일리톨

마르야따 산드스트룀Marjatta Sandström
핀란드 리프(LEAF)사 홍보부장

치아 관리는 간단하고 손쉬운 방법으로
일상의 한 부분이 될 수 있도록 해야 한다.

1970년대 초 핀란드의 치의학 연구자들은 자일리톨Xylitol을 발견하고, 그에 대해 큰 관심을 갖기 시작했다. 당시 뚜르쿠 대학교 치과대학은 치아의 치석에 자일리톨이 갖는 효능을 연구하는 첫 프로젝트를 수행했다. 그 최종 결과는 1975년에 발표되었고, 같은 해에 모든 건강증진 식품의 선봉으로 자일리톨이라는 감미료가 함유된 껌, 즉 자일리톨 옝끼 Xylitol-Jenkki가 세계 최초로 선보였다. 그 후 핀란드는 물론 다른 나라에서도 자일리톨에 관한 종합적인 치의학 연구가 진행되었다.

자일리톨은 일종의 천연 감미료다. 이 성분은 서양자두, 딸기, 콜리플라워, 산딸기 등에 많이 함유되어 있다. 인체 스스로도 하루에 5~15그램을 생성한다. 산업용으로 자일리톨은 자작나무의 섬유질인 자일란에서 추출되고 있다.

자일리톨의 치아 친화적인 효과는 충치를 야기하는 박테리아가 자일리톨 위에서는 생존하기 힘들다는 사실에 근거하고 있다. 그래서 이것을 정기적으로 먹으면 구강 내 해로운 박테리아를 감소시키고 치석이 쉽게 제거될 수 있게 한다. 자일리톨은 구강 내 해로운 산성 물질을 중화시키는 역할도 한다.

1990년대 초 뚜르쿠 치과대학은 '모자구강연구조사'를 실시해, 규칙적으로 자일리톨 껌을 씹는 엄마에게서 태어난 아기는 엄마로부터 전이되는 충치 박테리아가 감소되어 유치의 충치 발생률이 약 70퍼센트 감소했다는 결과를 보여주었다.

요즘 자일리톨에 관한 연구는 다른 의학 분야에서도 진행되고 있다. 오울루Oulu 대학교 의과대학 소아과의 연구 결과에 따르면, 자일리톨 껌을 씹으면 어린아이의 중이염 발생률을 크게 줄일 수 있고 구강 내 침의 분비를 활발하게 해줄 뿐만 아니라 구강건조증 치료에도 큰 도움이 된다고 한다.

치아 관리는 간단하고 손쉬운 방법으로 소중한 일상의 한 부분이 될 수 있도록 해야 한다. 자일리톨의 장점은 맛있고 친근하고 쉽게 접할 수 있는 껌이나 캐러멜로 만들어져 치아 건강 유지에 사용할 수 있다는 것이다. 입 안을 청결하게 유지하고, 불소 함유 치약을 사용하며, 건강하고 규칙적으로 식사하는 습관, 그리고 자일리톨 껌이나 민트 등을 사용하는 것—이 모두가 구강위생을 지키는 올바른 지름길이다.

051

일까 꾼나모 Ilkka Kunnamo
실증의학 데이터베이스 편집장

실증 의료지침서

실증 의료지침서는 간편하고 읽기 좋게 편성되어
실제적인 지침을 잘 제공하고 있다.

'실증 의료지침Evidence-Based Medicine Guidelines'의 개념은 핀란드에서 일반 의사들이 직면하는 수많은 질병과 그 문제점을 설명해줄 핸드북이 필요하다는 데서 생겨났다. 이 지침서는 1989년 핀란드에서 최초로 플로피디스크로, 뒤이어 1991년에는 CD로 출간되었다. 이후 내용이 개정되면서 더욱 충실해졌다.(웹사이트 'www.ebm-guidelines.com'에 접속하면 자세히 알 수 있다)

이 시스템은 총 1,000개가 넘는 설명과 광범위하게 수집된 사진(이미지)을 담고 있으며, 간편하고 매우 읽기 좋게 편성되어 실제적인 지침을 잘 제공하고 있다. 주로 일반의와 병원 의료기사로 구성된 약 400명의 편집진이 정보편찬을 책임지고 있다. 일반의와 병원 의료기사가 함께 편찬한다는 점에서 일선 의료현장에서 폭넓은 호응을 받아왔다. 이 의료지침서는 기초진료센터 일반의들의 능력과 역할을 강조하는데, 핀란드에서 1차 기초진료는 건강증진뿐만 아니라 여러 증상을 치료하는 데 긴요한 역할을 한다. 또한 이 지침서는 내과의사들이 활용하는 광범위한 진단기술에 관해서도 설명하고 있다.

이러한 의료지침을 전자 방식으로 출판함으로써 최신 정보로 쉽게 업데이트할 수 있는데다 가장 중요한 자료 출처인 국제적으로 널리 알려져 있는 코크란 도서관Cochrane Library의 가용 실증자료와 링크되어 있다는 점에서 방법론적으로 큰 효과를 가져다주었다. 실증사례의 확실성은 4등급으로 나뉘어 등록되어 있다.

CD 형식의 지침서가 일찍 출간됨으로써 2000년에 출범한 인터넷판 사용이 급증했고 전국적인 보건 포털 서비스가 시작되기도 했다. 이렇게 일반의 의료지침 핸드북을 포함한 700만 개 이상의 문서자료를 총망라해 2005년 의료 포털 사이트가 개설되었는데, 매우 인기 있는 검색 대상 중 하나로 자리잡았다. 핀란드의 의사 수가 1만 7,000명에 불과하다는 점을 고려할 때 이만한 분량의 의료 문서자료가 데이터베이스화되어 있다는 것은 가히 세계적인 기록이라고 할 수 있다.

'실증 의료지침서'는 2000년에 영어로 번역되었고, 2005년에는 존 와일리 앤 선즈John Wiley&Sons 출판사에서 책으로도 출간했다. 또한 독일어, 러시아어, 헝가리어, 에스토니아어로 번역 출간되었고, 더 많은 번역 출간이 예정되어 있다.

2001년 노키아 휴대전화를 통해 이 실증 의료지침의 모바일 버전이 소개되어, 현재 약 1,000명의 핀란드 의사가 노키아의 고성능 휴대전화로 의료 데이터베이스에 접속하고 있다. 이들이 사용하는 지식의 양은 수미터 높이로 쌓아놓은 책들에 실려 있는 내용과 맞먹는다. 다음 단계로 '진료결정 자동지원' 방식을 도입했는데, 이것은 전자화된 환자 기록 데이터를 의학 지식과 결합함으로써 해당 환자에 대한 치료법을 결정하게 하는 것이다.

핀란드에서는 의무교육 기간인 16세까지

타인과 비교하는 시험도 경쟁도 없다.

필수적으로 이수해야 할 수업이 많은 것도 아니다.

그런데도 세계에서 가장 높은 학력과 공부효율성을 자랑한다.

단 한 사람의 낙오자도 만들지 않는다는

사회적 합의가 있었기에 가능한 교육혁명이다.

052 핀란드 문학협회   053 도서관은 생활의 일부

054 핀란드의 종합학교   055 무상 고등교육 제도

056 핀란드 학생들의 학업능력   057 대학의 지방 분산화

058 학생 학비 보조   059 색 · 도형으로 악보 보기

060 국가연구발전기금   061 기술혁신지원청

062 음악학교   063 성인교육

064 정부의 문화단체 지원   065 이야기 대화법

제 4 부

핀란드의 문화와 교육

052

뚜오마스 레흐또넨Tuomas M. S. Lehtonen
핀란드 문학협회 사무총장

핀란드 문학협회

'대 핀란드 운동'의 일환으로 창설된
핀란드 문학협회는
건전한 시민사회 건설의 초석이 되었다.

1831년 2월 16일 핀란드 문학협회 창립회의 토의록에 엘리아스 륀로트Elias L nnrot는 이렇게 썼다.

'우리는 이 회의에서 핀란드어와 핀란드 책에 대하여, 또한 그것들이 문헌적 필요에 얼마만큼 잘 이바지할 수 있는가에 관하여 얘기하기 시작했다. 그날 저녁 혼자보다는 함께 일하는 것이 보다 쉽다는 결론을 내리고 우리는 협회 결성의 필요성을 토의했다.'

이러한 실질적 목표는 곧 핀란드의 민족적 정체성을 실현하는 수단으로 전환되었다.

계몽주의·낭만주의·민족주의는 모두 '대大핀란드 운동Fennomanian'을 창시하는 데 영감을 불어넣는 원천이 되었다. 이 운동은 핀란드어 개혁, 문학 창작, 민속 기록, 역사 서술, 민족의 정체성 확립 등을 통틀어 다루었다. 그 일환으로 창설된 핀란드 문학협회는 신어의 개발, 대사전 출판, 민속 수집, 문학상 제정, 그리고 민족서사시 『깔레발라 Kalevala』와 『깐텔레따르 Kanteletar』의 출간, 역사서·극본·소설의 출판에 힘을 기울였다. 이 협회는 근대 핀란드에서 학문적 활동뿐만 아니라 일반 국민에 대한 보편적 교육 기회를 창시하는 데 결정적인 역할을 수행했다. 이 협회가 없었다면 핀란드는 오늘날과 같은 현대적 산업국가와 시민사회를 건설하지 못했을지도 모른다. 이러한 개혁운동은 사회구성원 모두가 학문과 문화를 향유할 수 있게 해주었고, 정치적 견해를 자유롭게 피력할 수 있는 시민사회 건설의 준비 과정이었던 것이다.

핀란드 문학협회가 벌인 활동의 결과로 그간 전통적으로 기억에만 의존해왔던 지식과 문화를 창조하거나 기록하고 전파할 수 있게 되었다. 구전되어온 이야기들이 문헌 형태를 취하게 된 것이다. 이러한 변화를 통해 사회는 문맹에서 벗어나게 되었고, 단순한 지식의 전달과 저장을 뛰어넘어 지식을 창조하고 현실을 개념화할 수 있게 해줘 사회 전체의 문헌화를 가져왔다.

19세기 동안 이 협회는 주요 학문별 핀란드어 학회와 많은 연구기관의 산파 역할을 맡았고 국립극장 창설, 경제인협회와 정당의 구성에도 영향을 끼쳤다. 1890년 이 협회는 수도 헬싱키에 자리를 잡은 뒤 헬싱키 엘리트 그룹에 의해 운영되면서 핀란드 사회와 문화 속으로 깊숙이 침투해 커다란 축을 형성하는 한편, 지방의 민속 대가들과도 균형을 이루었다.

해를 거듭하면서 이 협회는 국가건설의 수행자 역할에서 학문적 보고의 역할로 변신했다. 177년간 활동해오는 동안 이 협회는 핀란드인의 자아의식 향상, 국내외 핀란드 문학에 대한 이해 증진, 핀란드의 소설·비소설·학술서 출간에 기여했다. 언어와 정체성은 협회 활동에 이념적 자극제가 되었고, 따라서 그 언어와 정체성의 구축 과정에 대한 연구와 함께 두 개념을 떠받치는 이념, 전통, 역사적 현상 등에 대한 비판적 연구는 계속 중시되어왔다.

그 밖에 핀란드 문화를 국내외에 소개하고 창달하는 것이 핀란드 문학협회의 사명 중 하나임은 예나 지금이나 다르지 않으며 앞으로도 변함없을 것이다.

053

까아리나 드롬베리Kaarina Dromberg
2002~2003 핀란드 문화부 장관

도서관은
생활의 일부

도서관에 투자한다는 것은
곧 민주주의와 그 발전에 투자하는 것이다.

도서관 이용에서 핀란드 사람들은 세계기록 보유자들이다. 이들은 매월 한 번 이상 도서관을 찾아 책과 CD, 그리고 기타 자료를 연 평균 20개 이상 대출한다. 그런데 핀란드 사람들은 왜 이렇게 도서관을 열심히 찾는 것일까?

오래 전부터 핀란드에서 도서관은 일상적으로 드나드는 곳이었다. 핀란드 사람들은 지식을 존중하고 퀴즈를 즐기며, 백과사전 판매량도 매우 높다. 도서관 이용률이 높은 것은 도서관이 사람 개개인의 서로 다른 욕구와 필요를 충족시켜주기 때문이다. 학교나 대중매체는 준비된 정보와 생활경험을 덩어리째 전달하는 데 그치지만 도서관은 개개인의 의문과 관심사에 대해 더욱 세심하고 깊게 답변해준다. 질문이

핀란드인들은 도서관을 즐겨 이용한다. 국민 77퍼센트가 매일 1시간 이상씩 독서한다는 통계가 있다.

심오할수록 여느 인터넷 검색엔진보다 확실한 답을 주는 곳이 도서관
이다.

오늘날 핀란드의 모든 지방자치단체는 공공도서관을 운영한다. 그
기능도 책을 대출하고 돌려받는 역할을 뛰어넘어 음악과 영상자료를
빌려주고 컴퓨터 사용을 제공하는 등 크게 확대되었다. 핀란드의 도
서관은 원하는 사안의 질적 수준에 따라 체계적으로 분석된 정보를
제공하기도 한다. 또한 학생, 직장인, 그리고 모든 시민이 원하는 정

보를 찾도록 도와주고 동화 구연, 미술작품 전시나 영화 상영 등의 이벤트를 제공한다.

핀란드의 공공도서관은 전국 모든 지역에서 무료이고, 시민들은 지식과 문화에 접근할 수 있는 권리를 평등하게 누리고 있다. 이것이 아마도 핀란드 학생들이 국제학업성취도평가에서 최상위 그룹에 속하게 된 이유 중 하나일 것이다.

핀란드의 공공도서관이 강점을 갖게 된 데는 여러 요인이 있다. 우선 1990년대까지 중앙정부가 막대한 예산을 지원했다. 다른 나라들과 달리 지방예산이 아닌 국가예산으로 공공도서관이 운영된 것이다. 그리고 도서관 사서들의 교육수준이 높고 도서관들이 유연한 네트워크를 형성하고 있다. 모든 도서관이 전국 연락망에 포함되어 학교 도서관이든 공공도서관이든 필요한 책과 자료를 서로 순환 대출할 수도 있다. 이러한 시스템을 구축하려면 많은 협력과 조정이 뒤따라야 하는데, 오늘날에는 주로 인터넷을 통해 이루어지고 있다.

핀란드 도서관 운영의 기본전략은 지방, 지역 및 시민의 눈높이에 맞게 합리적으로 분업화하는 데 있다. 각 레벨에서 가장 적합한 서비스에 중점을 두도록 하는 것이다. 지방의 도서관에서 고객에 대한 직접 서비스에 중점을 둘 수 있는 것은 인터넷을 통해 타 지역의 서비스나 전국적으로 제공되는 서비스의 접근성이 높아졌기 때문이다. 그좋은 예는 핀란드 사람이 창조한 리눅스 운영체제 아이디어를 기반으로 새롭게 만들어진 띠에돈하운 포르띠 Tiedonhaun Portti('지식검색 창')라는 정보검색 포털이다. 이 포털은 시멘틱 웹 Semantic Web 개념에 기초한 것으로, 실재하는 도서관과 인터넷상의 자료를 혁명적인 방법으로 융합시켜준다.

좀더 넓은 사회적 관점으로 보면, 정보사회는 사람의 창조성을 더 활성화시켜주고 있으며 지식과 문화에 쉽게 접근할 때 모든 시민은 사회발전 과정에 참여할 수 있다. 핀란드에서 도서관은 정보나 문화 중 어느 것을 찾더라도 사용자를 위한 수준 높은 매개수단이 될 수 있다. 그래서 도서관은 정부 사업, 그리고 정보사회 정책 프로그램의 한 부분이 되고 있다. 도서관에 투자한다는 것은 곧 민주주의와, 그 발전에 투자하는 것임을 사실로 받아들이고 있다.

054

에르끼 아호Erkki Aho
1973~1991 핀란드 교육청 사무국장

핀란드의 종합학교

핀란드의 종합학교는 가장 핀란드적인 국민의 힘이며,
지역별 토착 민주주의의 원칙을 실현하고 있다.

한 세기가 넘도록 교육정책 입안자들은 초·중등을 통합하는 기본교육제도를 꿈꿔왔는데, 농업국가 핀란드가 산업화의 길을 급격히 걷던 1960년대 들어 그에 필요한 조건들이 성숙되기 시작했다. 기업들은 국제적 수준에서 경쟁할 수 있어야 했고, 질 좋은 상품을 생산하려면 숙련된 노동력이 필요했다. 동시에 북유럽 복지사회를 건설하는 목표를 이루려면 공공 부문에서도 높은 교육을 받은 노동력이 요구되었다. 서비스 부문이 급격히 확대되어 사람들은 산업사회뿐만 아니라 서비스 사회에 대해서도 논의하기 시작했다. 사회를 역동적으로 발전시키려면 가능한 한 모든 재능을 활용해야 했다.

핀란드에서 경제적인 요인 외에도 사회적 평등이 정치의 핵심 목표로 떠오른 것이 결정적인 계기였다. 1960년대 중반쯤 사회민주당은 중도당의 지지를 얻어 9년간의 통합적 기본교육을 실현하는 데 필요한 정치적 기반을 형성했다. 1968년 의회는 모든 아동과 청소년이 주거지와 부모의 재산 정도에 상관없이 높은 수준의 기본교육이자 의무교육을 9년 동안 받을 수 있도록 하는 법을 통과시켜 9년제 종합학교Comprehensive School를 탄생시켰다. 1968년 이전에는 기본교육이 4년에 그쳤고, 4년 과정을 마친 졸업생들은 5년제 중등학교나 고등학교로 진학했다. 입법 과정에서 가장 긴요했던 점은 양질의 기본교육을 인권으로 받아들였다는 것이다. 이런 개혁에 따라 신체장애나 정신장애가 있는 아이들도 지적인 성장발달의 권리를 누리게 되었다. 그래서 종합학교는 한 세대의 모든 아이를 위한 학교가 되었다.

학교체계의 개혁은 교사양성체계의 개혁을 불러왔고, 이는 동시에 이루어졌다. 교사 양성은 대학교가 맡게 되었는데, 석사 수준의 학력을 갖춰야 교사가 될 자격이 주어졌다. 수준 높은 교사의 양성이 전국에서 골고루 이루어지도록 동부지역과 북부지역에 외떨어진 대학교를 비롯해 7개 대학교에서 교사 교육과정이 개설되었다.

기본교육을 시행하고 발전시키는 책임은 엄격하게 지방자치단체에 주어져 있다. 이것은 교육이 기초 서비스 중 하나로서 갖는 핵심적인 의미를 부각시켜준다. 교육과 관련된 모든 결정이 지역 주민들과 가까운 현장에서 이루어질 수 있도록 한 것이다. 지방자치와 국민교육의 관계 역사는 100년 이상 거슬러 올라간다. 핀란드에는 450개에 이르는 지방자치단체가 있는데, 각 지방의 학교 운영에 수천 명의 학부모가 관여하고 있다. 이런 점에서 종합학교는 가장 핀란드적인 국민의 힘이며, 지역별 토착 민주주의의 원칙을 실현하고 있다.

핀란드의 9년제 종합학교는 한 명의 낙오자도 만들지 않는다는 철저한 교육 이념을 실천한다.

종합학교는 오랜 과정을 통해 발전해왔으며, 교육이 사회의 정치·문화·경제의 발전과 밀접히 연관되어 있음을 분명하게 보여준다. 국제적인 비교연구에서 핀란드 학생들이 우수한 성적을 거두고 있는 것은 여러 요인이 합쳐져 이뤄진 결과다.

초·중등학교를 통합한 종합학교는 훌륭한 핀란드의 사회적 창안 사례다. 양극화 경향이 나타나고 있는 오늘날 사회에서 국민들을 통합해주는 요소로 더욱 중요하기까지 하다. 종합학교는 국민들의 정체성을 강화시켜줄 뿐만 아니라 국제적·문화적 상호교류를 촉진하기도 한다.

현재 종합학교는 핀란드의 일류 교육제도를 말해주는 표상이 되고 있다. 또한 상급 직업고등학교와 일반계 고등학교에서 질 높은 교육을 받을 수 있도록 훌륭한 기초를 닦아준다. 정치, 문화, 그리고 경제

적인 환경요인이 끊임없이 변화하고 있는 만큼 종합학교의 발전을 위
한 노력도 지속될 것이다. 까리 우우시뀔라_{Kari Uusikyla} 교수는 이렇게
말했다.

"좋은 학교는 매일 새로이 다시 만들어야 한다."

055

쏘냐 꼬수넨Sonja Kosunen
핀란드 의회 보좌관

무상
고등교육 제도

무상교육은 핀란드 사회를 떠받치고 있는 기둥이며,
이 문제에 관한 한 어떠한 정치적 논란도 없다.

견실하게 운영되고 있는 핀란드의 교육제도는 세 가지 요소—전국에
서 시행되는 무상교육, 아동과 청소년들이 수학할 수 있는 보편적 권
리와 의무, 그리고 지역에 상관없이 평준화된 교육 서비스의 질적 수
준에 그 바탕을 두고 있다. 그중에서 가장 견고한 주춧돌은 핀란드에
거주하는 모든 아동과 청소년에게 그들의 사회적·경제적 배경과 상
관없이 교육을 보편적으로 제공한다는 데 있다. 무상교육은 핀란드
사회를 떠받치고 있는 가치관 체계의 한 기둥으로 인식되고 있어서
이 문제에 관한 한 어떠한 정치적 논란도 없다. 사회구성원 모두에게
기본교육이 보장되고 교육의 질 또한 끊임없이 관찰·평가되고 있다.
이렇게 교육의 질을 감시하고 국가가 마련한 교과과정을 준수하기 때

문에 고등교육으로 진학하려는 학생들의 수학능력은 어디서 교육을
받았는가에 관계없이 별다른 차이가 없다.

평등한 학습 권리를 보장하는 교육제도와 교육정책에서 핀란드는
여전히 높은 성과를 거두고 있다. 일반 종합학교 및 고등교육기관에
예산을 집중 사용함으로써 핀란드의 어린 학생들과 청소년, 대학생들
이 성장·독립하여 살아가는 데 필요한 밑거름을 마련해주고 있다. 종
합학교에 대한 완전한 국가의 재정 지원을 통해 교육의 질과 성과가
높은 수준을 유지해왔고, 이러한 결과는 경제협력개발기구가 실시하
는 국제학업성취도평가에서도 그대로 나타났다. 핀란드의 종합학교
9학년생들이 독해·수학·과학에서 골고루 세계 최고 성적을 발휘한
것이다. 이러한 국가의 재정 지원은 학생들이 고등교육기관에서 효과
적이고 높은 수준의 학업을 받게 해주었다.

종합학교(1~9학년) 졸업생 모두에게 일반계 또는 직업고등학교 진
학의 문이 열려 있고, 그중에서 선택하여 학업을 계속하도록 권장하
고 있다. 그리고 고등학교를 졸업한 학생들에게는 일반 대학교 또는
전문대학교polytechnic의 고등교육에 지원할 수 있는 자격이 주어진다.
직업고등학교에서는 직업과 관련된 일반적인 안내와 직업훈련을 중
심으로 교육과정이 진행되고, 직장생활에 기본적으로 필요한 사회적
기량을 가르치고 있다. 직업훈련을 취업시장의 직접적인 수요에 초점
을 맞춰 실시함으로써 대부분의 학생들은 직업고등학교 교육을 마치
면 곧바로 취업이 된다.

핀란드에서 직업고등학교 교육은 무상으로 실시되고 있으며 교육
수준도 높다. 이는 3년간의 직업고등학교를 마치면 일반 대학 입학자
격시험 합격과 똑같이 학생들에게 전문대학이나 일반 대학에 진학할

수 있는 자격을 부여하는 것을 봐서도 알 수 있다. 재능이 넘치고 열심히 공부하는 모든 학생에게 교육의 문은 언제나 열려 있다. 그런 학생들은 핀란드 교육정책의 가장 중요한 부분 중 하나인 학생재정지원제도의 지원을 받는다. 핀란드 사람들은 이런 시스템을 유지·발전시키기 위해 투자가 계속되어야 한다고 생각하고 있다.

이처럼 직업교육의 수준이 높고 숙련기술자를 원하는 취업시장의 꾸준한 수요에도 불구하고 요즘 젊은이들 사이에서는 직업교육의 인기가 크게 떨어져 있다. 이와 관련해 종합학교의 진로상담 선생님과 다양한 직업을 학생들에게 안내해야 하는 자문관이 명심해야 할 사항이 있다. 각 직업군별 근로자의 연령 분포 현황, 학생들이 선호하는 직업군과 그들의 연령별 사고방식이나 행동방향 등을 시대에 맞게 항상 잘 파악하고 있어야 한다는 것이다. 종합학교 기본교육을 마친 졸업생 모두가 일반계 고등학교로 진학하는 것이 올바른 해법은 아니다. 종합학교 졸업자들은 '인문고'나 '직업고'라는 선입견적 느낌만으로 자신의 장래를 좌우하는 결정을 내려서는 안 된다. 무상 직업고등교육을 받고 직업을 갖는 것은 훌륭하고 과감한 선택이다. 바로 이러한 자세, 즉 자신이 무엇을 원하는지 파악하고 그 목표를 이루기 위해 노력하는 것이야말로 현대사회에서 가장 존경받을 수 있는 자세다. 직업고등학교에 진학한 학생들은 일찌감치 그 선택을 할 수 있었고, 다만 어른들은 그러한 선택을 할 수 있도록 촉매 역할을 해주는 것이 필요했을 뿐이다.

핀란드의 대학교육은 하루빨리 좀더 국제화되어야 한다. 2001~2006년에 매년 전문대학교에 입학하는 외국인 학생 수가 2,780명에서 4,500명으로 두 배 가까이 늘어났다. 그리고 일반 종합대학교의 경우

학사학위를 목표로 한 외국인 학생 수가 2006년 3,300명이었는데, 이
는 2001년보다 740명 늘어났을 뿐이다. 핀란드의 일반 대학교와 전문
대학교에서 수학하는 외국인 학생의 비율을 늘리기 위한 전략이 검토
되고 있는데, 외국인 석사 졸업생들을 핀란드에 취업시키는 방안도
제안되었다.

어떤 이들은 등록금제도의 도입을 주장하지만, 최소한 당분간은 학
생들이 강력히 반대하고 있는데다 평등한 교육방침에도 맞지 않으므
로 더 이상 추진되지는 않을 것이다. 그래서 핀란드의 무상 고등교육
제도는 그 기능에 충실하고 높은 평가를 받을 뿐만 아니라 국제적으
로도 상위권에 자리하고 있다. 우리는 튼튼한 나무에서 잘 자라고 있
는 가지를 자르는 실수를 하지 않을 것이다.

고등교육도 오로지 무상으로 이루어질 때 핀란드의 지속적인 전문
기술력 확보와 미래세대로의 전승을 보장해줄 것이다. 핀란드 교육제
도에서의 평등주의는 무상교육에 바탕을 두고 있으며, 이것은 일반
대학교나 전문대학교나 매한가지다. 핀란드는 이 제도를 자랑스러워
해야 하고, 어떤 어려움이 닥치더라도 끝까지 고수해야 한다. 미래세
대가 선조들에게 감사해야 할 것들 중에서 무상 고등교육은 첫 번째
로 손꼽힐 것이다.

056

유까 사르얄라 Jukka Sarjala
1995~2002 핀란드 교육청 사무국장

핀란드 학생들의
학업능력

'국제학업성취도평가 세계1위, 핀란드'라는
놀라운 성적을 만든 건 공부를 재미있다고 느끼는
전반적 사회 분위기 덕이다.

경제협력개발기구OECD가 실시한 2003년과 2006년의 국제학업성취
도평가PISA에서 핀란드 학생들이 연이어 독해와 수학에서 모두 1위
를 차지했다. 그런데 이 국제학업성취도평가가 생긴 이후로는 아무
도 1950년대 말부터 국제교육성취도평가협회IEA가 실시해온 평가를
기억하지 못하는 것 같다. 사실 핀란드가 마지막으로 참가했던 1991
년의 학업능력literacy에 관한 국제교육성취도평가협회 평가에서 핀
란드의 아홉 살·열네 살 학생들이 31개 참가국 중에서 가장 우수한
것으로 나타난 적도 있었다. 핀란드 학생들의 학업성취도는 전체 평
균이 높았을 뿐만 아니라 표준편차가 적었고 하위권 학생들의 실력
도 비교적 높았다는 점에서 주목받을 만했다. 국제학업성취도평가

학생들의 자발성을 최대한 존중하는 핀란드의 교육방식은 현재 전 세계의 주목을 받고 있다.

에서도 이와 비슷한 결과를 보여주었다.

국제학업성취도평가 결과가 발표된 이후 핀란드의 교육전문가들은 유명 강연자가 되어 세계 각국으로 초청되었고, 핀란드는 많은 국가의 교육담당자와 연구원들에게 인기 있는 방문지로 떠올랐다. 핀란드를 방문하는 외국인들은 한결같이 이렇게 질문한다.

"핀란드 학생들의 학업능력이 높은 것은 무엇 때문입니까?"

하지만 이 질문에 대한 대답은 절대 간단하지 않다. 학업능력이 뛰어난 것은 여러 요소의 종합된 결과다. 즉 한 학급 학생들이 9년간 함께 공부하는 시스템, 정책결정의 분권화(지방 위임), 학교의 자율권,

학생 위주의 수업, 학습지진 학생을 위해 고도로 개발된 특수교육, 학생복지제도와 학업 보조 활동(상담전문교사, 학업보조교사, 교내 사회복지사, 학교보건 서비스 등), 능력이 뛰어나고 헌신적인 교사들과 무상교육 등의 총합적인 결과인 것이다.

게다가 사회적인 여건도 고려되어야 할 사항이다. 높은 학업능력에 영향을 준 사회적 요소들을 살펴보면, 핀란드의 사회문화에는 지식소양에 가치를 부여하고 독서를 가르치는 전통이 오래되었음을 발견할 수 있다.

수세기 동안 핀란드에서 교회는 사람들에게 글을 가르쳐왔고 일반인들을 계몽하는 데 막중한 영향을 미쳤다. 이는 모든 사람이 성경과 그 밖의 종교서적을 읽을 수 있어야 한다는 개신교의 원칙에 뿌리를 두고 있다. 사람들도 점차 핀란드어로 된 서적이 있어야 하고, 그 책을 읽을 수 있어야 한다고 각성하게 되었다. 16세기 중엽 핀란드에서 맨 처음 발간된 서적이 핀란드 알파벳에 관한 책이라는 것도 우연의 일치가 아니다.

1660년대에는 결혼을 하려면 글을 조금이라도 읽을 줄 알아야 한다는 칙령이 공포되어 더 많은 사람들이 글을 깨치게 되었다. 교회는 교사들을 고용해 신자들을 가르쳤고, 심지어 교회 집사들의 임무 중 하나가 신자들에게 읽기와 쓰기를 연습시키고 독서능력을 파악하는 것이었다. 모든 이들에게 읽는 법을 배우기가 쉬운 것은 아니었지만, 결혼을 하고 싶다면 비록 속도가 느리더라도 읽기와 쓰기를 익혀야 했던 것이다.

핀란드에는 광범위한 도서관 망이 형성되어 있고, 책을 싣고 도시와 시골 어느 곳이든 사람들을 찾아가는 버스도서관이 있다. 한 조사 결과에 따르면 아홉 살 어린이 중 80퍼센트가 매월 한 번 이상 도서관에서 책을 대출하고, 4퍼센트만 책을 빌려보지 않는다고 대답했다고 한다. 이것만 보아도 핀란드에서 독서가 얼마나 대중화되어 있는가를 잘 알 수 있다.

057

야아꼬 눔미넨 Jaakko Numminen
1973~1994 핀란드 교육부 차관, 장관

대학의 지방 분산화

어디에 사는지에 관계없이 누구나가
대학 교육의 기회를 누릴 수 있어야 한다.

1920년대까지만 해도 핀란드의 대학교육은 헬싱키에 한정되었고, 심지어 1950년대 말에도 대학교가 수도 헬싱키에 집중되어 있었다. 거의 모든 학과를 설치한 헬싱키 종합대학교, 헬싱키 공과대학, 헬싱키 경제대학, 스웨덴 경제대학, 사회과학대학, 수의과대학 등이 있었다. 또한 예술대학과 음악대학이 속속 생겨나고 있었다.

1919년 뚜르꾸 시에 뚜르꾸 스웨덴어학원이, 1922년 뚜르꾸 핀란드어 대학이 각각 설립되었지만 1950년대 말 거의 모든 핀란드 대학생은 헬싱키에서 수학하고 있었다.

핀란드의 대학교 체제가 집중적으로 발전하기 시작한 것은 '고등교육 발전에 관한 법률'이 제정된 1960년대부터다. 당시 이 법은 케꼬넨 대통령이 발의하고 여러 정당이 참여한 연립정부가 입법한 것으로, 모든 대학교에 점진적 재정 지원 확대, 종합적 학생재정지원제도 창설, 핀란드 전역에 신규 대학 설치를 통한 대학교육의 지방 분산화 등을 골자로 했다.

1959년 가을 오울루 종합대학교가 문을 열었고, 위배스뀔래Jyv skyl의 전통적인 교원훈련센터가 대학교로 전환되었으며, 1966년 꾸오피오와 요엔수우에 종합대학교를, 라뻰란타Lappenranta와 땀페레에 공과대학을 설립하는 법이 통과되었다. 정부의 결정으로 바아사Vaasa에서도 대학교육이 가능해졌다. 로바니에미Rovaniemi에 있는 라플란드 대학교는 새로운 제도가 보완되어 1979년 가을에 강의가 시작되었고, 몇몇 지방의 대학들은 인근 소도시에 분교를 설치했다. 이러한 발전을 거듭한 결과, 21세기에 들어서는 핀란드의 대학생 중 과반수가 수도권 이외의 지역에서 대학을 다니고 있다.

핀란드 대학교육 시스템의 지방 분산은 전 유럽에서 가장 빠르게, 그리고 가장 광범위하게 이루어졌다. 그러면서도 여러 면에서 성공적이었다. 대학교육의 지방 분산은 핀란드 사람들에게 어디에 살든 간에 대학교육의 평등한 기회를 갖도록 보장해주었고, 이것은 국가가 언제라도 필요로 하는 인재를 각 대학이 발굴하고 활용하는 것을 용이하게 해주고 있다.

제2차 세계대전 후에는 음악교육에서도 이와 유사한 발전이 이루어졌다. 종합적 음악교육기관이 광범위하게 설치되었는데, 아마도 이 분야에서 핀란드가 세계적으로 성공할 수 있었던 중요한 요인이 된 것 같다.

대학의 지방 분산화를 통해 전국에 걸쳐 거의 모든 분야에서 고도로 능력 있는 학문 연구 인력을 발굴해냈다. 대학교가 새로이 건립된 오울루, 위배스뀔래, 바아사, 꾸오피오, 요엔수우, 그리고 라뻬란타 등이 발전하고 성공한 것은 바로 대학교 건립 덕택이라고 할 수 있다. 이들 대학교가 없었다면 그 오래된 도시들은 정체와 쇠락을 면치 못했을 것이다.

대학교육의 지방 분산은 과학과 학문적으로 폭넓고 기능적인 국제 관계를 구축케 해주었다. 대학이 핀란드의 남쪽 해안에만 위치해 있었다면, 예컨대 북스칸디나비아의 도시 트롬쇠 Tromsø 및 우메아 Umeå, 북러시아의 도시 페트로자보츠크 Petrozavodsk, 아크엔젤 Archangel, 식티브카르 Syktyvkar 또는 상트페테르부르크, 북미지역 북단에 있는 대학들과의 실질적이고 적극적인 교류가 어려웠을 것이다. 또한 중부 유럽의 대학들과도 여러 대학이 분산되어 있었기에 활발히 접촉할 수 있었다.

또한 유럽연합이 각기 다른 지역 간의 직접 접촉을 강조하고 있는데, 핀란드의 여러 지역에 분산된 대학들은 그런 접촉을 가능하고 유용케 하는 데 기여하고 있다.

최근 핀란드 대학교육 분산의 본질에 대해 비판적 의견이 나오고 있는데, 이것은 편협한 생각이며 산업과 생산의 필요성만 지나치게 강조하는 것이다. 그리고 핀란드 전체의 국가이익과 전 국민의 폭넓은 교육이라는 관점에서도 맞지 않는 주장이다. 이들 비판자는 아마도 그동안 대학교육제도 덕분에 핀란드가 높은 수준의 교육제도와 기술교육을 산출해낼 수 있었음을 잊고 있을 것이다.

사실, 현대적 건물과 좋은 설비를 갖춘 핀란드의 대학 시스템은 충분한 재원, 완벽한 내부 연락망과 핀란드 경제계와의 연계를 갖고 있

어서 새로운 혁신을 만들어내고 있으며 학문 영역 간, 그리고 국제적
연계를 확대하는 데 훌륭한 여건을 제공하고 있다. 또한 세계의 여러
지역에서 찾아오는 학생들을 환영하고 있다.

058

학생 학비 보조

엘리나 까르야이넨 Elina Karjaainen
2002~2005 핀란드 학생연맹 임원

모든 사람이 평등한 교육을 받을 권리가 보장되어야 한다는 공감대에 따라 학비 보조 제도가 안정적으로 진행되고 있다.

핀란드에서는 1969년, 국가가 학자금 융자를 보장하는 법이 통과됨으로써 학생에 대한 학비 지원 제도가 제대로 시작되었고, 1972년에는 학자금 융자에 이어 학비 보조가 제공되었다. 당시에는 학자금 융자에 비해 학비 보조 금액이 매우 적어서 학생들은 학자금 융자에 많이 의존할 수밖에 없었다. 그런데 1970년 중반, 학자금 융자가 대폭 늘어나자 은행에서는 이에 대한 승인을 거부하는 경향을 보이기 시작했다. 많은 논란 끝에 1977년, 학자금 융자를 줄이고 그 대신 학생들에게 주택 보조금을 주기로 하였는데, 이는 오직 집세를 내는 데만 사용토록 하였다.

더 나아가 1979년에는 대학생들에게 식비를 보조해주기 시작했는데 이는 당시 께코넨 대통령이 핀란드 대학생 절반 이상의 신체적 체형이 뒤떨어진다는 사실을 발견하고 그 대책으로 시행한 것이다. 1983년에는 학생들이 나중에 융자금을 갚아야 하는 부담을 고려하여 학자금 융자의 이율을 일반 대출 이율보다 훨씬 낮추어주었다. 학자금 융자는 대학 교육을 위한 총 투자예산의 초과(예외) 항목으로 취급된다. 따라서 그 투자가 취업에 연결되는 바람직한 결과로 이어지지 못하더라도 학자금 융자를 갚을 수 있도록 정부가 지원하는 것이다.

1992년 핀란드에서는 학자금 융자에 대한 대 개혁이 이루어졌는데, 학자금 융자에서 학비 보조 부분을 크게 늘리고 그것을 세수로 충당하기로 한 것이다. 또한 학생들의 일반 대출에 대해서도 일반인에 비해 낮은 이자율을 적용해주었다. 또한 학비 보조를 결정할 때, 해당 학생의 부모나 배우자의 수입과 재산 정도를 더 이상 고려하지 않도록 하였다. 1994년에는 대학생이 아닌 학생들에게도 학비를 보조해주기 시작했으며 최근에는 학생들의 주택 보조금을 대폭 올렸고 학생 융자에 대해서는 세금을 공제해주는 조치도 시행하게 되었다.

학비 보조금을 지원받기 위해서는 적격 기준과 일정한 학업 성적을 충족해야 한다. 학생의 학업 성적이 충분히 향상되지 않으면 더 이상 학비 보조가 이루어지지 않는다. 또한 다른 곳으로부터 학비 지원을 받게 되면 받은 학비 보조금은 반환해야 한다. 학비 보조의 주된 목적은 학생의 수입 증적增積이 아니라 학업을 위한 재정적 보조이기 때문이다. 다시 말해 학비 보조는 학생들이 호강을 누리도록 하려는 것이 아니라 누구나 안정적으로 수학하고 직업을 가질 수 있는 권리를 보장해주기 위한 제도다.

핀란드에서 지출되는 학비 보조의 총액은 핀란드 국내 총생산GDP

의 2퍼센트를 차지한다. 그래서 이에 대한 찬반 논란이 많이 일어났다. 일부에서는 핀란드의 경쟁력을 키우기 위해서는 2퍼센트의 학비 보조를 유지해야 한다는 견해를 피력했지만, 핀란드처럼 작은 나라에서 2퍼센트의 학비 보조 지출은 너무 많다는 견해도 만만치 않았다. 하지만 그럼에도 누구나 평등하게 교육받을 수 있는 권리가 보장되어야 한다는 논리에는 모두가 공감했다. 인구 500만이 조금 넘는 나라에서 교육이라는 가장 중요한 요소를 잃을 수 없다는 의견에 따라 GDP 2퍼센트의 학비 지원이 정당화된 것이다. 학비 보조는 국가 세수로부터 안정적으로 제공되고 있으며 바로 이 점이 핀란드가 복지국가임을 말해주는 지표라 할 수 있다. 핀란드의 경쟁력은 높은 교육의 질, 평등한 교육제도, 훈련된 노동 인력에서 나온다.

059

마치코 야마다 Machiko Yamada
박사

색·도형으로 악보 보기

색·도형으로 악보 보기는
장애인을 넘어 보다 많은 사람들이
음악을 배우고 즐길 수 있게 해주는 사회적 창안이다.

악기를 연주하고 싶은데 악보를 읽을 수 없다면 어떻게 해야 할까? 그렇다고 모든 음악을 다 외워서 연주할 수는 없는 노릇이다. 그럼 악보를 보지 않고도 음악을 표현하는 다른 방법은 없을까? 이러한 생각이 시발점이 되어 음악을 좀 더 쉽게 배울 수 있는 방법들이 고안되었다.

그중 색·도형으로 악보 보기는 1996년 음악치료사 깔로 우띠딸로와 음악 교사 마르꾸 까이꼬넨이 함께 창안해낸 방법이다. 그들은 지적장애인을 위한 방법인 모형 인식을 음악 학습의 영역에 적용했다.

우띠딸로와 까이꼬넨은 헬싱키 시청 소유의 건물에 '레소나리 음악 센터'를 세웠고 이런저런 이유로 악보를 읽을 수 없는 사람들에게 음악을 가르치기 시작했다. 1998년부터는 핀란드 슬롯머신 협회로부터 재정 지원을 받아 모형 인식으로 악보를 보는 새로운 악보 읽기 방법을 연구했고 이를 교사와 전문가에게 교육했다.

이 새로운 악보 읽기 방법에서는 음악을 색과 모양으로 표현한다. 특히 색을 이용한 악보 읽기는 지적장애가 있는 사람과 어린이 들이 수월하게 악보를 읽을 수 있게 만들어주었고, 그 결과 사람들은 악보를 통해 음악을 표현하는 전통적인 방식보다 더 빨리 음악을 배우게 되었다.

색 · 도형으로 악보 보기 방법은 많은 사람이 성취감을 느끼며 재미있게 음악을 배울 수 있게 하였으며 그들의 자존감, 자신감도 높여주었다. 또한 연구 결과에 의하면 이 방법을 이용한 사람들의 인지능력과 정보처리 능력이 고루 향상되었다.

색 · 도형으로 악보 보기는 장애인들의 사회성 기술 개발에도 도움이 되었다. 악기를 다루고 함께 연주를 한다는 것은 자기 주변과 다른 사람들에게 집중을 한다는 의미이며, 그렇게 함으로써 더 수월하게 그룹의 일원으로 행동하게 한다. 이러한 경험은 장애인들이 사회의 구성원으로 통합될 수 있게 하고 단순히 음악 능력뿐만 아니라 사회성도 향상시켜 일반 사회생활에 더 쉽게 적응할 수 있도록 도움을 주었다.

색 · 도형으로 악보 보기는 원래 지적장애인들이 음악을 배울 수 있게 하기 위해 창안된 것이지만 요즘은 이를 넘어 보다 많은 사람이 음악을 배우고 즐길 수 있게 해준다. 오늘날 이 방법을 배운 어린이들은 악기 연주뿐만 아니라 작곡에까지 흥미를 갖게 되었다. 일본에서는 노인들의 일상 활동에도 적용되어 그 효과가 실험되고 있으며, 그 외의 많은 직업교육 학교에서도 학문적으로 연구되고 박사학위 논문의 주제로도 활용되고 있다.

060

국가연구
발전기금

**신기술과 벤처기업의 강력한 지원자인 국가연구발전기금은
균형잡힌 사회 개발을 목표로 한다.**

핀란드 독립 50주년을 기념해 1967년에 설립된 국가연구발전기금SITRA
은 국가의 경제 발전을 가속화하고, 산업의 국제경쟁력을 높이며, 핀란
드 화폐 마르까Markka를 강화하기 위한 세 가지 목적을 갖고 있었다. 이
기금에서 지원되는 재원은 처음부터 사회 전체의 미래에 관련되는 신
기술 개발과 경제적 이윤 창출 확대를 위한 연구에 투자되었다.

　핀란드 국립은행National Bank of Finland이 기금 창설을 제안했고, 창설
당시 자본금으로 1억 마르까를 마련했다. 기금이 계속 확충되어 2007년
보유액은 약 1억 4,000유로로, 핀란드 대기업들의 연간 매출액과 비
슷한 액수다. 이 기금은 정치권으로부터 예외 없이 확고한 지지를 받
고 있다.

　　국가연구발전기금의 활용 범위는 특별하다고 할 만큼 광범위한 영역을 포괄하고 있으며, 목표 달성을 위해서도 예외적으로 상당한 자유를 누리고 있다. 1990년 말까지 이 기금은 핀란드 국가은행 사업의 일부로 운영되었고, 의회의 은행위원회가 감독했다. 그러나 사실상 연구기금의 전문가들이 지원 대상 프로젝트를 결정했다. 1991년 입법으로 이 기금은 의회 직속 기금으로 전환되었고, 이로써 재정 지원 결정에서 더욱 폭넓은 자유가 주어졌다.

　　국가연구발전기금은 1960년대 말 일반 기업, 대학과 연구기관들의 신규 발명이나 신기술 개발과 이와 관련된 연구조사 업무를 지원하는 매우 중요한 공공기관이었다. 그와 더불어 사회적 문제에 대한 조사연구도 점차 시작되었다.

　　공공 성격의 제품개발기금이 점차 늘어나고, 특히 1983년 통상산업부 산하로 설립된 기술혁신지원청에서 이러한 개발지원을 도맡게 되자 국가연구발전기금은 활동영역의 새로운 중심을 찾아야 했다. 제품개발지원의 증가와 함께 1980년대에는 펀드시장의 자유화가 이루어짐으로써 국가연구발전기금은 신기술 개발을 겨냥한 기업의 설립과 확장을 도와주는 다소 위험부담이 있는 투자지원을 시작하게 되었다. 핀란드에서 '벤처 캐피탈' 부문의 개척자가 된 것이다. 나아가 국가연구발전기금은 1991년과 1992년 경영개혁을 단행해 정부 보유 노키아 주식을 활용, 기본자본금을 증자하고 공공자본 투자기관으로서의 역량도 키웠다. 노키아 주식의 가치가 빠른 속도로 몇 배나 올랐고 국가연구발전기금 또한 재력을 늘릴 수 있었던 것이다. 이 기금이 1990년대 초반 보유한 자본금 투자비율은 핀란드의 전체 투자액 중 절반 정도를 차지했지만, 1990년대 말에는 일반의 자본투자사업 영역이 확대되면서 점차 그 비율이 낮아졌다. 이 기금은 일반 투자자들이 아직 눈 뜨지 않은 영역, 즉 신규 회사나 생명공학기술회사 등에만 투자하기 시작했다.

2004년 국가연구발전기금은 지원 전략을 재정비해 몇 가지 중점사업 영역 내 임시 프로그램에만 지원하기 시작했다. 즉 환경문제, 새로운 보건관리, 건강한 식사습관과 기능성식품 개발 등을 목적으로 한 프로그램들이 지원 대상 사업이 되었고 장기적 사업으로 추진된 러시아, 인도 등과의 국제협력 프로그램들도 지원 사업이 되었다.

국가연구발전기금은 신기술과 벤처기업의 강력한 지원자로, 사회 전체의 이익을 염두에 둔 핀란드의 사회적 창안이다. 핀란드 정부는 어느 정당에도 치우치지 않고 능력을 가진 기관이 1970년대 에너지 위기와, 뒤이어 침체에 빠진 국가경제 회복을 위한 정책 수립에 참여하고 고위 정책결정자들을 교육해야 한다는 사실을 깨달았다. 균형 잡힌 사회 개발을 목표로 하는 국가연구발전기금이야말로 이 목적에 가장 적합했다. 국가연구발전기금의 역할을 통해 정책결정자 교육과 더불어 이들과의 경제정책 목표와 달성 방안에 대한 상호 이해가 증대되었으며, 제조업에만 집중되었던 국가의 기술정책을 개혁해 재빨리 새로운 정보통신 분야 기술을 개발·활용하는 국가정책으로 전환할 수 있었다. 또한 국가연구발전기금의 여러 분야를 대표하는 최고 책임자들이 도맡아 수립한 전략과 '핀란드 2015' 프로그램들은 1990년대 초 핀란드를 뒤흔든 경제위기로부터 탈출구를 마련하고 세계화의 길을 열어주었다.

061

마르띠 헤우를린 Martti Heurlin
핀란드 기술혁신지원청 청장

기술혁신지원청

**개혁하고 성장하는 경제, 즉 사회복지와 경제성장이라는
두 마리 토끼를 잡기 위해 기술혁신지원청을 설립했다.**

'혁신'이라는 용어는 새로운 것임에도 지난 10여 년간 지나칠 정도로
확대 사용되었다. 변화하는 세상에서 그에 맞는 새로운 것의 필요성
은 늘 강조되어왔다. 세계화가 초래하는 도전, 핀란드 경제사회의 개
방은 변화의 속도를 더욱 높였다.

1983년 기술혁신지원청TEKES의 설립은 핀란드에서 기념비적인 사
회적 창안이었다. 경제적으로나 정치적으로 이 기관의 설립 필요성은
입증된 상황이었다. 기술혁신지원청의 과제는 연구개발 사업을 새로
운 방향으로 이끌어가는 것이었고 그 목표는 개혁하고 성장하는 경
제, 즉 사회복지와 경제성장을 추구하고 핀란드의 경쟁력을 강화하는
것이었다.

투자 증대와 신규 사업 추진을 통해 결과 창출을 지향해나갔다. 지난 25년간 핀란드에서는 혁신적 투자가 급격히 증가했다. 공공 부문뿐만 아니라 민간 부문에서도 연구개발R&D 투자를 급속히 늘려갔다. 1983년 핀란드는 국민총생산의 1퍼센트를 연구개발에 투자하기 시작했고, 현재는 전 세계에서 최고 수준인 3.5퍼센트에 이른다. 그와 더불어 국민총생산은 평균적으로 좀더 빠른 속도로 성장했다.

새로운 변화는 투자를 늘리는 데서부터 시작했는데, 우선 공적자금 지원으로 민간 기업의 투자를 독려했다. 이것이 갖는 의미는 마치 물과도 같아 매우 중요하다. 물이란 흐르지 않는 데가 없어 널리 그 양분을 퍼뜨리기 때문이다. 연구개발 투자의 외적인 후속 효과는 연구실행기관이 내부적으로 생각한 효과보다 훨씬 크다는 것이 조사 분석 결과 밝혀졌다. 이렇게 새로운 지식의 사회적 의미가 커지는 것이다.

사회적 창안을 실행하는 데 새로운 사업방식의 영향력은 컸다. 핀란드는 전략적으로 중요한 큰 틀로서 기술개발 프로그램의 필요성을 절감했다. 경제계와 정치권에서도 공공 및 민간 부문이 함께 프로그램의 내용과 사업방식에 대해 새롭게 정의를 내려야 한다는 데 동의했다. 기술혁신지원청의 설립은 새로운 사업방식 개발과 투자 부문의 확대에 좋은 기회를 가져다주었다. 1980년대 초 정보기술과 전자공학 산업에 대한 프로그램들이 처음으로 진행되었다. 이리하여 핀란드 전자산업이 성장하는 튼튼한 기반이 만들어진 것이다.

기술혁신지원청은 기업 및 연구자들과 함께 프로그램의 주제를 결정했다. 1980~1990년대에는 기술개발 프로그램이 주류를 이루었다. 그 후에는 기술혁신지원청의 프로그램이 내용이나 효과 면에서 다른 부문에서의 사업 창안을 장려하는 연구개발 사업으로 확대되었다. 이에 따라 프로그램이 개발된 부문 내에서 사회적 상호작용의 효과가 증대되는 결과를 가져다주었다. 이를 실증하는 예를 하나 들면, 사회보건부와 함께 작업한 사회보건 부문의 사회적 창안사업을 들 수 있다.

핀란드에 매우 중요한 이 사회적 창안에서 핵심적인 요소는 무엇이었을까? 첫 번째는 핀란드에서 새로운 투자의 중요성에 대한 확고한 합의가 있었다는 점이다. 경제계는 물론이요 정치권의 결단, 정치권과 재계 단체들과의 광범위한 공공 및 민간 부문에서의 합의가 존재했던 것이다. 두 번째는 산업계와 그 관련 단체들이 산업 발전을 위해 협력하는 강한 전통이 있었다는 점이다. 개혁적인 기술정책 도입을 모두가 환영함으로써 기술혁신지원청은 민간 기업들과 함께 투명하고 철저하게 협력할 수 있었다. 세 번째는 민간 부문 기업들의 기초연구, 기술, 서비스 활동의 개발과 공공 부문에서의 고객 서비스 향상 등의 노력이 있었다. 이렇게 핀란드는 여러 분야에 걸쳐 역동적이면서도 균형 있는 사회적 창안을 개발하는 데 성공했다.

062

민나 린또넨 Minna Lintonen
2003~2007 핀란드 의회 의원

음악학교

핀란드 정부는 예술의 기초교육을 통해
어린이, 청소년의 창의력 발현과 성장을 돕는다.

핀란드 사람들은 음악을 너무나 사랑해왔다. 음악은 핀란드 사람들이
제일 좋아하는 취미생활이고 즐거운 일상을 유지해주는 힘이자 배경
이다. 지난 수십 년 동안 핀란드에는 거의 100개나 되는 음악학교가
설립되었고 이들 학교 간의 협력과 창의적인 활동, 학교가 제공하는
음악교육 환경은 전 세계적으로 인정받고 있다.

　핀란드 정부는 예술의 기초교육을 통해 창의력 발현과 성장을 돕는
다. 예술의 기초교육은 학교 밖에서 이루어지는데, 이는 우선적으로
어린이와 청소년을 대상으로 하는 예술교육이다. 이 교육을 통해 학
생들은 자신을 표현하고, 나아가 예술 고등교육을 받고 관련 직업을
가질 수 있도록 준비한다. 물론 취학 아동 전부를 대상으로 예술 기초

교육을 할 수는 없지만, 학생들의 예술적 재능과 지식을 더욱 심화할 수 있는 기회를 제공하고 있다. 핀란드의 종합학교(1~9학년) 학생 중 10퍼센트 이상이 예술 기초교육에 참여하고 있다. 가장 큰 예술 부문에 해당하는 음악학교에 6만 명이 넘는 어린이와 학생들이 공부하고 있다. 정부는 음악학교에 연간 4,700만 유로를 지원한다. 음악교육의 목표는 단지 전문 음악인을 양성하는 데 그치지 않는다. 예술교육 참여와 예술적인 삶은 시민의 기본권이자 창의성과 자부심을 증진시키는 방법으로 인식되고 있다.

핀란드 사람들은 천성적으로 우울한 편이다. 그래서 전통적으로 노래를 부르거나 악기를 연주하며 기분을 풀었다. 노래 부르기를 항상 좋아해왔고, 요즘은 많은 이들이 가정에 가라오케 설비를 갖추고 있다. 가장 손쉬운 예술 형태인 음악은 핀란드 사람들에게 많은 영향을 주었다. 창의성이나 자부심 없이는 어떤 종류의 새로운 생각도 떠올릴 수 없음을 핀란드 사람들은 잘 인식하고 있다.

문화와 예술의 끊임없는 영감 없이 인간의 내적 자본은 열매를 맺을 수 없다. 문화는 사회의 핵심이 되는 자원이며 예술은 어린이, 청소년들과 더불어 시작된다. 다행히 최근 들어 이러한 원칙들을 실현하기 위해 많은 노력을 기울이고 있다. 그러나 아직까지 핀란드 사람들은 문화의 여정을 떠나는 초입에 머물러 있으며, 창의성의 절정에 달하려면 더 많은 시간이 걸릴 것이다. 음악학교는 핀란드 국민들을 이끌어주는 원동력이 되어왔고, 틀림없이 앞으로도 밝은 미래를 향해 계속 이끌어나갈 것이다.

063

이르끼 이애스Jyrki Ijäs
핀란드 민족고등학교연합 사무총장

성인교육

핀란드 성인교육의 핵심은 시민사회를 튼튼히 하고
균등한 참여를 촉진하는 것이다.

북유럽의 일반 대중 성인교육 운동은 '성인교양교육법Liberal Adult Education Act' 제정을 통해 세계 어느 나라보다도 먼저 시작되었는데, 평생교육의 이상과 능동적이고 책임감 있는 시민정신을 바탕으로 전개되었다. 덴마크의 민족고등학교 운동Folk High School Movement은 그 교육의 임무를 철학적·정치적·실용적 관점에서 찾아볼 수 있다. 이 민족고등학교는 삶과 현실세계를 터득하게 하는 곳이지, 다른 사람이 명령하는 것을 기계적으로 배우는 곳이 아니다. 그래서 국민교육은 인간적 가치를 존중하고 자기계발의 필요성을 이해하는 각 개인의 능력을 존중하는 데 그 철학적 기초가 놓여 있다. 계몽사상이 민주주의의 원천이 된다는 의미에서 국민교육은 정치적 의의를 갖는다. 개화된 시민은 자신의 삶에 관한 문제를 잘 영위해나가는 동시에 다른 사람들에 대해서도 책임감을 느낀다. 사회가 변천해나감에 따라 국민계몽의 목표가 국가정체성을 형성하는 것으로부터 점차 책임성 있는 시민을 교육하는 쪽으로 옮겨졌다. 현재 북유럽 국가들이 중점을 두는 국민교육의 목표는 상이한 민족들 간에 다양한 다문화적 상호교류를 촉진하며 이민자들의 정체성과 시민의식을 강화해주는 데 있다. 오늘날 모든 나라의 공통되는 교육적 사명은 세계시민의식의 함양이다.

유럽에서 평생교육 기회의 확대에 관한 논의가 활발할 때 '일일학습everyday learning'에 주목하고 그 중요성을 인정하게 되었다. 정규교육은 아니지만 북유럽 방식의 제도화된 성인교육은 교육에 대한 사회의 욕구에 따라 각 지방 자체적으로 운영되어왔다. 이 북유럽의 성인교육이 '일일학습' 개념에 꼭 들어맞지는 않지만, 대부분의 유럽 국가에서 조금 변형된 형태라도 사실상 유사하게 실시되고 있다. 핀란드에서도 이렇게 역사적으로 제도화된 비정규 성인교육체제가 현대사회의 성인교육에 맞는지, 아니면 장애가 되는지에 관한 논의가 있었다. 성인교육의 체계와 사명을 평가하는 경우 반드시 알아야 할 대목은 일반 대중교육을 위한 노력은 시민들의 교육 욕구에 근거해야 하고, 대중적 운동으로 시작되고 지속되어야 한다는 점이다. 물론 여러 운영모델 간에 협조가 가능하고 또한 장려되어야 한다. 그러나 운영자들이 달리 결정하지 않는 한 성인교육기관의 문은 닫을 수 없으며, 닫아서도 안 된다.

핀란드에서 '성인교양교육법'은 입법 당시 전국적으로 약 400개 기관을 망라하여 다섯 개의 운영 형식, 즉 성인교육센터(현재는 약 230개 센터 운영), 민족고등학교(91개), 교습센터(11개), 체육학교(11개), 하계

대학(20개) 형식으로 출범했다. 현재 이러한 교육 서비스는 매년 100만 명이 넘는 시민이 이용하고 있으며, 세계 어느 나라도 이 숫자를 추월하지 못하고 있다. 성인교육센터는 지자체가 운영하고 있는데, 1960년대에 절정을 이루어 280개나 되었고 지금도 핀란드의 모든 지자체가 이 센터를 갖고 있다. 기관 운영이 지역별로 크게 다른 것은 어쩌면 당연하지만, 각 지역이 주민 자신들의 필요에 따라 여러 종류의 성인교육기관을 갖고 있다는 것이 세계적으로 독특하다고 할 수 있다.

'성인교양교육법'에서는 민족고등학교를 자신이 추구하는 가치체계, 설립 이념과 목적에 교육의 중점을 두는 기숙학교로 정의하고 있다. 1890년대에 이미 핀란드의 대학생협회는 교육에 대한 지방적·국가적 소망을 반영해 핀란드어 사용 16개, 스웨덴어 사용 6개의 민족고등학교를 설립했다. 1917년 핀란드가 독립한 직후에는 36개의 민족고등학교가 있었고, 그중 두 곳은 기독교 이념에 따라 설립되었다. 그 후 10여 년에 걸쳐 신앙부흥과 성직자 운동을 통해 기독교 교육기관이 세워졌고, 1920년대에는 노동운동과 청년운동이 각기 설립한 교육기관들이 합류했다. 민족고등학교 설립 운동으로 핀란드에 가장 큰 사립교육기관 망이 형성되었는데, 이 기관 운영자들이야말로 핀란드 사회의 다양성과 두 개의 공용어를 총체적으로 대표하고 있다.

각 단체 산하 교습센터study centers의 임무는 핀란드 사회의 평등성과 다양성을 촉진하고 성취하는 것이다. 교습센터는 주로 회원들의 교육적 필요를 충족시키기 위해 존재한다. 그 운영의 기본원칙은 공동참여, 자발적 규제, 대화 등이다. 단체로서는 융통성을 갖고 배우려는 사람이 있으면 어디든지 설치·운영한다. 교습센터에서 가장 많이 가르치는 과목은 시민적 단체활동에 관한 것이다. 몇몇 교습센터는 성인교육을 제공하거나 비회원들에게 사회문화 활동을 제공하지만, 전체 인구의 20퍼센트가 매년 교습활동에 참여하고 있는 스웨덴과 같은 정도는 아니다. 핀란드에서는 매년 25만 명을 조금 웃도는(전체 인구의 약 5퍼센트) 사람들이 교습센터 활동에 참여하고 있다.

핀란드에서 체육학교는 대부분 대중운동으로, 일부는 이념운동에 따라 설립되었다. 바랄라Varala 체육학교는 1909년 땀페레 시에서 여자 체조선수들에 의해 세워졌다. 체육학교들은 1961년에 처음으로 각 종목별 교육기관으로 인정받았다. 하계대학의 탄생도 지방에서의 교육열망과 국가정체성의 함양이라는 취지와 관련되었다. 1912년 위배스뀔래 시에 처음으로 하계대학협회가 설치되었다. 대부분의 하계대학은 1950년대와 1960년대에 지방대학교의 자체 노력으로 설치되었다. 현재 핀란드 내 140개 지역에서 하계대학이 운영되고 있다. 하계대학이 제공하는 강의 중 3분의 1은 특강 또는 성인교양교육이다.

이렇게 핀란드에서 모든 형태의 성인교육은 사회의 교육열망에서 출발한다. 성인교육의 핵심 기능은 의회의 성인교육훈련위원회 소관 임무에 정의되어 있듯, 시민사회를 튼튼히 하고 균등한 참여를 촉진하는 것이다. 현재 스웨덴에서는 이러한 핵심 기능을 수행하기 위해 매년 예산 4억 크로네를 배정하는 재정 지원이 추가적으로 이루어지고 있다. 이것은 핀란드의 성인교육이 받는 지원금의 30퍼센트 이상과 맞먹는 금액이다.

064

이르멜리 니에미 Irmeli Niemi
명예교수
1990~1996 핀란드 교육부 국장

정부의 문화단체 지원

국가에서 문화단체들에게 보조금을 지원하기 때문에
입장권 가격을 낮게 책정해
문화 향유의 기회를 확대해주고 있다.

핀란드 문화의 특색은 많은 예술단체—극단, 교향악단, 박물관 등이 존재한다는 점이다. 그중 대부분은 19세기 말부터 국가의 특별지원을 받고 있다. 많은 극단과 교향악단은 아마추어 그룹으로 첫발을 내딛었다. 이러한 전통은 요즘도 계속 이어져 상당수의 대중적·민속적 예술단체의 축제가 열리고 있다. 전문 극단들도 급속히 발전해 대부분 지방자치단체나 국가의 지원을 받고 있다.

1990년대 핀란드 문화계에는 중대한 변화가 일어났다. 그동안 임의적이었던 국가의 지원이 법정의 지원제도로 바뀐 것이다. 국립오페라단, 국립극단, 땀페레 노동자극단 TTT Theatre, 헬싱키 스웨덴어 극단 Svenska Teatern이 국가예술기관으로 승격되었다. 현재 국립박물관도 세

핀란드 음악의 상징 장 시벨리우스 공원에 있는 파이프오르간 모양의 기념비.

개인데 역사박물관 성격의 국립박물관, 자연사박물관, 시각예술 중심의 국립미술관이다. 이들 기관은 국가로부터 매년 상당한 액수의 보조금을 지원받고 있다.

대부분의 교향악단은 지자체가 운영하거나 혹은 사립단체다. 핀란드방송사YLE는 심포니교향악단을 갖고 있으며, 이 교향악단은 시청료징수제도를 통해 재정이 지원되고 있다. 그 밖에도 많은 수의 소규모 극단, 음악합주단, 미술전시관이 있는데 이들이 공연·전시 프로젝트를 시행하는 경우 예술위원회 또는 국가유물위원회National Board of Antiquities를 통해 보조금이 수시로 지원되고 있다.

문화단체들을 지원하는 국가 보조금은 대부분 그들의 사회·교육·문화적 활동에 소요되는 전체 금액의 일부로 지원된다. 지자체들은 문화단체들이 비교적 자유롭게 지원금을 사용하도록 하고 있다. 이것

은 국가가 극단, 교향악단, 도서관 등의 단체에 대한 지원금을 지자체
가 관장하고 적절히 배분하도록 허용했기 때문이다. 지방 당국은 국
가로부터 받는 지원금을 당초 예정하지 않았던 분야로 자유롭게 전환
해 사용할 수도 있다.

  꽤 많은 단체들이 상임단원 수에 따라 매년 정기적으로 법정의 지
원금을 받는 그룹으로 분류되고 있다. 보통 단원이 많은 극단이나 교
향악단이 여기에 속한다. 이러한 제도는 예술단체들이 입장권 가격을
낮게 유지하도록 해주고, 바로 이것이 핀란드의 문화정책을 이끌고
가는 중요한 원칙이 되어왔다.

065

이야기 대화법

모니까 리이헬래 Monika Riihelä
심리학 박사

'이야기 대화법'은 의사소통의 문화를 점진적으로 발전시켜 민주적 인간관계를 조성한다.

'이야기 대화법 Story-crafting'은 핀란드의 중요한 사회적 창안 중 하나다. 이 방법을 활용하는 데 대단한 도구가 필요하지는 않다. 말을 하는 사람이 아이든 어른이든 간에 이야깃거리만 생각하고, 듣는 사람에 대하여 열린 태도만 갖추면 된다. '이야기 대화법'은 나이, 성별, 사회적 배경, 교육수준 혹은 장애 정도 등과 상관없이 누구나 할 말이 있다는 데서 착안된 것이다. 젊은이나 나이 든 사람이나 누구든 듣는 사람만 있다면 자기 생각을 이야기 형식으로 표현할 수 있다.

1980년대에 나는 학교에서 심리학자로 일하는 동안 어린이들과 함께 '이야기 대화법'을 개발했다. 아이들의 관심을 주입하는 방식에서 탈피해 특정한 과제나 질문을 주는 방식을 택하고, 아이들이 토론에서 제기하는 문제를 듣는 데 집중했다.

'이야기 대화법'은 4단계를 포함하고 있다는 점에서 다른 이야기 방법과 다르다. 그 4단계는 바로 이야기하는 것, 말하는 대로 받아 적는 것, 써놓은 이야기를 읽는 것, 이야기한 사람이 원하는 대로 수정하는 것이다.

이야기를 기록하려면 펜과 종이가 필요하고, 기록을 시작하기 전에 자신이 어떻게 들을 것인지를 다음과 같이 설명해준다.

"하고 싶은 이야기를 하세요. 그럼 제가 그대로 받아 적을 것입니다. 이야기가 끝나면 제가 큰 소리로 읽어드리지요. 그러고 나서 원하면 그 이야기를 변경할 수 있답니다."

'이야기 대화법'을 사용하면서 청자(듣고 기록하는 사람)는 말하는 도중 끼어들거나 이야기 내용을 예단해서는 안 된다. 화자(말하는 사람)는 스스로 무엇을 어떻게 이야기할지 결정하고, 할 이야기와 하지 말아야 할 이야기를 결정할 수 있어야 한다.

'이야기 대화법'은 다양하게 설정된 상황, 즉 두 사람 사이의 절친한 상황부터 공공장소에 이르기까지 여러 상황의 사람 집단 내 이야기를 기록하는 방법이기도 하다. 이 방법은 격려와 위로를 통해 서로를 더 가깝게 해준다. 이 방법을 활용한 결과, 사람들이 새롭게 깊고 돈독한 인간관계를 구축하게 된다는 사실을 알게 되었다. 또한 성급하게 말하는 것을 방지하고 말의 중요한 요소, 즉 말과 말 속에 내재된 메시지에 집중하도록 도와주기도 한다.

'이야기 대화법'의 효과는 옛날 구두 역사해설가의 기법과 비슷하다. 화자와 청자가 잠깐 '같은 주파수 위에서' 우연히 만나 대화한다는 사실과 관련이 있다. 이러한 상호 만남 속에서 그들은 이야기의 강물에 빠져 꿈과 현실의 경계에서 자유롭게 둥둥 떠다니는 것이다. '이야기 대화법'은 청자가 화자와의 내적인 대화에 참여할 수 있는 상호작용적 활동이다. 이 방법은 정말로 일반적으로 알려진 정보 외에 한 개인의 실제 경험과 그 경험에서 체득한, 그 사람만 갖고 있는 지식에 접근할 수 있다. 이야기를 만들어낼 때 상호작용이 외부의 판단에서 자유로워지면, 그것은 화자에게 화자의 진정한 생각과 경험을 자신의 말로 진실하게 표현할 수 있는 기회를 선사해준다.

연구조사 결과에 따르면, '이야기 대화법'을 통해 의사소통의 문화가 점진적으로 발전해 민주적 인간관계를 형성한다는 것이 밝혀졌다. 이러한 변화는 광범위한 효과가 있다. 과묵한 사람도 말할 기회를 갖게 되고, 말이 많은 사람은 들을 수 있는 기회를 갖게 된다. 그리고 '이야기 대화법'을 활용하는 당사자들은 새로운 방식으로 서로를 더 잘 알게 된다.

이러한 '이야기 대화법'은 가까운 지인들뿐만 아니라 국제적으로도 밀접한 관계 형성 효과가 있다. 이 방법을 이용해 다른 문화와 생활방식에 대한 지식이 증대될 수 있다. 핀란드 어린이들과 레바논·이라크·스리랑카의 어린이들이 자신들의 이야기를 편지로 주고받는 것을 예로 들 수 있다. 레바논과의 키싸 와 타와술Kissah Wa Tawasul 프로젝트, 이라크 키르쿡Kikuk 지역과의 프르디 치록Prdi Chirok 프로젝트, 그리고 스리랑카 바데가마싸Baddegamassa 지역 장애아동 재활 프로젝트인 로터스 힐Lotus Hill 등이 바로 그것이다.

'이야기 대화법'은 20여 년 넘게 북유럽 국가와 에스토니아, 그리고 많은 나라에서 사용되어왔다. 이 방법은 가정에서, 건강상담소에서, 그리고 유치원, 학교, 도서관, 병원, 양로원, 예술전시회나 학교 학생회의, 직장 내 회의, 교육기관 등에서 활용되고 있으며 직업훈련, 정신과 진료상담, 다문화 교육, 단체 사업 등에 적용되어왔다. 그리고 이 대화법이 적용된 모든 분야에서 좋은 결과를 가져왔다.

핀란드의 저항운동은 핀란드 사람들과 법을 상대로 자행되는

부당 불법한 폭력적 행위에 협조와 복종을 거부했다.

핀란드 사람들이야말로 가장 초기에 가장 정교하고 다양한

20세기의 비폭력 투쟁을 창조해낸 장본인이었으며,

마하트마 간디가 이것을 지켜보고 있었다.

066 노르딕 협력기구

067 쌍둥이 도시 또르니오-하빠란다

068 지역별 결연원조운동

069 비무장 섬 올란드

070 까렐리아 주민의 재정착

071 핀란드의 비폭력 저항운동

072 단체 공화국

073 핀란드 슬롯머신협회

074 노동조합 결성

075 정당 보조금 지원

076 학생회의 경제적 자치

077 핀란드 청년협조동맹

078 핀란드 여성단체연맹

079 개발협력봉사센터

080 1퍼센트 운동

081 가능성의 시장

082 평화 정거장

083 공동책임운동

084 단식일 운동

제 5 부

핀란드의 지방과 시민사회

066

라세릭 막그만 Larserik Maggman
1998~2011 뽀욜라 노던
노르딕 협력기구 사무총장

노르딕 협력기구

노르딕 협력기구는 매우 공고한 형태로
시민·사기업의 장애 요소 해소와
세계화·국제 안보에 이바지한다.

노르딕 협력기구의 역사는 19세기 범스칸디나비아 운동으로 거슬러 올라간다. 1860년 이 운동이 처음 시작되었을 때의 목적은 주로 문화·학문적 분야의 협력이었다. 그러나 19세기 말에는 사법 및 입법 분야의 협력으로까지 확대되었다. 20세기 초반에는 대부분의 조직과 운동이 노르딕 국가 간의 관계 증진을 위한 협력체로 구축되었고, 1차 세계대전 이후에는 북유럽 지역 전체로 확대·발전되었다.

　양차 세계대전 기간에 노르딕 국가들은 긴밀한 협의를 거쳐 중립 외교정책을 선언하였다. 노르딕 국가들은 각기 나름대로의 안보와 국방 정책 방안을 갖고 있었지만 2차 세계대전 이후에는 새롭게 강화된 형태의 노르딕 협력기구가 정한 방향에 따랐다.

1952년 노르딕 의회가 결성되고, 1950년대와 1960년대 사이에 더 큰 차원의 통합으로 노르딕 여성 권익 연맹, 공동 노동시장이 탄생하고 공동 사회 협약이 체결되었다. 핀란드는 구소련의 영향 때문에 1955년까지는 여기에 가입하지 않았다.

노르딕 협력은 점차 사회 각 분야 전반으로 확대되었다. 시민사회 조직뿐만 아니라 실질적인 해결책 모색을 위해 발족된 정당 등의 시민 협력기구 활동은 성공적이었다. 반면 정부 차원의 합의가 필요한 공동 방위 연맹(1940년대), 경제 동맹(1960년대) 같은 커다란 프로젝트는 사실상 실패하였다.

1960년대에서 1970년대까지의 기간에는 노르딕 지역을 비핵지대로 만들자는 당시 핀란드 대통령인 우로 께코넨의 제안이 많이 논의되었다. 결과적으로 비핵지대는 이루어지지 않았으나 이로 인해 국방 분야에서 노르딕 국가 간에 더욱 긴밀한 접촉이 이루어졌고 각국 안보에 대한 이해가 증진되었다.

1970년대 초에는 노르딕 경제 연합Nordek이 논의되었다. 결국 실패하기는 했지만 덕분에 '노르딕 연합'이 공식적인 기구로서 모습을 갖추었다. 기존 노르딕 의회 이외에 정부 차원의 각료 이사회가 출범하였으며 공동 사무국이 설치되었다. 각료뿐만 아니라 정부 관계 공무원도 정기적으로 만나기 시작했고, 노르딕 투자은행도 설립되었다. 1960년도에 노르웨이, 스웨덴, 핀란드에서 시작된 Nordkalott라는 일종의 지역 협력 기구가 이만큼 발전한 것이다.

냉전이 종식된 이후 노르딕 국가들은 발트 해 연안에 새로 독립한 국가들을 지원하는 등 지역 협력을 위해 많은 노력을 기울였다. 당시 정치적으로 유럽 전체의 통합에 관심이 집중되어 있었던 만큼 스웨덴과 핀란드는 EU의 새로운 회원국으로 가입하기도 하였다.

지난 10년 동안 노르딕 협력기구는 더욱 공고해져 요즈음에는 세계화와 국제 안보에 관한 문제도 다룬다. 시민과 사기업이 당면한 장애 요소를 없애려는 노르딕 협력기구의 원 취지를 달성하기 위한 노력도 당연히 이루어지고 있다.

067

쌍둥이 도시
또르니오-하빠란다

핀란드와 스웨덴의 국경에 건설된 쌍둥이 도시는
국경을 실감할 수 없는 하나의 생활권이다.

"국경은 장애물이 아니라 하나의 가능성이다."

핀란드 교육부의 이르요 알라매끼Yrj Alam ki 자문관의 이 말로써 핀란드의 또르니오Tornio(스웨덴어로는 'Torne')와 이웃 스웨덴의 하빠란다Haparanda(핀란드어로는 'Haaparanta')의 쌍둥이 도시 프로젝트가 진전되어 왔다. 역사를 공유하고 주민들의 친인척이 양 도시에 흩어져 살아왔기에 마음속의 국경은 이미 허물어져 있었다. 사실 주된 장애물은 실제 세계가 아닌 우리의 마음속에 있는 것이다. 그리고 실제로 장애물이 있다면 제거되어야 한다. 이런 운영원칙에 따라 또르니오와 하빠란다는 하나의 도시로 운영되어왔다.

보트니아Bothnia 만의 북단에 위치한 또르니오는 1621년부터 1809년까지 스웨덴-핀란드 제국의 한 도시였다. 이 지역 협력의 진정한 공로자인 라그나르 라씨난띠Ragnar Lassinantti 주지사의 말을 빌리면, 1809년에 스웨덴과 러시아 간의 '하미나Hamina(핀란드 남동해안에 있는 항구도시) 평화조약'이 "또르니오 계곡을 가장 비자연적인 방법으로 두 나라 사이에 나누어놓았다". 수십 년이 지나서야 예전에 또르니오 시의 일부였던 지역에 하빠란다라는 시가 들어서게 되었다.

또르니오-하빠란다 지역은 핀란드가 국가위기에 놓일 때 그 중요성이 강조되곤 했다. 제1차 세계대전 중에는 하나의 공중가교air bridge가 되어 핀란드와 스웨덴 사이의 보급로를 확보해주었고, 육군 보병에게 독일로 통하는 루트를 제공했다. 스웨덴으로 통하는 그 길은 속옷의 이를 잡기 위해 (스웨덴 쪽의) 하빠란다에서 사우나를 해야 했던 수천 명의 핀란드 피난민에게 친숙했던 곳이기도 하다.

제2차 세계대전 후 10여 년 동안은 쇼핑 붐이 일어 핀란드 사람들이 스웨덴 쪽으로 넘어가 값싼 커피와 식료품을 사기도 했고, 1967년 핀란드 화폐 마르까가 평가절하되었을 때에는 스웨덴 사람들이 또르니오 쪽으로 몰려와 값싼 고기를 사가기도 했다.

1960년대 말 하빠란다의 새 공설 수영장을 공동으로 사용하면서 두 도시 간의 긴밀한 협력이 시작되어 1970년대 초에는 공동폐수처리장과 쓰레기장을 건설했다. 사실 이것은 또르니오 시 쪽에 큰 혜택이었다. 스웨덴 정부가 자금의 70퍼센트를 지원했고 두 도시는 각각 15퍼센트만 부담했기 때문이다.

1970년대 후반 두 도시는 아이들이 어느 쪽 학교든 다닐 수 있게 협정을 체결했다. 이것은 현행법에 어긋나지만 두 나라 교육부는 서로 묵인하기로 합의해왔다. 1980년대 중반에는 보트니아 주Provincia

Bothniensis가 생기는 바람에 폭넓은 협력이 더욱 강화되었다. 핀란드 측 알라매끼 자문관과 스웨덴 측 벵트 베스트만Bengt Westman 자문관이 '우리의 주'라는 아이디어를 창안했는데, 이 주정부의 집행이사회 의장이 주지사로서 지자체 행정업무를 관장하도록 했다. 또한 스톡홀름과 헬싱키에 명예영사를 임명해두고 있으며, 주정부에는 집행이사회 외에도 모든 핵심적 행정 분야에 상임 협력부서를 두고 있다.

이후 여러 부문에서 협력이 강화되었다. 예를 들어, 요즘은 모든 체육시설이 공동 사용되고 모든 문화행사가 공동으로 개최된다. 양 도시는 공동으로 언어에 특화된 종합학교 하나, 유럽 문제에 특화된 고등학교 하나, 그리고 여러 분야 중에서 특히 공동 관광안내센터를 두고 있다. 또한 또르니오 아이스하키 팀은 핀란드 아이스하키 리그의 경기를 하빠란다의 인공 아이스링크에서 치르고 있다. 이러한 협력이 계속 확대되다가 1990년대 중반 핀란드와 스웨덴이 유럽연합에 가입하면서 국경에서 보안구역을 설정할 필요가 없어지자 양 도시는 실제적으로 더욱 가까워졌다. 그 결과 두 나라 국경에 합동 '도시센터'를 건설하자는 아이디어가 탄생했다.

도시계획 설계 공개경쟁이 착수되었고 양 도시는 합동으로 도시계획 수립을 시작했다. 그러나 하빠란다에서 이 사업에 드는 비용이 너무 많다고 비판하거나 무슨 이득이 있는지 모르겠다며 의문을 제기하는 시민들이 있어 차질이 생겼다. 결국 시의원 선거와 함께 주민투표가 실시되었는데, 국경도시 계획이 근소한 차이로 부결되었다. 처음엔 충격이 있었지만 새로 구성된 시의회는 일부 시유지 매각을 통한 자금으로 이 계획을 실행하기로 결정했다. 얼마 후 하빠란다 시는 경쟁을 통해 새로운 이케아IKEA(조립식 가구 등 현대식 주택용품 대형 매장)

국경선상에 위치한 골프장이 흥미롭다. 한 번 라운딩에 핀란드와 스웨덴 국경을 네 번 넘나든다.

를 유치했고, 국경지역에 위치한 이 대형 매장이 문을 열자 국경 양쪽에서 합동도시 프로젝트에 박차를 가하게 되었다.

국경의 양쪽에서 도로, 주택, 상업지구, 호텔 등이 들어섰고 추가 계획도 이어졌다. 그래서 이 지역은 새로운 상업중심지역으로 변모하고 있다. 수백 개의 새로운 시설과 건물이 들어서면 이 지역은 북부 핀란드에서 가장 큰 쇼핑센터 중 하나가 되어, 애초에 20~30년이 소요될 것으로 내다보았던 실행기간이 절반 이상 줄어들 것으로 예상된다. 엄청난 건축 붐이 일어 많은 사람들은 미래에 대한 새로운 신념을 갖고 자신의 고향으로 되돌아왔다.

이러한 환경 변화는 매우 놀랄 만하지만, 그것은 역시 먼저 변화해야 한다는 자세에서 출발하는 것이다. 두 도시의 관광지도는 이 지역의 변화를 실감할 수 있는 좋은 길잡이다. 1980년대 초에도 또르니오 관광지도는 화려했고 훌륭히 도안되었다. 하지만 국경의 핀란드 쪽만 그랬다. 하빠란다 쪽은 회색 선 자취만 그려져 있어 스웨덴 쪽에도 뭔가 생겨날 것임을 암시했다. 한편 하빠란다 관광지도는 국경에서 갑자기 끝나고 말았다. 그런데 지금은 두 도시의 공동 관광지도가 만들어졌고, 이것은 국경 양쪽에 활기찬 도시가 생겼음을 잘 보여준다.

또르니오와 하빠란다, 이 두 도시는 실제로 통합되는 과정에 놓여 있다. 이 사실은 우리가 신념을 갖고 적절한 시기를 잘 선택하기만 하면 이상과 꿈이 실현될 수 있음을 말해주고 있다.

068

아우라 코르삐-톰몰라 Aura Korppi-Tommola
핀란드 학술단체연맹 사무총장

지역별
결연원조운동

지역별 결연원조운동은 지방자치단체들의
국제적 활동 참여에 도움을 주었다.

핀란드와 스웨덴 사이에 전개된 '지역별 결연원조운동 Sponsor Commune Movement'은 자발적인 시민활동에 따른 인도주의적 원조운동으로, 제2차 세계대전 중에 시작되었다. 스웨덴은 핀란드를 지원하는 데 열성이었고, 일반인의 참여도도 매우 높았다. 그러한 열성이 합쳐져 지역별 결연원조운동이 활발히 펼쳐졌다.

전쟁 중이었던 핀란드가 어린이를 모두 외국으로 임시 피난시킬 수는 없었지만, 약 7만 명의 어린이는 스웨덴과 덴마크의 가정으로 보낼 수 있었다. 2년간 전쟁고아를 돌보겠다고 약속한 개인이나 단체도 있었다. 1958년까지 핀란드의 전쟁고아는 핀란드 국내와 스웨덴, 미국 등지로부터 약 22억 핀란드마르크를 후원받은 것으로 추산된다. 지역별 결연원조운동에는 소액 기부로도 참여할 수 있었다.

원조관계를 맺는 데는 지역별 특성을 고려했다. 해안지역은 해안지역을, 산업도시는 산업도시를, 농촌지역은 농촌지역을 지원하는 방식으로 도와 읍, 지방, 도시 간에 총 653개의 원조관계가 형성되었다. 스웨덴에서는 민간조직이 이 운동을 전개했고, 핀란드에서는 만네르헤임 아동복지연맹MLL의 각 지역별 지부에 의해 조직되었는데 이들의 협력관계는 공식적인 채널이라기보다 시민활동에 바탕을 둔 것이었다. 이러한 특성상 원조금이 군사적인 목적으로 사용되는 것을 막을 수 있었다.

지역별 결연원조관계는 서신교환과 방문을 통해 유지되다가 해를 거듭하면서 진정한 우호관계로 발전했다. 원조금을 어떻게 사용할지도 함께 결정했고, 스웨덴 원조자들에게는 원조가 접수된 시점과 사용처를 항상 통보해주었다. 원조의 목표는 장기적으로 생활조건을 향상시키는 데 맞춰져 간호사 채용, 아동상담소나 지역보건센터 의사 확보 등에 활용되었다. 이 운동의 구호는 '스스로 돕는 사람을 돕는 것'이었다.

이 지역별 결연원조운동이 더욱 중요해진 때는 전쟁이 끝나고 원조금으로 사치품이 수입되기 시작할 무렵이었다. 이런 사치품은 가격규제를 받지 않아 비싸게 팔렸는데, 초기에 수입된 것은 설탕이었다. 스웨덴 화폐의 명칭을 따 '설탕 크로네'라고 불린 이 수익금으로 자치단체의 500개 보건센터와 만네르헤임 아동복지연맹의 27개 보건센터가 건립되었다. 또한 '설탕 크로네'는 헬싱키와 꾸오피오 시의 아동병원과 그 밖에 유치원 등을 건립하는 데 필요한 자금을 제공했다. 핀란드의 지방자치단체들은 지역별 결연원조운동을 통해 스웨덴의 지방자치단체들로부터 총 14억 핀란드마르크를 제공받았다.

1946년 스웨덴, 노르웨이와 덴마크의 북유럽협회 Norden Association는 지방자치단체들 간의 문화교류를 위주로 하는 우호친선 프로그램을 시작했다. 이듬해에는 핀란드의 북유럽협회도 이 프로그램에 동참해 핀란드의 지방자치단체들도 스웨덴 및 북유럽 국가 지방들과 동반자 관계를 맺었다.

1950년대에 들어와 예전의 일방적인 원조는 문화협력사업으로 전환되었고, 원조사업은 만네르헤임 아동복지연맹의 손을 떠나게 되었다. 이후 수십 년간 북유럽협회는 지방자치단체들 간의 상호 방문, 교향악단 교환공연이나 운동경기 개최 등의 문화협력을 활발히 실행해왔다. 활동영역이 비슷해지자 1980년대부터는 지역별 결연원조운동이 북유럽협회의 사업으로 통합되었다.

지역별 결연원조운동과 우호지역 활동은 핀란드 지방자치단체들의 국제적 활동 참여를 돕고, 전쟁으로 인한 국제적 고립을 면하게 해주었다. 이후 비슷한 방식으로 다른 나라들과도 지방자치단체 자매결연이 맺어졌다.

069

로게르 얀손Roger Jansson
2003~2007 올란드 출신의
핀란드 의회 의원

비무장 섬
올란드

평시엔 비무장 상태, 전시엔 중립을 유지한다는
올란드 관련 국제조약은
발트해 지역의 안정에 중요한 역할을 하고 있다.

2006년 3월 30일은 올란드에 관한 최초의 국제조약이 프랑스 파리에서 체결된 지 150주년이 되는 날이었다. 이 조약은 크리미아 전쟁(1853~1856년)을 종결하는 평화조약의 일부로 프랑스·영국과 패전국 러시아 사이에 체결되었다. 조약에서 제정러시아는 올란드를 다시는 요새화하지 않는다는 데 동의했다. 특이하게도 이 조약의 내용은 새로 확대된 형식이긴 하지만 신국제법 질서의 일부가 되어 아직도 적용되고 있다. 즉 1921년 제네바 국제연맹회의에서 서명된 협약, 1940년과 1947년 핀란드와 소련 간에 체결된 평화조약에 계속 반영되어 지금도 효력을 갖고 있는 것이다. 1992년 러시아는 1947년의 핀-소 평화조약 내용을 승계했다. 그럼으로써 1856년 3월 30일에 서명된 이 비무장화 조약은 국제법상 정치·군사 분야 조약 중 세계에서 가장 오래된 조약이 되었다.

이것을 이해하려면 1809년 하미나에서의 평화협상까지 거슬러 올라가야 한다. 스웨덴이 올란드까지 러시아에 빼앗김으로써 올란드는 러시아의 서쪽 끝 전방기지가 되었다. 1830년 러시아는 이 섬에 보마르순드Bomarsund라는 요새를 구축했는데 당시 인구가 약 1만 2,000명에 불과했던 올란드에 8,000명 규모의 부대를 주둔시키려 했다. 1853년 크리미아 전쟁이 발발했을 때 요새의 주요 시설이 완성되어 약 2,000명의 군인을 주둔시킬 수 있었다. 1854년 영국과 프랑스 연합군은 최정예 해군함대를 발트 해로 발진해 러시아를 공격했다. 연합군의 목표는 상트페테르부르크였지만, 크론스타트Kronstadt 해군요새가 잘 버티자 올란드 쪽으로 공격 방향을 돌렸다. 월등히 우세했던 연합군은 순식간에 비교적 단순한 원정작전으로 보마르순드 요새를 함락하고, 섬을 점령한 후에는 화약으로 요새를 폭파했다.

2년 후 파리에서 열린 평화협상에서 스웨덴은 올란드를 되찾으려 했지만 프랑스와 영국은 러시아가 그 섬을 영구 비무장화하는 쪽을 선호했다. 그리하여 '올란드의 예속 land Servitude'으로 알려진 올란드 비무장화 조약이 1856년 3월 30일 파리에서 체결된 것이다.

그로부터 60년이 지나 제1차 세계대전이 발발하자 러시아는 독일의 위협을 이유로 올란드의 일부를 재무장할 권리를 요구했고, 영국과 프랑스는 그에 동의했다. 스웨덴은 통보도 받지 못했다. 결국 올란드에는 상당수의 방어진지가 축조되었고, 핀란드와 러시아 양측의 군대가 주둔하게 되었다. 세계대전 후 핀란드는 1917년 12월 6일 (러시아로부터의) 독립국을 선포했다. 그보다 반년 앞서 올란드의 정치지

도자들은 섬의 스웨덴 통합을 모색했지만, '올란드 문제'로 알려진 것
처럼 새로 탄생한 핀란드와 옛 조국 스웨덴의 복잡한 분쟁으로 비화
되었다. 핀란드는 올란드의 자치를 제안했지만 주민들은 거부했다.
그래서 이 문제는 당시 막 구성된 제네바 국제연맹에 회부되어 1921
년에 해결되었다. 핀란드는 섬 영유권을 갖게 되었지만, 더 광범위한
'올란드 자치법' 제정을 통해 스웨덴어 사용과 문화의 유지를 보장하
는 의무를 지게 되었다. 동시에 올란드를 재차 비무장화하고 중립지
역으로 선언하며 1856년의 올란드 비무장화 조약을 연장하기로 했다.
당시 국제연맹에서 배제되어 있던 소련을 제외하고 핀란드를 비롯한
11개국이 이 신규 조약에 서명했다.

　1921년 10월 20일 체결된 조약의 제6조에 의하면, 전시에는 올란드
가 그 어느 일부라도 다른 나라에 위협을 줄 수 있는 군사작전과 관련
된 어떠한 목적에도 사용되지 않도록 중립이 유지되어야 한다고 규정
하고 있디. 현재 올란드는 평시에는 비무장상태로, 전시에는 중립으
로 유지되고 있다. 영토의 중립을 보장하기 위해 이 조약의 제6조와
제7조는 지역에서 전쟁이나 전쟁의 위협이 있는 경우 핀란드가 올란
드의 중립 유지에 필요한 것과 같은 방어적 군사조치를 취할 수 있는
권한을 부여하고 있다. 그 후 핀란드는 이것을 일방적인 의무로 간주
해오고 있지만, 한편으로는 군사적 조치가 즉시 국제연맹에 보고되도
록 한 규정과 관련, 그 보고를 모든 체약 당사국에 대한 통보의 의미로
해석해왔다. 또한 조약 제7조는 지역에서 전쟁이나 전쟁의 위협이 지
속되는 한 모든 협약 당사국은 올란드의 중립을 유지해야 할 책임이
있음을 분명히 규정하고 있다. 그런 면에서 볼 때 제7조에 따라 모든
당사국이 핀란드보다 더 큰 책임을 갖고 있는 것이다.

올란드의 평화로운 모습. 수세기에 걸쳐 굴곡진 변천사를 겪으면서 비무장지대로서의 지위를 갖게 됐다.

1939년, 겨울전쟁 직전에 핀란드와 조약 당사국들은 조약 내용대로 정확히 행동했다. 핀란드는 올란드의 중립 확보에 필요한 방어조치를 취했고, 전쟁 내내 올란드가 전투지역이 되지 않도록 했다. 핀란드는 1940년 겨울전쟁을 종결하는 평화조약을 소련과 체결했는데, 이 평화조약도 1921년 조약 제6조와 제7조의 중립 조항을 제외하고는 매우 유사한 형태로 올란드의 비무장화 조항을 포함했다. 1941~1944년 소련과의 계속전쟁에서도 핀란드는 1939년과 같은 방어조치를 취하고 올란드가 전투지역이 되지 않도록 했다. 또한 처음엔 소련에, 전쟁

종료 직전엔 독일에 올란드 침공 계획조차 세우지 못하도록 분명히 경고했다. 핀란드의 방어 계획과 올란드 자체의 방위 노력이 없었거나 1921년 조약의 제6조와 제7조가 없었다면 올란드 침공 가능성이 매우 높았을 것이다.

전시에 1921년 조약의 중립 조항은 특히 올란드와 관련한 발트 해 지역의 안정에 매우 중요한 역할을 했고, 앞으로도 틀림없이 그러할 것이다. 따라서 중립 유지 의무가 평시의 비무장화 의무보다 더 중요하다고 할 수 있다.

수세기에 걸쳐 올란드는 굴곡 많은 변천사를 겪었다. 1809년, 1856년과 1921년에는 어느 헌정체제로 편입되느냐의 싸움에서 볼모가 되었다. 1856~1921년 및 1940년과 그 이후에는 비무장지대로, 1921년부터는 핀란드의 자치지역으로, 그리고 1921년부터 제1·2차 세계대전을 거쳐 중립지역으로 현재에 이르기까지 세 개의 지위를 갖고 있다. 이 지위는 앞으로도 변함없이 지켜낼 것으로 보인다.

070

까렐리아 주민의 재정착

한누 낄뻴래이넨Hannu Kilpeläinen
까렐리아 주민협회 사무총장

까렐리아 이주민들을 위해 그들의 고향과 환경이 유사한 지역으로 이주시키는 재정착 지원 사업을 진행했다.

겨울전쟁과 계속전쟁을 끝내면서 핀란드와 소련이 맺은 평화협정들(1940년과 1944년 모스크바에서, 1947년 파리에서 체결)로 인해 핀란드는 국토의 일부인 비뿌리Viipuri 지방을 소련에 할양하고 그 지역 주민인 까렐리아인들을 핀란드 영토로 이주시켜야 했다. 핀-소 평화조약은 핀란드가 국토의 10퍼센트를 상실하는 결과를 낳았다. 이 지역에는 세 개의 도시를 포함해 44개 지방행정구역이 있었고, 새로 그어진 국경선은 21개 지방행정구역을 두 나라로 갈라놓았다.

　역사는 되풀이한다. 이전에도 까렐리아인들은 오랫동안 두 개의 문화, 두 개의 종교, 두 개의 대국 사이에 걸터앉아 살아왔다. 1323년 뇌테보르그 평화조약Treaty of N teborg이 맺어진 이래 그들의 땅은 두 나

라로 갈라졌고, 그 후에도 아홉 번이나 국경이 바뀌었으므로 별달리
새로울 것도 없었다.

1940년 3월 겨울전쟁이 끝났을 때 44만여 명이 자신의 집과 재산을
뒤로하고 까렐리아 지역에서 빠져나왔다. 1939년 초가을에 먼저 도착
한 까렐리아인들의 정착을 돕기 위해 지역별 위원회가 조직되었고,
이주민이 급증하면서 이듬해 1월에는 까렐리아 출신의 의원이자 훗
날 핀란드 대통령이 된 우르호 케꼬넨이 이끄는 이주민보호센터가 가
동되었다. 1940년 4월 까렐리아 이주민들은 자신들의 이익을 대변하
기 위해 까렐리아협회를 조직·창설했다. 핀란드 의회는 같은 해 6월
'조기정착지원법'을, 8월에는 '상실재산보상법'을 입법했고 계속전쟁
이후 1945년에는 '토지취득법'을 추가 제정했다. 이러한 정착 관련 법
률들은 지방자치단체, 교회 및 개인 소유의 토지 중 일부를 국가에 양
도하고, 국가는 그 토지를 까렐리아 이주민들에게 제공할 것을 의무
화했다.

법률을 집행하는 기관은 까렐리아 이주민의 한 사람인 베이꼬 벤나
모Veikko Vennamo 국장이 이끄는 재정착 지원 부서였다. 이 사업은 핀
란드 내에서나 세계적으로도 전례가 드물 만큼 대규모로 진행되었다.
'토지취득법'은 행정구역 및 마을 단위 배치계획도 포함하고 있었는
데, 가능하면 한 마을에 살던 이웃들이 이주해서도 한 마을에 살 수 있
도록 배치하려 했다. 또한 이주민들을 자연이나 교통, 경제활동 등 여
러 측면에서 그들의 고향과 환경이 유사한 지역으로 이주시키려는 목
표를 세웠다.

정착지 배치는 당연히 이주민들의 자유의사에 따르도록 했다. 예를
들어 서부 까렐리아에 살던 사람들은 핀란드어를 쓰는 남쪽 해안지역

에, 중동부 까렐리아 지역에서 온 이주민들은 본래 지역 바로 위쪽에 정착했다. 그 외 지역 이주민들은 대부분 현재의 사보Savo 지역과 중북부지역 등에 정착했다. 스웨덴어 지역에는 단 한 사람도 배치되지 않았는데, 이것은 빠아시끼비J. K. Paasikivi 총리의 주장에 따라 재정착으로 인해 이주민들의 언어 사용이 변화되어서는 안 된다는 '언어 조항'을 '토지취득법' 속에 포함, 규정했기 때문이다.

법률과 배치계획은 모두 이주민들을 농촌지역과 핀란드 남부지역에 정착토록 유도했다. 농사를 짓고 살던 이주민들에게는 까렐리아에서 소유했던 농장 크기에 따라 농장이 배당되었는데, 그 결과 농장 소유자들은 좋은 보상을 받았고 자기 땅이 없던 사람들과 노동자 이주민들에게는 보상이 미미했다. 소규모 자영농 이주민들도 습지대의 땅을 배당받는 등 사정이 좋지 않기는 마찬가지였다. 다만 노동력을 많이 필요로 했던 남부의 도시들이 서로 경쟁적으로 노동자 이주민들의 정착을 원했다는 점이 특이하다고나 할까.

전쟁을 겪고 막 회생하려는 핀란드에서 까렐리아 이주민들이나 재정착지의 기존 주민들 모두 고생이 많았다. 향수병은 새로운 환경과 이웃과 문화에의 적응을 더욱 어렵게 만들었다. 게다가 이주민들은 러시아 사람이라며 거부당하고, 아이들은 학교에서 괴롭힘이나 차별을 받으면서 문화적으로도 의심을 샀다.

하지만 까렐리아 이주민들은 서로 도우며 살게 되었고, 이전에는 여러 부류로 나뉘었던 사람들이 단합하게 되었다. 어느 작은 마을 출신의 어부도, 도시 출신 미모의 숙녀도 똑같은 처지에 놓인 이주정착민이었던 것이다. 까렐리아 지역의 문화를 보존하기 위해 이주민들은 협회나 단체 등을 설립했다.

1970년대 들어 까렐리아 지역 문화의 가치가 널리 인정되기 시작했고, 이제 사람들은 이 문화를 자랑스럽게 향유하고 보존하는 데 힘쓰고 있다. 유럽연합에 가입한 이후 핀란드 사람들은 자신의 뿌리와 혈통에 대한 관심이 높아졌다. 여러 조사에서 약 500만 명의 핀란드 주민 중 200만 명 이상이 까렐리아 출신의 조상을 두고 있음이 입증되었다. 그래서 까렐리아 문화가 핀란드의 문화임을 인정하고, 까렐리아야말로 핀란드 문화의 탄생지라고 주장하기도 한다.

이러한 변화는 까렐리아인들이 자신의 연고지를 상실했음에도 정체성을 유지하고 까렐리아인으로 남아 있었기에 가능했다. 그래서일까, 오늘날에는 핀란드의 어느 빵집에 가든 까렐리아 파이를 판매하고 쌍검이 교차하는 까렐리아의 문장이 맥주병 상표로 사용되고 있다. 또한 한니까이넨P. J. Hannikainen이 작곡한 까렐리아 지방 가요가 다른 지방 가요보다 많이 애창되고 있다.

071

스티브 헉스리 Steve Huxley
박사

핀란드의
비폭력 저항운동

핀란드 사람들은 대중교육을 사회적 방어의 기본으로,
저항의 기본적 요소는 항변하는 것이라고 생각했다.

19세기 말 러시아의 민족주의자들은 1809년 이후 러시아 제국의 자치
대공국으로 존재해온 핀란드를 비롯해 변방지역의 러시아화를 요구
했다. 1898년 제정러시아의 핀란드 총독으로 헬싱키에 부임한 보브리
코프N. I. Bobrikov는 핀란드 사람들이 오랫동안 마음껏 키워온 입헌주
의와 분리주의를 당장 발본색원해야 한다는 확신을 갖고 있었다. 이
목적을 이루기 위해 그는 핀란드를 행정적·문화적으로 독재 러시아
에 동화시키기 위한 세부 계획을 세웠다. 대다수 핀란드 사람들에게
'보브리코프 계획'은 핀란드 헌법에 어긋날 뿐만 아니라 쿠데타였으
며 핀란드를 죽이는 것과도 같았다.

러시아 동화계획이 진행되면서 핀란드인들의 저항 움직임은 점점

커져갔다. 저항운동의 수단은 효과적이면서도 계몽적이었고, 그 기본 정신은 체계적으로 협력을 거부하는 것이었다. 저항은 방어를 뜻했으며, 일종의 투쟁인 것은 비군사적 전쟁과 마찬가지였다. 이러한 '새로운 전쟁'의 교묘한 전술은 톨스토이식 투쟁방식으로 고안되었고, 전국적인 조직을 만들게 했다.

자유청년핀란드당과 자유청년스웨덴당의 입헌주의 전선이 중심적으로 저항운동을 전개했고 이념적 긴장관계를 떠나 사회노동단체들도 동참했다. 입헌주의자 저항조직인 까갈_{Kagal}이 모든 노동자가 주축이 된 반정부 활동에 재정적 지원을 해주었다. 학생들과 함께 노동자들이 지방 차원의 선동활동을 맡았고, 여성저항조직이 결성되었다.

핀란드 저항운동은 핀란드의 사람과 법을 상대로 자행되는 부당·불법한 폭력적 행위에 협조와 복종, 그리고 인정을 거부했다. 이러한 유형의 저항수단으로 사람들은 비폭력적인 사회 권력을 행사해야 했고, 그럼으로써 지배세력이 궁극적으로 그들의 요구에 굴복하게 했다. 달리 말하자면, 저항하는 사람들이 톨스토이의 '자발적 예속'이라는 개념을 원용했다고 할 수 있다. 즉 '만약 사람들이 확고하고 강한 방법으로 자신들의 정의감을 알리지 못한다면, 그리고 복종하기를 거부하지 못한다면 그들은 억압받는 고통에 대해 오로지 자신들을 탓하는 수밖에 없다'는 개념을 끌어온 것이다.

핀란드 사람들은 비폭력적인 저항의 방법론에서 광범위한 개념을 갖고 있었다. 대중교육을 사회적 방어의 기본으로, 저항의 기본적 요소는 항변하는 것이라고 생각했다. 그러나 투쟁의 초기 단계에서 항의·항소·탄원·강연 방식을 넘어 시민적 불복종과 비협조 방식을 택한 그들은 이 방법을 비폭력 수단 목록에서 가장 중요한 무기로 여겼다. 나아가 러시아인과 핀란드인 추종자들에 항거해 사회적·경제적 비협조와 배척운동의 전개를 주창했다.

또 하나의 초보적 항변 형태는 유럽의 명망 있는 인사들을 초청해 집단적인 항변에 참여토록 하는 것이었다. 그 성과는 매우 컸다. 1,050명에 이르는 유럽에서 가장 뛰어난 문학·과학·정치·예술계 대표자들이 서명한 「핀란드 옹호탄원서」가 러시아 황제에게 전달되었다. 당시의 핀란드 옹호운동은 그때까지만 해도 역사적으로 유일하게 문명세계의 여론을 행동화한 것으로 국제사회에 잘 알려져 있다.

국내적으로도 세밀한 저항조직들이 핀란드 전역 각계에 걸쳐 생겨났다. 지하언론이 창설되어 해외에서 전단광고, 소책자, 신문기사 등과 같은 폭넓고 다양한 저항문헌을 들여와 배포하고 공식적인 언론검열을 회피하는 데 성공했다.

그중에서 가장 활발한 저항운동은 핀란드의 독자적인 군대를 폐지하고 핀란드 청년들을 제정러시아 군대로 징병하려는 획책에 맞선 것이었다. 징병배척운동은 1901년과 1904년 사이에 놀랄 만한 성과를 거두었다. 핀란드군 소속 부대 중 어느 하나도 러시아군에 편입되지 않았고, 핀란드 군인 중 어느 누구도 러일전쟁에 파병되지 않았다. 징병제도는 1905년에 중단되었다. 핀란드 인구 중 상당수가 전례 없는 총파업에 참여해 러시아 제국이 1905년 러시아혁명 앞에 무릎을 꿇게 했다. 핀란드 사람들이야말로 가장 초기에 가장 정교하고 다양한 20세기의 비폭력 투쟁을 창조해낸 장본인이었으며, 마하트마 간디가 이것을 지켜보고 있었다.

072

리스또 알라뿌로Risto Alapuro
헬싱키 대학교 사회학과 교수
마르띠 시이시애이넨Martti Siisiäinen
이위베스퀼레 대학교 사회학과 교수

단체 공화국

핀란드는 사회협력을 도모하고 정치적 목소리를 낼 수 있는
각종 시민단체의 활동이 일상화되어 있다.

핀란드에는 8만~9만 개의 각종 사회단체가 존재하며, 핀란드 사람들
중 80퍼센트 이상이 단체에 소속되어 있다. 대부분의 사람들은 여러
단체의 회원이다. 핀란드 사람들은 다른 북유럽 국가 사람들처럼 세
계적으로 단체활동 참여율이 높은데다 그 비율이 점점 증가하는 추세
다. 지난 10여 년간 핀란드에서는 약 2만 6,000개의 단체가 창설·등
록되었으니 가히 '단체 공화국'이라 불릴 만하다.

　단체활동의 전통은 19세기 후반에 시작되었지만 그 당시에는 초보
적인 단계였다. 금주·노동·청년·협동운동처럼 진보적인 단체에 참
여하는 것이 각자의 대의와 주장을 펼치고 주체성을 명확히 할 수 있
는 수단이었다. 이러한 활동들이 지식층에 의한 국가·정부 건설 노력

"

과 합쳐짐으로써 국제적으로 비교적 평등사회로 알려진 핀란드의 사람들을 몇몇 사회계급으로 나누었다. 당시 정치단체들은 그 기반이 약했던 반면 사회단체들은 기반이 확고해 점차 정치적 임무를 띠기 시작했다. 단체들은 서로 다른 집단의 대변자 역할을 했고 상호관계를 규정하기도 했다. 1906년 보편적 선거제도가 도입되면서 정당제도가 만들어졌고 완전한 집회결사의 문화가 발전하게 되었다. 여성단체, 청년과 청소년단체, 노인단체, 금주나 기타 문화단체, 극단협회, 합창단, 스포츠클럽과 노동조합 등 수많은 단체가 지역 정당, 특히 중도당, 사회민주당, 그리고 뒤에는 국민민주운동과 연계했다.

물론 모든 단체가 정치이념의 단체로 전환하진 않았지만 1960년대부터 1970년대까지 그러한 경향이 지속되었다. 제1·2차 세계대전 중에 노동자들은 자신이 속한 정당을 지지하는 캠페인을 전개했지만, 한편으론 연극·합창·독서모임에 참여했고 노동자들의 단체 내에서 저축운동을 벌이기도 했다. 제2차 세계대전이 끝난 후 시민운동단체들은 자신들의 조직을 강화했다. 1960~1970년대에는 이들 자발적 단체 내에서 많은 사회·정치적 이슈와 국제적 문제들이 구체적으로 논의되었다. 매년 수백 개의 좌익단체, 청년협회, 비판적 문화단체, 우호협회, 개발도상국 협회가 생겨났다.

이러한 계급 혹은 집단을 대표하는 성격의 단체활동은 1970년대 말부터 점차 붕괴되어갔다. 이와 달리 1980년대 들어 핀란드 사람들은 이념적인 구분에 아랑곳하지 않고 개인적으로 취미활동이나 관심 분야에 기반을 둔 단체를 활발히 조직하기 시작했다. 이러한 경향은 1990년대에 더욱 두드러져 1990년대 중반 이후 설립된 단체 중 60퍼센트가 문화·스포츠·여가활동 단체였다.

이제 사람들은 예전처럼 이념에 치우친 단체에 자신의 삶을 내맡기지 않고 생활의 일부로서 단체에 참여하고 있다. 예를 들어 새로운 유형의 스포츠, 자동차클럽, 개나 고양이 등 애완동물별 국제협회와 같은 단체는 '개인' 문화의 한 부분일 뿐이다. 이들은 농민 지향의 청년조직이나 이념적 여성협회처럼 회원들을 더 넓은 이념체계에 연계시키는 단체들과는 다르다. 이들은 회원모집 캠페인을 거의 벌이지도 않고 전국조직에 가입하지도 않는다. 오히려 외국의 파트너와 협력하거나 스스로 만들어낸 자신들만의 활동모델을 갖고 있다. 예전 단체들과 비교해 새 단체 회원들은 항구적인 활동으로 여기지도 않고, 소규모로서 다른 단체와의 연대보다는 개인의 소비생활과 삶의 방식에 더 많은 관심을 쏟는다. 이들 단체 중 절대다수는 세계를 변화시키는 것이 아니라 회원 자신들을 변화시키는 것이 목표다.

이러한 발전은 단체들의 탈정치화를 불러왔다. 사람들은 이제 취미생활과 같이 삶의 극히 일부분만 단체활동에서 공유하므로 이들 단체는 회원의 포괄적인 정치 참여를 도모할 수 없다. 배구 동호회에 가입했다고 등산 동호회에 가입할 수 없는 것은 아니며, 스카우트단체 회원이 탐험단체 회원이 되지 말라는 법도 없다. 그러나 요즘은 일생을 좌우할 수도 있었던 예전의 단체문화와 같은 경험적인 인간관계가 더 이상 존재하지 않기 때문에 다른 회원들의 문제에 무심해지곤 한다.

그럼에도 불구하고 단체활동의 천국인 핀란드의 등록단체들은 아직도 정치적인 잠재력을 갖고 있다. 각종 단체는 핀란드 사회협력의 주요 통로일 뿐만 아니라 비판적 문화와 새 정치에 필요한 요소들을 준비·탄생·변화시킨다. 이른바 절대다수의 '대안활동'은 단체로 등록하고 있지만, 예전과 달리 비판적 운동은 단체 등록을 하지 않고 있다. 이러한 현상은 새로운 시대의 도래를 의미하는 것일 수도 있다. 현 단체들의 비정치적인 단면을 또렷이 보여주는 동시에 전통적인 단체활동 방식에 의문을 제기하고 있다.

073

마르꾸 루오호넨 Markku Ruohonen
1996~2006 핀란드 슬롯머신협회 회장

핀란드
슬롯머신협회

핀란드 슬롯머신협회는 비영리단체들을 지원할 목적으로
정부와 자선단체들의 공동사업으로 운영된다.

핀란드에서 슬롯머신은 독일과 핀란드 상인들이 운영했던 동전게임
payazzo 기계 형태로 1920년대 중반에 처음 시작되었다. 그러나 얼마
지나지 않아 상인들이 사람들의 약점을 이용하고 있다며 비판의 목소
리가 터져나왔다. 당국을 향한 시민들의 압력이 급속도로 커지자
1933년 핀란드 정부는 슬롯머신 운영독점권을 자선단체에 부여하는
행정명령을 발표했다. 그러나 상인들이 배후에서 몰래 영업을 했기
때문에 특별히 달라진 바가 없었다.

이런 상황을 매우 못마땅하게 여긴 내무부가 1937년에는 새로운 행
정명령을 통해 이 사업을 전담하는 조직을 설립하고 도박기계 영업을
전담토록 했다. 그 조직이 바로 1938년 4월 1일 설립된 핀란드 슬롯머

신협회RAY다. 그 당시 670개의 슬롯머신이 가동 중이었고, 첫 9개월 동안 2,370만 핀란드마르크(약 400만 유로)의 수익을 올렸으며, 그중 절반이 84개 단체에 자금 지원으로 분배되었다. 새로 설립된 협회가 매우 순조롭게 출발한 것이다.

다른 등록단체와 달리 슬롯머신협회는 처음부터 오락기계 영업으로 자금을 조성해서 자선사업을 하는 비영리 단체들을 지원할 목적으로 정부와 자선단체들의 공동사업으로 운영되었다.

이 협회는 주로 식당 운영 사업가들과 계약을 통해 조직망을 구축했으며, 슬롯머신을 제작하고 보수·관리하는 동시에 현금을 수금하고 회계 관리도 시작했다. 또한 이 협회는 자금 지원을 원하는 자선단체들의 신청을 직접 받고, 벌어들인 이익금을 어떻게 배분할지 정부와 협의 결정하며, 조성된 자금이 올바르게 활용되도록 감사도 실시했다. 동전이 슬롯머신에 투입되는 순간부터 마지막 목적지에 다다를 때까지 협회가 관여했던 것이다. 어떠한 비영리 단체라도 일정 기준을 충족시키면 이 협회로부터 보조금이 제공되었다.

사업이 확장되면서 슬롯머신협회의 법적인 기반이 더 강화될 필요가 생겼고, 오랜 준비 과정을 거친 후 1962년 '핀란드 슬롯머신협회에 관한 법'이 통과되었다. 이로써 슬롯머신협회는 법률상의 협회가 되었고, 정부와 더욱 밀접한 관계를 맺게 되었다. 그러나 협회는 변함없이 자율적으로 운영되도록 했다.

사업 확장과 다변화에도 불구하고 슬롯머신협회가 세운 첫 운영원칙들은 그대로 유지되었다. 기계를 자체 제작하고 보수·관리하면서 광범위한 사업 파트너를 유지했다. 그리고 지금도 매년 자금 지원 신청에 기초해 자금 배분 제안서를 정부에 제출하며 자금 사용을 감독하고 있다. 협회의 관리이사회에 정부와 자선단체 대표자들이 포함되어 있는 것도 변함이 없다.

슬롯머신협회는 1960년대 후반 카지노가 처음 개설되었을 때, 1980년대 후반 협회가 직영 게임장 운영을 시작했을 때, 그리고 1990년대 초반 국제적 수준의 카지노가 생겼을 때, 그때마다 사업 영역이 점차 확대되었다. 그 결과 2005년에는 총매출액이 5억 9,500만 유로에 달했고 순이익 전체를 핀란드의 보건과 사회복지 증진을 위한 비영리 활동에 지원했는데, 그 액수는 4억 450만 유로였다.

이제 핀란드 슬롯머신협회는 확신을 갖고 미래를 바라볼 수 있게 되었다. 이 협회는 핀란드의 독특한 사회적 창안 사례로 그 활동의 신뢰성, 책임성, 유효성, 그리고 사회적 목적을 위해 혜택을 베푼다는 측면에서 경쟁력이 입증되었기 때문이다.

074

노동조합 결성

미꼬 매엔빼애Mikko Mäenpää
핀란드 봉급근로자연맹(STTK) 회장

급격히 변화하는 노동환경 속에서 노조운동은
일상생활의 꿈에 대해서도 답을 줄 수 있어야 한다.

핀란드에서 노동조합(노조)운동의 토대가 마련된 것은 19세기 중반 이후 기계공, 인쇄공, 선박노동자들이 단체를 처음 조직했을 때였다. 그런데 노조운동이 시작된 이후 몇 년 동안은 열 명 중 한 명 정도만 조합에 가입했다.

이른바 '제1기 리이나마아'라는 임금정책협정은 한참 뒤인 1968년에야 처음으로 체결되었다. 봉급에서 조합회비를 공제하되 세금을 감면받도록 합의한 것이다. 그 결과 노조 가입자가 놀랄 정도로 증가했으며 이후에도 꾸준히 늘어났다. 1993년 최고조에 이르렀을 때에는 전체 피고용자 중 80퍼센트 이상이 노조에 속하게 되었다.

한편 유럽연합 내에서 노동시장 상황은 비교적 건실한 편이라고 할 수 있다. 노사정 3자 협력과 협상체제는 유럽인들의 근로환경을 발전시켜주었다. 유럽연합헌장 초안에도 노조의 위상이 잘 확립되어 있다.

그러나 최근에는 유럽연합 회원국이 확대되면서 유럽연합 내 노동관계에 큰 도전이 대두되고 있다. 노조활동이 유럽 통합 속도에 따라 영향을 받기 때문이다. 사실 성공적인 유럽 통합을 위한 핵심 전제조건이 (노동관계보다는) 유럽연합 내부의 동일화와 결속에 달려 있는데도 말이다. 유럽연합 신·구 회원국들 간의 사회·경제적인 격차를 줄이는 것 또한 노동단체 활동의 신뢰성에 대한 도전이 되고 있다. 통합은 동시에 안정을 의미해야 하기 때문이다.

다양한 인구집단 모두가 노조 결성의 필요성을 인식하고 있으며, 젊은이들 역시 호의적이다. 그러나 앞으로는 노조 결성이 당연시될 수 없을 것 같다. 유럽노동조합연맹European Trade Union Confederation이 개최한 토론회에서 나온 메시지는 분명하다. 특히 신설 회사들의 노조운동의 경우 활발하고 효과적인 회원모집을 할 수 없었다는 것이다.

수많은 임금노동자가 자신이 일하는 작업장에서 노조 간부를 만나볼 수 없었다고 한다. 이것은 노조운동이 생산업과 같은 전통적 부문에 너무 치중하고 있음을 의미한다. 앞으로는 모든 작업장으로 되돌아가는 것이 열쇠라고 본다. 급격히 변화하는 노동환경 속에서 노조운동은 다시 신뢰를 얻어야 한다. 새롭게 탄생한 산업과 그 산업 계열의 작업장을 찾아나서야 한다.

유럽의 직장에서 근로자의 이익을 대변하는 노조의 전통적인 역할은 아직도 주된 노조판매상품(회원모집 수단)이 되고 있다. 하지만 노조는 현재의 도전에 적극적으로 대응하는 한편 일상생활의 꿈에 대해서도 답을 줄 수 있어야 한다.

노조 결성에 기초한 이익방어 능력의 향상은 유럽 노조운동이 직면하고 있는 공통적인 과제다. 노조가 더 크고 많은 통합집단을 대표할수록 유럽연합의 정책결정 과정에서 발언권은 더욱 커질 것이다. 핀란드에서 노조의 인구밀도는 높은 편이다. 그럼에도 불구하고 노조들은 특히 직장생활을 막 시작한 젊은이들을 대상으로 캠페인을 벌이고 있다. 활발한 회원모집 캠페인과 회원 서비스는 이미 근본적인 노조 활동의 일부분이 된 것이다.

직장생활을 이제 막 시작한 젊은이들에게 우리가 주고 싶은 메시지는 노조활동의 중요성에 대해 인식해야 한다는 것이다. 봉급과 근무시간은 얼마나 되고, 직장생활과 개인생활을 어떻게 조화해나갈 것인가, 그리고 어떻게 건강을 유지하며 은퇴를 맞이할 것인가는 매우 중요한 관심사다. 이런 모든 문제를 누가 돌볼 것인가? 대답은 간단하다. 바로 노동조합!

075

리스또 살로넨Risto Salonen
핀란드 사민당 총무국장

정당 보조금 지원

정당 보조금 지원 제도는 정당의 자금 조성과
사용의 투명성을 높이는 데 분명한 기여를 하고 있다.

핀란드의 국가예산에는 정당들의 정치활동을 지원하기 위해 정해진 몫의 예산이 포함되어 있다. 2009년의 경우 이렇게 배분된 예산은 3,600만 유로에 달한다. 이 보조금은 '정당법' 제9조와 '정당 보조금 법률' 제1조에 의거해 핀란드 의회에 의석을 가진 정당에 대한 지원과 각 정당의 당규와 활동계획에 명시된 공공활동을 지원하는 데 사용된다.

보조금은 각 정당이 의회에서 차지하는 의석수에 따라 차등 지급된다. '정당 보조금 법률'은 모든 정당이 보조금 중 최소 8퍼센트를 여성 관련 활동에, 8퍼센트를 지역단체를 위해 사용토록 했다. 예전에는 국제적 활동에도 8퍼센트를 사용토록 했다.

정당보조금제도를 포함한 '정당법'이 입법된 것은 1969년이었다.

그 후 필요에 따라 몇 차례 개정되었지만 기본적으로는 마우노 꼬이비스토Mauno Koivisto 총리 정부가 처음으로 제안한 내용에 따른 것이다.

정당보조금제도 도입의 핵심 논리는 정당의 자금 조성과 사용의 투명성을 높인다는 것이다. 불법 정치자금의 은닉과, 그와 관련된 정치적 압박에서 정당을 해방시켜주기 위해서이기도 한데 보조금제도는 매우 훌륭하게 그 사명을 완수해왔다. 한편으로 정당에 대한 로비가 거의 없어 정치자금 조달이 어렵다는 것도 보조금제도의 또 한 가지 논리다. 특정 정책을 결정하도록 어느 정당에 압력을 넣기란 매우 복잡하고 어렵다. 오히려 결정권을 가진 중심인물, 즉 한 개인을 중점적으로 로비하는 것이 일반적이다.

정당보조금제도는 정당 정치자금 확보의 안정성과 예측 가능성을 향상시키기 위한 목적도 있다. 그렇게 논리는 고상하지만, 사실 1970년 이후 보조금의 실질 가치는 크게 줄어들었다. 국가 재정 형편에 따라 몇 년째 들쑥날쑥하던 보조금 예산이 2004년에만 물가상승에 연동하여 배정되었다. 2004년 이후에는 선거를 치르는 해에 10~20퍼센트의 특별 보조금이 지원되어왔고, 유럽의회 의원 선거와 관련해 홍보 활동을 위한 보조금이 별도로 지원되고 있다.

정당 보조금은 정당의 재정에 중요한 역할을 한다. 예를 들어 핀란드 사회민주당의 경우 보조금이 중앙·지역·여성조직을 포함한 당의 총수입 중 약 45퍼센트를 차지한다. 기본조직과 지방조직은 전적으로 자체 모금과 당원 회비에 의존한다. 간혹 보조금이 그 수혜자인 모든 정당의 운영비로 사용된다는 주장이 있지만, 그렇지 않다는 것은 위에서 언급한 사례를 통해 잘 알 수 있다. 또한 '정당법'에 의거해 법무부가 보조금 사용뿐만 아니라 정당 활동의 적법성까지도 감독하고 있다.

정당보조금제도에 대한 핀란드 사람들의 의견은 천차만별이다. 인기에 영합하는 일부 정치인은 이를 이용해 순풍에 돛 단 듯이 잘나가기도 했다. 민주주의에 관한 한 보조금제도의 단점은 거의 찾아보기 힘들다. 의회의 구성은 국민이 결정해주고, 정당 보조금은 의석수에 따라 정해지기 때문이다. 사실 이 제도로 말미암아 의원 선거는 정당과 그들의 재정에 대한 큰 모험이 되었다. 선거 결과에 대해 불평할 수도 없고 불평해서도 안 되기 때문에 더욱 그러하다.

매년 정당 보조금 지급을 위한 재정 부담은 현재 국민 1인당 휘발유 5리터의 가격, 즉 6.8유로 정도다. 만약 이 정도의 금액으로 15세 이상 각 국민이 선거와 선거 사이의 기간에 참여할 수 있는 의사결정 과정을 민주적이고 투명하게 유지시키는 데 크게 기여할 수 있다면, 이것을 국가에 대한 재정적 부담이라고 말하기는 어려울 것이다.

이와 유사한 투명하고 공식적인 보조금제도가 지방자치단체에서도 창설되어야 한다는 논의가 있다. 왜냐하면 핀란드에서는 가장 구체적인 정치적 결정이 지방자치단체 차원에서 내려지기 때문이다. 지방자치단체들 역시 도시계획과 같은 문제에 관해 경제적으로 중요한 정책 결정권을 행사하고 있다. 이 문제에 관한 건전한 토의는 이미 시작되었고, 가까운 미래에 구체적인 모델이 실현되기를 진정으로 희망해본다.

기능과 역할을 제대로 하는 정당제도는 민주주의의 가장 기본적인 요소다. 핀란드에서는 5,000명만 지지하면 어떤 조직이라도 매우 쉽게 정당으로 등록할 수 있다.

076

린네아 메데르Linnea Meder
헬싱키 대학교 학생회 재정부장

학생회의
경제적 자치

학생회는 자체 자산과 사업 활동을 통해 얻은 소득으로
무엇을 해야 할지를 독자적으로 결정한다.

1828년 뚜르쿠에서 큰 화재를 겪은 후, 당시 핀란드에서 유일한 대학
교육기관인 왕립학원The Royal Academy은 헬싱키로 이전했다. 새로운
법령과 함께 이 학원은 '핀란드 알렉산더 황제 대학교'로 이름을 바꾸
었다.

이 대학교는 약 340명의 학생으로 첫 학사 연도를 시작했지만 1870년
대까지 학생 수가 1,000명 가까이에 이르렀다. 뚜르쿠에서 유래되어
온 학생단체의 기반은 조금 수정되긴 했지만 헬싱키에서도 그 형식을
유지했다. 초기 몇 년 동안에는 학생들이 대학교나 교수들의 집에서
모였으나 점점 자유로운 분위기를 원하면서 임차한 건물에서 모임을
갖게 되었다. 그러나 임차료가 계속 오르자 학생들은 자신들의 건물

을 마련하자는 아이디어를 내놓았다.

학생단체, 즉 학생회가 만들어져 첫 회의에서 학생회관을 짓기로 결정했다. 소요자금은 기부금과 모금으로 충당하기도 하고 대출도 받았다. 드디어 1870년 11월 26일 학생회관(오늘날의 '구 학생회관')이 처음으로 문을 열었다. 학생들은 하나의 팀으로 단결정신을 갖고 일하는 능력을 보여줌으로써 건물 신축에 필요한 땅을 확보해 무사히 건축까지 마칠 수 있었다. 이 학생회는 1880년 완전한 집회의 자유가 허용되고 자신들의 건물에서 모임을 가질 수 있게 되자, 지역별 조직으로 나뉘어 있던 학생들을 연합해 큰 조직으로 발전했다.

임차료로 냈어야 할 돈을 모금해 처음엔 회관 건립과 가구 구입에, 그 뒤에는 회관 관리비로 사용했다. 학생회관의 대규모 보수와 건축이 필요할 때 학생회는 회관을 담보로 자금을 대출받기도 했다. 점차 수가 늘어나는 학생들의 필요에 부응하기 위해 '신 학생회관'을 건립했는데, 아예 세를 놓을 수 있는 상가와 사무실을 포함하는 건물로 지었다. 1950년대에 학생회는 처음으로 상가 건물을 건축했고, 이때부터 학생회는 성공적인 영리 활동을 펼쳤다. 학생회가 경제적 자치를 이루는 출발점이 되었다.

처음에는 학생회, 얼마 후에는 핀란드 학생회, 1927년 이후에는 헬싱키 대학교 학생회HYY라고 불린 이들의 자치적 지위는 항상 법과 행정명령에 규정되어왔다. 대학교 지도층은 학생회 활동의 정당성을 감독했지만 학생들의 자치활동에는 전혀 간섭하지 않았다. 아주 오랫동안 학생회에 관한 모든 결정은 공개 학생총회에서 이뤄졌다. 그러다가 1932년부터는 의사결정권이 선거로 뽑는 대의원회로 넘어갔고, 학생회의 필수 행정사무를 담당하는 직원들을 채용해 학생들의 편익을 위해 일하도록 했다.

'대학법'에는 학생회의 목적이 다음과 같이 분명하게 규정되어 있다.

'학생회의 목적은 학생 회원들의 친목을 도모하고 회원들의 사회활동, 지적 열망, 탐구 열망, 그리고 사회 내 학생들의 지위를 증진하는 데 있다.'

이러한 정의는 매우 광범위한 편이다. 그래서 자치적이고 활동 중심적인 헬싱키 대학교 학생회는 대의원회나 집행부 어느 곳을 통해서라도 현실적이고 구체적인 임무를 정기적으로 수정하고 새롭게 규정한다. 2005년 대의원회는 헬싱키 대학교 학생회의 임무를 그들의 전략계획에서 다음과 같이 규정했다.

- 모든 학생이 대학교 내 하나의 통일체에 소속되어 있음을 느끼게 하는 방법으로 캠퍼스 내 모든 학생과 학생단체를 단결시킨다.
- 회원들에게 학창생활의 편의를 갖게 하는 서비스를 제공한다.
- 학생회 산하 단체들이 제대로 활동할 수 있는 수단을 확보해주고, 그들의 활동을 지속 가능한 방법으로 지원한다.
- 학생들을 대신해 대학 학사행정에 관한 로비활동을 하고, 대학교 내 다른 집단들과 협력해 대학 발전을 위해 노력하며, 대학의 전체 이익을 위해 노력한다.
- 학생회가 중요하다고 생각하는 분야와 모임, 토론에서 학생들의 이익을 증진시키는 방향으로 정책결정과 여론에 대한 영향력을 행사한다.
- 전국 차원의 다른 학생단체들과 협력하고 학생들의 이익을 대변한다.

- 대학교 학생들의 가치와 사고에 의거해 주도적이고 책임감 있게 사회 발전을 돕는다.
- 학생들이 깨어 있고 비판적인 사고를 가진, 연구하는 시민으로 성장하도록 돕는다.

헬싱키 대학교 학생회는 장기적인 계획과 책임 있는 자세를 갖고 재정을 운영한다. 이러한 경제적 자치가 확립된 것은 점진적으로 획득·관리해온 자산이 있고 소규모로 시작해서 꾸준히 발전시켜온 사업 활동 덕택이다. 헬싱키 대학교 학생회는 끊임없는 노력을 통해 회원들에게 다양한 서비스와 이익을 제공해주고 있다. 하나의 자치적 단체로서 헬싱키 대학교 학생회는 자체 자산과 사업 활동을 통해 얻은 소득으로 무엇을 해야 할지를 독자적으로 결정하고 있다.

077

유까 따흐바나이넨 Jukka Tahvanainen
알리안씨 사무총장

핀란드
청년협조동맹

'알리안씨'는 도서관 건립, 다문화활동, 청소년모의선거 등
시대에 앞서 전진하고 있다.

핀란드 청년협조동맹 Allianssi(이하 '알리안씨'로 표기)은 다양한 사회적
창안으로 가득 차 있다. 오랫동안 심혈을 기울여 노력하다 보면 이러
한 창안이 순식간에 탄생하기도 한다. 알리안씨는 3개 청년조직의 연
합체로, 조직 산하 열성회원들과 노조간부들을 하나로 집합시킨 사회
적 창안 그 자체다. 알리안씨는 지방정부의 청소년복지사(청소년들이
있는 현장에서 청소년들을 지도·상담하는 사람들로 지방자치단체나 사회단체,
루터교 교회 등에서 고용한다), 청소년, 청장년들에게 정보와 서비스를
제공하고, 그들의 단합을 이끌어내고 있다. 현재 이 동맹 산하에는
107개 회원단체가 있다.
　'협조'라는 것은 어떤 일에 동참한 사람들이 그 분야의 전문가이고

조직의 활동이 특정 정치나 종교와 관련 없이 독립적일 때 성공할 수 있다. 그러나 여기서 나는 새로운 생각과 개혁, 변화, 그리고 사명감을 갖고 헌신하는 전문가와 실행자가 없다면 사회적 창안을 실행할 수 없다는 점을 강조하고 싶다.

새로운 아이디어의 하나로 알리안씨는 2년에 한 번씩 '선상유람회 Allianssi Cruise'를 개최하고 있다. 여기에는 전국적으로 청년 관련 사무에 종사하는 사람 전체의 절반 정도가 참가한다. 참가자들은 정보를 교환하고 친목과 인맥을 쌓으며 관련 교육을 받을 수 있다.

또 다른 하나의 사회적 창안이랄 수 있는 아이디어로서 '청년정책 도서관'이 1974년 건립되었다. 알리안씨가 관리하는 이 도서관은 많은 정보의 원천으로 현재 1만 5,000권 이상의 출판물, 250종이 넘는 저널과 잡지, 그리고 100여 개의 청년활동 비디오를 소장하고 있으며 알리안씨의 웹을 통해 정보를 제공·관리하고 있다.

그 밖에도 알리안씨는 다문화활동, 청소년 전자민주주의사업, 청소년 모의선거나 인터넷 사이버학교 등을 실천하고 있다.

다문화활동은 평등과 관용정신의 함양과 이민자단체 지원을 주요 활동목표로 삼고 있다. '발티까 Valtikka'라고 불리는 청소년 전자민주주의사업은 전통적인 청소년조직에 속하지 않은 젊은이들에게도 의사표현 방식과 정보 습득의 길을 열어주었다.

청소년 모의선거는 1991년부터 실시되었는데, 청소년들에게 민주주의의 의미, 단체의 역할과 선거의 중요성 등을 일깨워주는 것이 목적이다. 실제로 공식 선거에 앞서 아직 투표권이 없는 청소년들로 하여금 모의선거를 실시해보게 하는 것이다.

인터넷 사이버학교는 취업을 알선해주고, 청소년들의 성장과 학습을 돕는 교육환경으로서 NGO 단체들의 활동을 주로 소개해주고 있다.

이러한 사업들은 하나의 생각, 깨우침, 시대정신과 미래적 시각에서 비롯된 것이다. 알리안씨는 분명히 시대에 앞서 전진하고 있으며 긍정적인 변화를 추구한다. 때문에 알리안씨의 사회적 지위는 점점 더 확고해지고 있다.

078

따야 아우비넨 Tanja Auvinen
핀란드 여성단체연맹 사무총장

핀란드
여성단체연맹

그 사이 여성운동의 과제는 크게 변하지 않았다.
핀란드 여성단체연맹은
진정한 양성평등 사회를 위해 계속 분투 중이다.

핀란드 여성단체연맹 Coalition of Finnish Women's Associations(핀란드어 약어로는 'NYIKIS')은 이름 그대로 핀란드 여성단체들의 협력기관이다. 이 조직은 핀란드 사회에서 매우 중요한 양성평등을 상징하는 중심적 활동 단체다. 여성의 권리 실현을 감시하고 사회·정치적 이슈에 대한 견해를 밝히며 여성의 사회적 지위 향상과 진정한 양성평등을 성취하기 위해 노력한다. 약 60만 핀란드 여성이 여성단체연맹 산하 여성단체에 가입해 있다.

1987년 일단의 여성주의자들이 모스크바행 기차 안에서 열띤 토론을 벌이던 중 정치 성향이 다른 여성조직들을 한 지붕 아래로 통합시킬 수 있는 상위 여성조직의 출범에 관한 논의를 하게 되었다. 그들은 새로운 조직이 국제협력에서 핀란드 여성들을 대표할 수 있기를 희망했다. 그로부터 1년 후 조직(연맹) 설립을 위한 '위원회'가 구성되었고, 창립총회에서 이 '위원회'는 필요시에 총회를 소집할 수 있고 모든 결정을 컨센서스consensus(전원 합의) 원칙에 따라 내린다고 합의했다. 연맹의 의장직은 회원단체들이 돌아가면서 맡기로 했고, 모든 회원단체의 '위원회'에 대한 대표성은 동일하다는 것을 확인했다. '위원회'에는 정당 소속 여성조직들, 핀란드 국가여성위원회 National Council of Women in Finland, 핀란드 여성주의자연맹League of Finnish Feminists, UNIONI, 핀란드 여성연구협회Association for Women s Studies in Finland가 참가했다.

'위원회'가 설립되자마자 국제문제뿐만 아니라 국내정치에서도 그 필요성을 절감했다. 핀란드 여성단체연맹은 정치적 의사결정 과정에 더 많은 여성이 참여해야 한다고 주장했고, 선거에서 '여성후보투표운동'을 전개했다. 1991년 의원 선거에서 200개 의석 중 77명의 여성의원이 선출된 것은 전 세계에서도 기록적인 일이었다. 또한 여성단체연맹은 학술 세미나와 특강 등을 개최하고, 특히 여성과 가족정책 관련 문제에 관한 보고서를 관계기관에 제출했다. 이러한 협력모델이 전국적으로 확산되어 지역별 '위원회'를 구성하기까지 이르렀다.

오랫동안 여성단체연맹의 활동은 자원봉사 형태였는데, 주로 의장을 맡은 회원단체의 노력 봉사에 의해 전개되어왔다. 2001년 여성단체연맹은 처음으로 사무총장을 고용함으로써 '위원회'를 비정부기구로 등록하고 본격적인 활동을 시작했다. 2007년 핀란드 의회는 의회 100주년 기념 축하회기 중에 여성단체에 대한 기금 조성을 의결했다.

국제적으로도 핀란드 여성단체연맹은 특별한 단체로 명성이 자자하다. 여성 정치조직뿐만 아니라 정치와 무관한 여러 여성단체를 단합시켰고, 공통된 목표를 위한 협력을 촉진했기 때문이다. 사실 지난 한 세기 동안 여성운동의 과제는 크게 변하지 않았다. 여성주의자들은 여전히 직장여성의 지위 향상, 여성에 대한 폭력 근절, 정치적 의사결정과 사회활동에서 여성 시각의 반영과 증진을 위해 노력하고 있다.

최초로 핀란드에서 여성이 참정권을 획득한 이후 1세기가 지난 오늘날, 지금까지 이룩한 업적도 많지만 양성평등을 성취하기 위해 아직도 가야 할 길이 멀다. 이것이 바로 여성단체연맹이 여성의 권리 향상을 위해 어느 때보다도 더욱 활발히 노력하고 있는 이유다.

079

폴께 순드만Folke Sundman
1986~2003 개발협력봉사센터 이사장
2003~2007 핀란드 외교부 장관 고문

개발협력
봉사센터

개발협력 봉사센터는 정부와 시민사회가 '양측 모두 만족할 수 있는' 방법으로 필요와 목표를 결합하여 창설되었다.

개발협력봉사센터 The Service Center for Development Cooperation(핀란드어 약어로는 KEPA)는 핀란드의 개발도상국에 대한 협력(보통 '개발협력'이라고 말한다)과 원조사업을 실행하는 NGO들의 연합체로 1985년에 설립되었다. 개발협력봉사센터는 핀란드의 개발협력 NGO들 간의 상호협조가 점점 심화되면서 자연스럽게 생겨난 결과다.

개발협력봉사센터가 설립된 배경은 1980년대 초에 두 가지 경로로 개발협력의 필요성이 제기되었던 때로 거슬러 올라간다. 첫째는 1960년대 후반에 잠시 존재했다가 사라진 핀란드 개발봉사단을 부활하자는 제안이었고, 둘째는 개발협력 NGO들이 추진한 '1퍼센트 운동'을 통해 얻어진 폭넓은 협력의 경험을 적극적으로 활용할 수 있는 항구적이고 체계적인 개발협력 시스템을 구축하자는 것이었다. 이 두 가지 모두 핀란드의 창안은 아니다. 오히려 미국의 케네디J. F. Kennedy 대통령이 1960년대 초에 설립한 평화봉사단이야말로 거의 모든 산업선진국으로 하여금 후진국에 대한 개발협력 방식으로 개발봉사단 형태를 취하도록 하는 데 큰 영향을 미쳤다. 경험은 없더라도 교육훈련을 받은 젊은이들이 적은 보수를 받고 개발도상국으로 보내져 아주 기초적인 일들을 했다. 이러한 개발협력 형태는 점점 더 전문적이고 직업적으로 변해 적정한 보수를 받는 직종으로 자리잡았다.

NGO들이 수행하는 개발협력사업이 크게 증가하면서 핀란드 외교부는 1980년대 초반에 핀란드 개발봉사단 활동의 재개가 필요하다고 판단했다. 과거의 경험에 따라 개발봉사단 활동은 공공 개발협력자금으로 지원하지만, 그 활동의 책임은 NGO 단체들에게 맡긴다는 조건을 내걸었다. 하지만 곧 그러한 책임을 맡길 만한 NGO 단체가 핀란드에 없다는 사실이 밝혀졌다.

1980년 초에 10개 NGO 단체가 추진한 '1퍼센트 운동'에 수십 개의 단체가 속속 동참했다. 이 캠페인의 목표는 핀란드의 개발원조금 총액을 GDP의 0.7퍼센트까지 올리는 것이었다. 이 캠페인에 참여한 단체들은 1982년 NGO 개발협력협상단KAKENE 을 조직했고, 캠페인뿐만 아니라 개발협력 문제에 관한 로비를 담당했다. 핀란드 유엔협회는 개발협력협상단의 사무국 역할을 맡았다. 시간이 지나면서 점점 개발협력협상단은 대내외적으로 NGO들의 개발협력 활동을 지원하기 위한 상설 협의체 또는 통합기구가 필요하다고 생각했다.

1983~1984년 핀란드 정부는 개발봉사단의 구체적인 실현 방안을 마련할 위원회를 구성했다. 그와 동시에 개발문제연구소Institute for

Development Studies의 마르야-리이사 스완쯔Marja-Liisa Swantz 소장은 개발협력협상단에서 참여단체들 간의 상설 협력포럼 창설을 추진하는 작업반Working Group을 이끌게 되었다. 정부의 위원회나 개발협력협상단 작업반에는 대체로 같은 인물들이 참여하고 있었다. '개발협력봉사센터'라는 기본구상을 제공한 공로는 마르야-리이사 스완쯔 소장에게 있다. 그녀는 개발협력봉사센터의 필요성과 참여단체들에 대한 정보 제공, 훈련 지원, 공동 캠페인 계획, 대리 자문기구 서비스 등을 포함한 개발협력봉사센터의 기능에 관해 개발협력협상단 작업반의 보고서를 작성했다. 1년도 채 지나지 않아 이 구상은 개발협력봉사센터를 창설하는 제안으로 발전했다.

동시에 개발봉사단위원회도 개발봉사단 활동의 수행을 핀란드의 개발협력 NGO들에게 위임하는 행정규칙 초안을 마련했다. 이 위원회는 (NGO 측 위원의 조정의견에 따라) 개발협력협상단에서 성안된 공동 NGO 봉사센터 구상과 관련, 장차 그 운영을 담당할 기구로서 개발협력봉사센터를 제의하기로 결정했다. 정부와 NGO 대표들은 일석이조의 결정을 내린 셈인데, 드디어 1985년 3월 5일 개발협력봉사센터의 창립총회가 개최되었다. 다른 말로 하자면 두 가지 기본적 기능—핀란드 개발협력 NGO들에게 자금을 제공하고 캠페인을 주관하는 기능과, 핀란드 개발봉사단을 운영하는 기능이 부여된 개발협력봉사센터의 창설을 결정했던 것이다.

이것은 사실상 핀란드적인 결정인데, 정부와 시민사회가 '양측 모두 만족할 수 있는' 방법으로 필요와 목표를 결합했다는 점이 특색이다. 핀란드 외교부로서는 개발봉사단의 운영을 맡길 수 있었고, 개발협력 NGO들의 봉사 수요를 충족시킬 수 있는 대표적인 조직도 필요했던 것이다. 개발협력 NGO들로서는 그들이 책임을 맡음으로써 봉사를 제공하고 캠페인 활동을 (공공자금 지원을 받아서) 할 수 있다고 판단했던 것이다. 실질적으로 개발봉사단 활동이 개발협력봉사센터의 주요 기능이 되었고, 자금 지원 부족으로 다른 활동은 한쪽에 제쳐두게 되었다.

처음 10년 동안은 이러한 개념으로 활동이 전개되었지만, 1990년대 후반 개발협력봉사센터 활동에 대한 평가를 실시한 이후에는 임무의 범위가 재조정되었다. 개발봉사단은 별도의 활동으로 운영되고 광범위한 후진국 원조 프로그램에 통합되었으며 정보, 서비스, 개발정책 등에 대한 프로그램은 이전보다 더 강력한 재원을 지원받게 되었다.

오늘날에도 핀란드의 개발협력봉사센터는 유럽 내 개발협력운동 분야에서 독보적인 존재로 알려져 있다. 이는 두 가지 요인이 있었기에 가능했다. 첫째는 각종 NGO가 그들 사이의 전통적인 구분이나 그와 관련한 편견에 구애되지 않고 서로 협조하는 자세가 확고하다는 점이고, 둘째는 핀란드 정부 당국과 시민사회가 서로 협조해야 한다는 열망과 실용주의가 작용했다는 점이다.

080

토마스 발그렌 Thomas Wallgren
1979~1984 헬싱키 시
'1퍼센트 운동' 실행위원

1퍼센트 운동

많은 핀란드 사람들은 세계적 연대 노력에 동참하기 위해 소득의 1퍼센트를 기부하고 있다.

1978년 가을, 핀란드 남부에 위치한 엠마우스Emmaus 마을은 핀란드의 개발도상국 개발원조 수준이 너무 낮은 데 항의하며 2주간 단식투쟁을 벌였다. 이전부터 엠마우스는 벼룩시장을 열고 헌옷과 성금을 모아 아프리카나 남미의 난민과 고아들에게 보내는 등의 활동이 잦은 마을로 꽤 알려져 있었고 그 성과도 인정받고 있었다. 이 공동체 마을의 후원자들이 회의를 열어 서명운동을 전개하고 단식투쟁을 지원하기 시작했다. 이 캠페인은 언론의 주목을 받았고 많은 참여자를 동원할 수 있었다는 점에서 성공적이었지만, 정치적 차원에서는 어떤 변화도 일어나지 않았다. 1979년 정부 예산안 중 개발원조에 배정된 예산액은 국민총생산의 0.16퍼센트에 그쳤다.

하지만 후원자들의 집회에서 '1퍼센트 운동'이 구상되었고, 1979년 늦가을 정식으로 일반에 공개되었다. 이 운동은 핀란드 국민들이 자신의 연간 총소득 중 최소 1퍼센트 정도는 후진국 개발협력사업 또는 다른 연대활동을 지원하는 핀란드의 개발협력 NGO 단체에 기부하도록 이끄는 활동이었다. 이 운동에 참여한 사람들은 저마다 이 운동의 세 가지 요구사항에 무게를 실어주었다.

1. 핀란드 정부의 공적 개발원조Official Development Assistance, ODA 자금이 1985년까지 국민총생산의 0.7퍼센트에 달할 것(핀란드 정부는 1966년부터 유엔이 정한 이 목표 달성을 약속하기만 했을 뿐이다)
2. 핀란드의 개발원조는 극빈층, 어떤 혜택도 받지 못하는 계층, 가장 억압받는 사람들을 대상으로 할 것
3. 개발협력 지원금을 위한 개인별 소득 1퍼센트의 기부를 통해 우리의 개발원조 방식이 좀더 지속적인 기반에 두고 있음을 분명히 할 것

1980~1984년 동안 '1퍼센트 운동'을 이끈 사람은 주로 자원봉사자였으며 그들 중 대다수가 젊은이와 학생이었다. 헬싱키와 땀페레에서 가장 활발하게 활동이 펼쳐졌고, 소규모이긴 하지만 다른 지방에서도 진행되었다. 캠페인의 규모가 점점 커지자 개발협력 NGO 단체들이 이 운동을 지지하기 시작했고, 운동을 이끄는 지도부와의 만남이 이루어졌다. 점점 핀란드 적십자, 엠마우스 마을, 노조연대센터, 선교협회 등 핀란드의 각종 개발협력단체에서 관련 경험이 풍부한 사람들과의 만남이 가능해진 것이다. 아마도 이러한 만남들이 개발협력봉사센터의 탄생에 일부나마 기여했던 것 같다.

'1퍼센트 운동'은 뜻밖에도 여러 곳에서 지지를 받았다. 어느 유력 홍보회사는 유력 주간지와 TV 방송에 무료 광고를 내보내주는 등 이 운동을 홍보하는 데 기여했다. 이 운동에 참여하는 사람들은 모두 자기 소득의 1퍼센트를 기금에 기부했고, 전국적 규모의 단체들과 유명 정치·문화계 인사들도 이 운동을 지지하며 적극 참여했다. 또 이 운동의 집행부와 참여단체들은 언론의 관심을 성공적으로 끌어내고 출판물을 발간·배포했으며, 순회강연 개최와 정치적 로비를 전개하기도 했다.

기존의 개발협력 NGO 단체들이 이 운동 집행부의 활동비를 어느 정도 부담했지만, 이 운동의 아이디어와 추동력, 정치적 지도력 등은 순전히 그들의 몫이었다. 그들은 집중적인 캠페인을 벌였던 3~4년간 매주 빠짐없이 모임을 갖고 활동을 전개했다. 1983년까지 10만 명 이상의 핀란드 사람이 참여할 만큼 이 운동은 널리 알려졌다. 예를 들어 1982년 대통령 선거 때 마지막 TV 토론에서 후보들에게 '1퍼센트 운동' 참여 여부를 물었더니 전원이 참여하겠다고 대답할 정도였다.

1980년대 핀란드 정부의 개발협력 예산은 급격히 증가해 1980년대 말 국민총생산의 0.7퍼센트에 이르렀다. 이런 성과를 거두기까지 '1퍼센트 운동'이 얼마만큼 기여했는지 정확히 말할 수는 없다. 그러나 이 운동은 당초의 목표를 이미 달성했다고 생각했는지 1980년대 말부터 지도부의 활동이 주춤해졌다. 그래서일까, 1990년대부터 최근까지 핀란드의 개발협력 예산은 국민총생산의 0.35~0.45퍼센트로 추락했다.

많은 핀란드 사람들은 여전히 개발협력 또는 세계적 연대global solidarity 노력에 동참하기 위해 소득의 1퍼센트를 기부하고 있다. 오늘날 이러한 기여들은 20년 전과 같은 정치적 중요성을 갖지 않을 수도 있고 그 영향력도 크게 달라졌다. 그러나 핀란드와 핀란드 국민들이 여전히 세계의 문제에 대한 책임을 공유하고 있다는 점에서 그 중요성이 부각되고 있다.

08

끄리스띠나 해이끼오 Kristiina Häikiö
1985~1988 만네르헤임
아동복지연맹 법률고문

가능성의 시장

'가능성의 시장'은 개발도상국에서 생산된 물건들을 팔면서
개발도상국에 관련된 이슈를 홍보하는 색다른 축제다.

1980년대 중반 핀란드 NGO 단체들의 개발협력 활동은 아직 초기 단
계였고 개발도상국들과의 접촉도 드물었다. 사람들은 개발도상국에
별다른 관심을 보이지 않았다. 그런데 사람들의 무관심에 아랑곳하지
않고 요우꼬 사라스떼 Jouko Saraste 목사는 바아사에서 동료들과 함께
활동을 개시했다. 교회 내에 개발협력 문제 연구반을 만든 다음 열성
적인 사람들을 규합해 바아사 시 장터에서 개발도상국들에 관한 행사
를 개최했다. 그것은 '가능성의 시장 Market of Possibilities'이라고 이름 붙
인 행사였다. 행사 목적은 장터에 들르는 사람들에게 개발도상국에
관련된 이슈를 홍보하는 것이었다.

1986년 5월에는 바아사 시내에 '옥외 (가능성) 장터'를 열었다. 개

많은 시민들이 '가능성의 시장'에 찾아와 개발도상국의 실상을 알게 되고, 곧 우호적인 후원자가 된다.

발도상국에서 생산된 물건들을 팔면서 그 나라들에 대해 열심히 설명하고 개발협력운동가들과 대화하는 기회도 만들었다. 처음에는 행사 주최자들의 뼛속까지 스며들 정도로 차가운 진눈깨비가 많이 내려 장터 분위기가 형용할 수 없을 정도였다. 하지만 '가능성의 시장'에 온 상인들이 열기를 내뿜으면서 분위기가 고조되어 결국에는 활발한 개발협력단체를 만들 수 있었다.

다른 사회적 창안에서도 종종 볼 수 있듯 '가능성의 시장' 성공담에도 뜻밖의 우연이 있었다. 때마침 바아사에 머물고 있던 〈수오멘 꾸바 레흐티 Suomen Kuvalehti〉(핀란드 화보)라는 잡지의 기자가 장터 행사를 보고 감명을 받아 사진과 함께 근사한 기사를 썼다. 또한 장터 행사에 참가한 단체들 중 우간다에서 보건의료 봉사활동을 벌이고 있던 만네르헤임 아동복지연맹은 바아사 시 지부를 통해 장터 행사 '창시자'의 허가를 받아 행사 취지를 전국에 알렸다.

바아사에서 시작된 불길은 헬싱키로 번졌다. 만네르헤임 아동복지연맹이 개발협력에 관여하는 것으로 알려진 모든 단체를 초청해 연맹 본부에서 회의를 주최하고 몇 가지 원칙을 세웠다. 어느 한 단체도 배제하지 않으며, 어느 단체도 이 아이디어를 자기 것으로 삼지 않으며, 어느 정치운동이나 세력도 그 일에 영향을 주지 못하게 한다는 것이었다. 개발협력에 뜻이 있는 사람들 모두 그것을 자기 일처럼 생각하도록 했다.

만네르헤임 아동복지연맹은 일단 임무를 완수했고, '장터' 아이디어를 실제로 발전시킬 수 있는 유일한 조직은 개발협력봉사센터라고 생각했다. '헬싱키 가능성의 시장' 창립총회가 열렸고, 의장은 당시 국제소아과협회 회장이자 개발협력 베테랑인 니일로 할만Niilo Hallman 박사가 맡았다. 그러나 바로 그 총회에서 사업의 총책임이 개발협력봉사센터의 폴께 순드만Folke Sundman 사무총장에게 넘겨졌다. 이렇게 해서 핀란드의 후진국 개발협력 역사가 시작되었다.

매년 봄철에 시작하는 '헬싱키 가능성의 시장'은 헬싱키 중심의 세나테Senate 광장이나 중앙 기차역 광장에서 열렸다. 그렇게 하여 '가능성의 시장'은 핀란드 전국으로 불길처럼 번져나갔다. 한두 사람의 열성주의자가 시동을 걸었고, 그들 주변에 수많은 사람들이 모여들었으며, 그 아이디어가 전국으로 확산된 것이다. 수천 명의 핀란드 사람이 장터를 찾아와 개발도상국의 실상을 알게 되었고, 그중 많은 이들이 개발협력 프로젝트에 우호적인 후원자가 되어왔다.

행사 책임을 맡은 단체들이 다음 차례의 장터 행사 개최지를 협의할 때마다 헬싱키 시 당국은 찬물을 끼얹기도 했다. 이 색다른 축제를 하기에 세나테 광장은 너무 준엄한 장소라는 둥, 에스쁠라나디 Esplanadi 공원은 너무 도심이라는 둥 핑계 아닌 핑계를 대며 행사 개최의 발목을 잡았다. 그런 와중에도 이 행사는 항상 같은 장소에서 개최되었다. 에스쁠라나디 공원은 도심 한가운데라는 느낌이 들긴 했지만, 매년 봄 행사는 이들 장소 중 한 군데서 열렸고 더 이상 시 당국이 문제를 제기하지 않았다. 정말 많은 사람들이 이 행사를 즐기고 있어 매년 행사 개최가 쉽게 결정되는 것 같다.

개발협력봉사센터는 '헬싱키 가능성의 시장'을 1995년 세계마을축제로 발전시켰다. 이 축제는 헬싱키에서 '가능성의 시장'과 번갈아가며 격년제로 개최되다가, 2005년 이후에는 세계마을축제의 한 부분으로 '가능성의 시장'을 개최하는 연례행사로 바뀌었다. '세계'가 와서 '시장'을 삼켜버린 셈이라고 할 수 있는데, 어쨌든 처음에 생각했던 아이디어와 완전히 맞아떨어진 것이다.

20년 전 바아사 시의 어느 누구도 지방 행사가 수도 헬싱키에서 자체 조직위원회를 거느린 큰 연례축제로 발전하리라고는 상상하지 못했다. '가능성의 시장'이 바아사뿐만 아니라 전국의 여러 지방에서도 열리게 되리라고 누가 생각했겠는가. 노장은 물러가도, 장터가 계속 열려야 한다고 확신하는 새로운 열성 참여자들은 항상 있게 마련이다.

'시장'에는 여러 종류의 이념운동과 배경을 지닌 사람 모두가 참여하지만, 이들은 하나의 공통분모—개발도상국의 빈곤 문제 해소와 원조지원에 공헌하려는 의지로 단합되어 있다. '시장'을 통해 참여자들은 서로를 알게 되고, 서로 하는 일에 가치를 부여하며, 서로를 존경하게 되었다. 가능성은 끝이 없다는 뜻을 내포하는 행사의 명칭이 이런 발전을 가져왔을 것이다.

　이 행사가 외국에도 알려져 2005년과 2006년에 에스토니아와 라트비아에서 각각 비슷한 '시장'이 열렸다. 핀란드의 베테랑들은 이들 나라 '시장'에서 그들을 도와주며 분위기를 즐기기도 했다. 핀란드의 사회적 창안 아이디어가 국경을 넘어 다른 나라 사람들에게도 유익하게 쓰이고 있다. 이것이 얼마나 더 멀리 퍼져나갈지 아직은 두고 볼 일이다.

082

깔레비 수오멜라 Kalevi Suomela
핀란드 평화연합회 회장

평화 정거장

오래된 기차역 건물을 활동센터로 쓰면서
평화연합회는 '평화정거장' 으로 대중의 관심을 받게 되었다.

도대체 무슨 이유로 핀란드 평화연합회 Peace Union of Finland의 건물이 '평화 정거장 Peace Station'이라 불리는 것일까?

　헬싱키의 사무실 빌딩으로 가득 찬 빠실라 Pasila 지역에 있는 연합회 소유의 아름다운 2층짜리 통나무 건축물은 과거에 기차역 건물이었다. 이 건물은 1915년 까렐리아 지역의 밤멜요끼 Vammeljoki 기차역으로 지어졌다. 과거에 핀란드 대공국에서 제정러시아의 수도 상트페테르부르크로 가는 기차는 모두 밤멜요끼 기차역을 지나가는데, 핀란드가 독립한 이후에는 이 역을 지나는 기차가 급격히 줄어들었다. 그래서 거의 사용되지 않는 기차역 건물의 통나무 하나하나를 해체해 옮겨와, 1923년 헬싱키 중앙역에서 기차로 5분밖에 걸리지 않는 빠실라 기차역으로 재건축했다.

1980년대 초에 핀란드 평화연합회와 몇몇 관련 단체는 빠실라 지역의 새로 건축된 대형 콘크리트 건물에 입주해 있었다. 1984년 어느 날 연합회는 철도 당국이 빠실라 기차역 건물을 경매에 부쳐 팔고 그 자리에 헬싱키 북부 역사를 새로 건축할 계획이라는 정보를 입수했다. 경매 조건은 구 건물을 해체하되 보존해야 한다는 것이었다.

기차역 인근의 거대한 콘크리트 건물들 사이로 원래 6차선 도로를 계획했던 곳에는 공원이 조성되어 있었다. 당시 핀란드 평화연합회의 일까 따이팔레 사무총장은 혹시 해체되는 기차역 건물을 그 공원으로 옮겨 지으면 전체적인 풍경이 더 나아질 뿐만 아니라 평화운동의 활동센터로도 쓸 수 있겠다고 생각했다. 평화연합회는 그 건물 경매에 응찰했고, 큰 액수는 아니었지만 낙찰을 받았다.

그해 9월 8일, 당시 평화연합회 회장인 여란 폰 본스도르프G ran von Bonsdorff 교수는 기차역의 마지막 역장이 사용했던 빨간 모자를 쓰고 기차역 출발신호 깃발을 흔들었다. 이로써 '평화를 위한 새 출발Mobilization for Peace'이 시작된 것이었다. 그 건물은 불과 몇백 미터 떨어진 현재의 자리에 원형 그대로 옮겨졌다. 이 '평화 정거장'은 무게가 약 150톤이었는데, 핀란드에서 어떤 건물이 한 곳에서 다른 곳으로 원형 그대로 옮겨진 경우 중 가장 큰 규모였다. 그 작업을 보러 온 한 소년은 "대왕고래보다 10톤 정도 적게 나가는구나!"라고 소리치며 신기한 눈으로 바라보았다.

핀란드 평화연합회의 전신은 핀란드 대공국 시절인 1907년 2월 10일 설립되었다. 1910년에는 레오 메쉘린Leo Mechelin 상원의원이 그 대표로 스톡홀름에서 개최된 국제평화기구 총회에 참석하기도 했다. 하지만 제1차 세계대전 중에 러시아 황제가 평화단체의 활동을 전면 금지시켰기 때문에 아무런 활동도 못하다가 핀란드 독립 후 1920년에 핀란드 '평화연합회-국제연맹협회'로 다시 태어났다. 이를 주도한 사람들은 연합회의 이념을 나타내기 위해 그런 이름을 택했다. 평화연합회가 특히 지식층 사이에 비교적 잘 알려지긴 했지만, 1920년대와 1930년대 들어 극단적인 민족주의 운동이 펼쳐지는 와중에는 매우 어렵게 유지되었다.

제2차 세계대전 이후에는 다시 '핀란드 평화연합회-유엔협회'로 바뀌었다. 이 명칭도 국제사회 정의 justice에 근거하는 연합회의 이념과 평화 증진을 위한 국제기구의 노력을 지원한다는 뜻이 담겨 있다. 그러나 회원들이 나이 들어 늙어가고 활동 범위도 빠르게 축소되었다.

1960년대 초기 대학생들 사이에서 '100인위원회 Committee of 100, Sadankomitea'라고 불리는 비정치적인 평화조직이 창설되었다. 모든 사람이 이 조직에 가입해 그 유명한 평화의 상징 표식을 가슴에 달고 다니고 싶어했다. 1970년대에 이 위원회는 평화연합회를 살려주었다. 100인위원회의 제안에 따라 핀란드 평화연합회는 모든 평화 관련 협회나 단체를 대표하는 중심 조직이 된 것이다.

'평화를 위한 새 출발'—기차역 건물을 이전해 '평화 정거장'을 만든 것은 그 명칭에 부합하는 것이었다. 이 건물에는 핀란드 평화연합회 외에도 100인위원회, 양심적병역거부협회, 국제자원봉사단을 비롯한 여러 회원단체, 그리고 여러 국가와의 우호협회들과 핀란드 우호협회연합이 입주해 있다. 핀란드 평화연합회의 모든 회원단체뿐만 아니라 다른 NGO 단체들도 '평화 정거장' 내에 잘 갖춰지고 안락한 회의시설들을 사용할 수 있도록 했다. 건물의 외관은 수수한 편이며

다른 지역에 있던 기차역 건물을 원형 그대로 옮겨와 지금의 평화연합회 건물로 사용하고 있다.

이곳에서 열리는 이벤트의 광고물들이 걸려 있다.

　이 건물의 이전은 많은 관심을 불러일으켰다. 건물 내부를 수리하는 중에 화재가 발생했는데, 이를 두고 철도청의 한 사서가 "이 건물은 제1·2차 세계대전을 다 견뎌냈는데 평화운동단체의 손에 의해 거의 파괴되었다"라고 비판하는 아이러니한 풍경도 있었다. 그러나 평화운동 자원봉사자들은 힘이 넘치는 의지로 많은 역경을 이겨내고 화재로 파괴된 부분까지 깔끔하게 수리했다. 이 또한 부수적으로 엄청난 대중의 관심을 창출했다.

이 '평화 정거장'은 헬싱키의 중심지에 위치해 있고, 도심의 회색 건물들 사이에서 그 존재가치가 더욱 빛났다. 대부분의 헬싱키 시민들은 '평화 정거장'이 어디에 있는지 잘 알고 있다.

'평화 정거장'은 국제독립평화운동이 '유럽핵군축 캠페인 10년대'를 성공적으로 전개한 1980년대에 널리 알려졌다. 캠페인 기간 동안 이 건물은 대중의 관심을 이끌어주었고 캠페인의 중심적 역할을 했다. 그 후 평화연합회가 전개한 수많은 캠페인에서도 '평화 정거장'은 똑같은 역할을 해냈다. 새로운 세대의 평화운동가들에게도 매우 안락한 그들만의 은신처로 존재하는 이 건물은 진정한 '평화를 위한 정거장'이 되고 있다.

083

깔레 꾸우시매끼 Kalle Kuusimäki
핀란드 교회재원협회 모금담당 이사

공동책임운동

공동책임 운동은 소외된 이웃들에 대해 공동책임을 느끼고 그들을 돕는 대대적인 시민 모금 운동이다.

제2차 세계대전을 통해 핀란드 사람들은 공동책임 정신과 남의 고통을 이해하는 마음을 형성할 수 있었다. 그리고 교회가 더 많은 사회적 책임을 져야 한다고 느끼는 사람이 훨씬 많아졌다. 전쟁이 막 끝났을 무렵 교회 소속 복지단체들의 임무는 해외로부터 원조받은 자금과 물품을 나눠주는 것이었다. 또 다른 중요 임무는 '공동책임운동Common Responsibility Campaign'을 전개하는 것이었다.

1949년 여름 핀란드 교회재원협회Church Resources Agency의 사무총장과 사회부장이 핀란드 동부와 북부지방을 방문하고 그해 흉작과 실업 증가로 야기된 생활환경을 파악해보았다. 상황이 비참했다. 영양실조와 병든 어린이들을 보자 방문자들은 가슴이 아팠다.

"

그래서 그들은 전국적으로 대대적인 모금운동을 시작했고, 매년 계속하기로 결정했다. 공동책임운동이 마치 전시에 온 국민이 참여하는 공출모금으로 여겨진 덕에 빠아시끼비 J. K. Paasikivi 대통령까지 후원자로 끌어들일 수 있었다. 첫해부터 시작하여 매년 이 운동은 대통령의 라디오 또는 TV 연설을 필두로 개막되어왔다.

공동책임운동은 원조자금 모금 외에 도움이 필요한 사람들을 위한 경보장치 역할도 하고 있다. 사회 구석구석에 존재하는, 잘 보이지 않는 약자들에게 눈과 가슴을 열고 도움의 손길을 내민다. 1963년 이후에는 해외원조를 위해 모금해왔고, 매년 원조의 취지와 국가를 바꿔가며 원조자금을 전달했다. 원조하는 대상도 매우 다양하다. 미망인, 난민, 기형아와 에이즈 고아, 알코올 또는 마약중독자, 낙오된 학생, 발달장애아, 노인, 실업자, 빚 많은 채무자, 노숙자, 정신병 환자 등 수없이 많다.

공동책임운동은 매년 다른 사회단체들과 협력해 탁아소, 학교, 교회 등에서의 윤리교육을 지원하기 위한 재원을 마련해주기도 한다. 윤리교육 지원과 해외원조를 위한 모금 외에 정치와 정책에 대한 영향력 행사 로비도 이 운동의 임무다. 1990년대에 교회가 사회적 비판의 목소리를 높였을 때, 가장 대표적으로 알려진 비판자는 교회의 기아단체들이었다. 이들은 공동책임운동이 벌인 '음식은행 프로젝트'의 일환으로 만들어진 단체였다.

공동책임운동이 추구하는 비전으로는 전 기독교회 공통의 교리로서 고통받는 세계에 대한 사랑, 핵심적 사회정의의 주창, 잊힌 사람들을 대변하는 일 등으로 요약될 수 있다. 공동책임운동은 핀란드에서 가장 잘 알려진 대대적인 시민 모금운동으로 자리잡고 있으며, 그만큼 끊임없이 조직의 이미지와 행동양식을 새롭게 하고 있다.

084

한누-빼까 라이호 Hannu-Pekka Laiho
핀란드 적십자사 홍보국장

단식일 운동

단식일 운동에 동참함으로써 핀란드 사람들은
세계 곳곳에서 도움을 필요로 하는 사람들에게
즉각 도움을 주고 있다.

"요즘도 단식일 운동 Operation Hunger Day 에 참여하면 기분이 좋다. 그 운동이 이만큼 퍼져서 너무나 기쁘다."

빼깨네 P lk ne 출신인 82세의 마일리스 꼬르호넨 Mailis Korhonen 할머니는 그렇게 말하며 즐거워했다. 27년 전 해메 H me 지방의 중심지역에서 이 할머니가 모금 행사를 열었는데, 그 규모가 점점 커져 오늘날 핀란드 적십자사가 재난구조기금 Disaster Relief Fund 을 확충하기 위해 매년 주관하는 모금 행사 중 가장 큰 행사가 되었다.

1980년 11월 빼깨네 시 중심가에 적십자기가 펄럭였다. 당시 핀란드 적십자사의 빼깨네 시 지부장이었던 꼬르호넨과 해메 지방의 에르끼 꼬르카마 Erkki Korkama 사무총장이 새로운 모금 방법을 궁리한 끝에 아이디어를 찾아냈다. 즉 뺄깨네 시의 건강한 어른들이 하루 세 끼나 한두 끼를 먹지 않고 기부해 모아진 성금으로 굶는 사람을 돕는다는 것이었다. 꼬르호넨 할머니는 그 당시 상황을 이렇게 말했다.

"사람들을 참여시키기가 그렇게 어렵지는 않았고, 모든 사람이 그 방안에 매우 적극적이었다."

단식일 운동과 재난구조기금은 핀란드의 독특한 창안이다. 단식일 운동에서 모금된 돈은 핀란드 적십자사의 재난구조기금으로 활용되는데, 이 기금으로 적십자사는 전 세계의 재난 발생 지역에 신속하고 효과적인 원조를 보낸다. 또한 중·장기적 후진국 개발협력을 위한 자금 지원과 핀란드 국내 원조활동에 사용된다. 국내외에서 발생하는 어떤 재난에도 즉각 대응케 해준다.

지금도 단식일 운동은 핀란드 적십자사가 재난구조기금을 위해 주관하는 가장 중요한 모금 행사다. 평범한 핀란드 사람들이 세계 곳곳에서 도움을 필요로 하는 사람들에게 도움을 주는 것이다.

이 운동은 장터 같은 곳에 설치한 모금함 방식에서 벗어나 거리, 학교, 직장 등 전국 어디에서나 볼 수 있는 대규모 모금 홍보 캠페인으로 자리잡았다. 2005년의 경우 약 2만 5,000명의 자원봉사자가 거리에서 모금활동을 벌였다. 핀란드 적십자사의 가장 큰 자원봉사 활동이라 할 수 있을 만한 규모다.

1981년 이후 단식일 운동으로 매년 5,500만 유로 이상 모금했고, 이 돈은 핀란드 적십자사가 수많은 재난 피해자들을 돕는 데 사용되고 있다. 1984년 아프리카의 대기근 피난민들에게 원조를 보냈을 때 그들의 고통스런 상황을 지켜본 핀란드 사람들은 이 운동이 얼마나 중요한지를 깨닫고 더 많은 힘을 보탰다. 내란이나 지역분쟁의 희생자,

난민 재정착, 세계 도처의 자연재난 피해자들에게 보내는 원조의 원천으로서! 또한 적십자사의 재난구조기금은 핀란드 국내에서 지원금으로 사용되기도 했는데, 대형 버스사고나 2004년 아시아를 휩쓴 쓰나미와 같은 갑작스런 사고로 피해를 입은 핀란드 사람들에게 지원금이 전해졌다.

핀란드 적십자사는 원조가 필요한 경우 가능한 한 빨리 대응하기 위해 재난구조기금을 운영하고 있다. 이 기금은 언제라도 기부금을 접수할 수 있도록 항상 문이 열려 있고, 보통 후원자는 기부금의 사용 목적을 지정하지 않는다. 그럼으로써 적십자사는 원조 요청을 받은 후 즉각적으로 원조에 나설 수 있다.

원조는 보통 현금과 생필품 형태로 전달되었고, 종종 전문가들을 현지로 보내 도움을 주기도 했다. 이런 목적을 위해 핀란드 적십자사는 의료, 상·하수도 물 관리, 재무관리, 통신 등을 비롯해 모든 분야의 전문가를 500명 이상 리스트를 만들어 유지하고 있다.

재난구조기금 기부금 중 90퍼센트 이상은 민간 기부자들로부터 나오고, 나머지는 기업체나 각종 단체가 기부한다. 적십자사 모금 총액 중 단식일 운동으로 모금한 돈이 재난구조기금에 가장 많이 보태지고 있다. 자발적인 모금은 신속하고 독자적이고 공평한 원조를 보장해준다. 그만큼 적십자사는 도움의 손길이 가장 필요한 곳에, 가장 알맞은 때에 원조를 할 수 있다.

이 조직은 자체 전문가들을 고용해 어떤 형태의 원조가 얼마나 필요한지를 산정하고, 그에 맞게 조직망을 통해 원조하고 있다.

재난구조기금 운영 덕택에 핀란드 적십자사는 땀페레 항구에 물류 보급센터를 갖고 있다. 이곳에는 즉시 선적할 수 있도록 항상 충분한

양의 담요와 의류를 준비해놓고 있을 뿐만 아니라 장비를 완벽히 갖춘 병원 캠프차량 두 대를 대기시키고 있다. 이 기금은 또한 재난지역에 급히 파견되는 구조대원들의 활동과 관련해 발생하는 비용도 모두 충당하고 있다.

핀란드에는 약 200만 개의 사우나가 있다.

사우나는 많은 미신과 전설의 원천으로 신성한 장소라 여겨졌고,

사우나에 대한 신앙적인 애착은 오늘날까지 꿋꿋이 살아 있다.

사우나는 과학과 예술 두 영역에 걸쳐 있으며,

핀란드 문화의 모든 곳에 자리잡고 있다.

085 리눅스

086 문자메시지 서비스

087 인터넷 실시간 채팅

088 화염병

089 핀란드식 품앗이, 딸꼬

090 사우나

091 산타클로스

092 세우라사아리 성탄절 길

093 만인의 권리

094 얼음낚시

095 겨울수영

096 핀란드 스포츠, 뻬시스

097 여성 10킬로미터 달리기

098 노르딕 워킹

099 식기 건조 캐비닛

100 아프리카의 별

제 6 부

핀란드의 일상생활

085

이르끼 까스비 Jyrki J. J. Kasvi
공학박사, 핀란드 의회 의원
핀란드 미래위원회 부위원장

리눅스

리눅스의 가장 혁신적인 면은 기술적인 요소가
아닌 '자발적 참여'라는 사회적인 요소에 있다.

스물한 살의 핀란드 청년 리누스 토르발스Linus Torvalds가 유닉스Unix에 기반을 둔 자신의 PC 운영체제를 개발하기 시작했을 때, 아마도 그는 세계에서 가장 막강한 PC 운영체제 회사인 마이크로소프트에 도전장을 내밀 거라고는 상상도 못했을 것이다. 게다가 전 세계 컴퓨터 열성분자들의 우상이 되리라는 것도!

리눅스LINUX를 개발하게 된 결정적인 순간은 토르발스가 리눅스 첫 번째 버전의 원천코드를 인터넷에 올리고 나서, 누구라도 이것을 다운로드해 사용하고 발전시키도록 허용했을 때였다. 그 대신 토르발스가 요구한 것은 리눅스 사용자들에게 피드백을 보내달라는 것이 전부였다.

그는 산더미 같은 분량의 피드백을 받았고, 곧
바로 90개국 이상에서 리눅스로 작업하는 수
천 명의 자발적 참여자들과 인터넷 망이 형성
되었다. 그 인터넷 망은 리누스 토르발스 없
이는 지향해야 할 방향과 목표를 가질 수 없었
다. 리눅스의 가장 혁신적인 면은 기술적인 요소가 아닌 사회적인 요
소에 있다. 언뜻 보기에 무질서한 것 같지만 자발적 참여자들로 구성
된 '리눅스 사회'는 회원들이 독특한 동기를 갖고 리눅스를 유지·발전
시키기로 약속한 효과적이고 창의적인 조직을 만들 수 있었다.

'리눅스 사회'는 통신기술에 의해 가능해진 새로운 의사소통 조직망
이다. 리눅스의 발전에 참여하는 대부분의 사람들은 실제로 한 번도
만난 적이 없지만 인터넷상에서 서로 소통하면서 활동한다.

리눅스는 '소스 코드 source code'를 개방한 프로그램으로 세계에서 가
장 유명하다. 개방소스 프로그램은 개방소스체제기구 Open Source Initiative
가 설정한 기준을 따라야 한다. 이 기준에서 가장 중요한 원칙은 모든
사람이 프로그램과 그것의 소스 코드에 자유롭게 접근하도록 해야 한
다는 것이다. 그래서 누구나 원하는 대로 프로그램을 수정할 수 있지
만, 수정된 소스 코드에 자유롭게 접근할 수 있어야 하고 추가 수정이
가능해야 한다는 전제가 내포되어 있다.

이것은 상업용 소프트웨어 개발과 크게 대조된다. 일반적으로 상업
용 소프트웨어의 소스 코드는 영업비밀로 철저히 보호되어 외부 유출
을 막을 수 있는 반면, 사용자들이 소프트웨어의 질적 수준이나 안정

335

성을 시험할 수 있는 기회는 원천적으로 봉쇄된다. 리눅스와 같은 범용 개방소스 프로그램에서는 수많은 사람들이 접근해 원천부호를 한 줄, 한 줄 분석해볼 수 있다. 상업용 프로그램의 품질검사보다 훨씬 더 철저한 테스트를 거침으로써 결과적으로 리눅스는 신뢰성과 속도의 신속성으로 유명해졌다. 예를 들어 중국 인민군People s Army에서 리눅스를 사용하기로 결정했는데, 그 주된 이유는 내부 사용자들의 컴퓨터 운영체제가 무슨 일을 하고 있는지 자체적인 감시가 가능하기 때문일 것이다.

리눅스와 다른 개방소스 프로그램은 개발도상국에서 특히 인기가 계속되고 있다. 이는 그곳 사람들이 상업용 프로그램을 구입할 형편이 되지 못하거나, 아직도 사용되고 있는 구식 컴퓨터에서 리눅스가 작동하기 때문이다. 만약 그 속에 필요한 프로그램이 빠져 있다면 그들 스스로 그것을 프로그램화할 수도 있다.

리눅스는 그 자체가 비록 무료 품목이지만, 기업과 상업 서비스를 계속 창출해내고 있다. 예를 들면 IBM, 썬SUN, 노벨NOVELL 등이 자신들의 서버에 리눅스를 사용하고 있으며 몇백만 달러를 투자해 리눅스를 발전시켜나가고 있다. 휴대전화나 비디오 레코더와 같은 내장 시스템에서도 리눅스를 사용하고 있다. 뿐만 아니라 세계에서 가장 속도가 빠른 컴퓨터 500대 중 70퍼센트가 리눅스를 운영체제로 사용하고 있다는 사실은 놀라운 일이다.

한편으로 리눅스는 개인용 컴퓨터에서 거의 사용되지 않는데, 프로그램 설정에 상당한 수준의 전산기술이 필요하기 때문이다. 프로그램 설정을 손쉽게 할 수 있는 보급용 리눅스 패키지를 개발했지만, 아직도 간단하지는 않다고 한다.

　최근에 리눅스와 다른 개방소스 프로그램들은 정치적인 이슈를 제
기하기도 했다. 공공기관이 자료 시스템을 운용하는 데 상업용 소프트
웨어 회사의 제품에만 의존하고 있다고 비판한 것이다. 해결되기보다
는 교착상태가 이어지는 가운데 개방소스 프로그램은 더욱 일반화될
것으로 예상된다. 그와 동시에 상업용 소프트웨어 회사들이 자사 제품
의 호환성, 심지어 개방소스 프로그램과의 호환성을 계속 향상시켜나
갈 것이다.

086

마띠 마꼬넨 Matti Makkonen
이동전화 서비스 선구자

문자메시지
서비스

핀란드는 문자메시지 천국이다.
우리가 미처 상상하지 못했던 영역의 문제들까지도
문자메시지로 해결한다.

오늘날 전 세계적으로 30억 명이 넘는 휴대전화 사용자가 업무상 혹은 개인적인 용무로 문자메시지 서비스Short Message Service, SMS를 애용하고 있다. 문자메시지 서비스의 가장 중요한 특징은 메시지의 직접성, 속도, 그리고 간결성이다. 문자메시지는 수신자에게 방해를 주지 않고 전달될 수 있고 적절한 때에 답을 보낼 수 있다는 점에서 효율적이면서도 상대방을 배려하는 의사소통 수단이라고 할 수 있다.

　문자메시지를 주고받는 아이디어는 여러 단계를 거쳐 탄생했다. 문자메시지 서비스의 원조라고 할 수 있는 것들 중 하나는 이메일과 휴대전화가 생기기 전인 1980년대까지 흔히 사용되었던 텔렉스telex다. 그리고 또 하나의 원조는 1980년대 초기에 유행했던 무선호출장치

paging system다. 그 후 무선호출기beeper로 문자를 받을 수 있었지만 이래라저래라 하는 일방통행식인데다 운영자를 통해서만 전달될 수 있었기에 사용하기가 어색했고, 고객과 운영자 모두에게 비싼 편이라 더 이상 발전하지 못했다.

북유럽 이동통신회사Nordic Mobile Telephone, NMT가 큰 성공을 거두자 북유럽 국가들의 전화통신 당국은 미래의 디지털 이동통신을 개발하기 위해 1981년 'FMK'라는 합동 실무그룹을 구성했다. 공학자들이 모여 주머니에 넣을 수 있는 다목적 전화기 개발을 목표로, 그야말로 일상생활에서 유용한 무선통신기술 개발에 열성적으로 착수했다. 그러나 당시에 많은 사람들은 포켓전화 개발을 우스갯소리로 여겼다.

나는 휴대전화로 짧은 문자메시지를 주고받는 것이 유용한 서비스가 될 것임을 진작에 깨달았다. 그런 생각을 갖고 1980년대 초 코펜하겐에서 개최된 '노르딕 사업Nordic Projects' 전문가 그룹 회의에 참석해 왔다. 1982~1984년 전문가 그룹 회의에서 핀란드의 공학자이자 나의 동료인 유하니 따피올라Juhani Tapiola, 셉뽀 띠아이넨Seppo Tiainen과 함께 열띤 논의를 계속했다. '노르딕 사업'의 전문가 그룹 회의가 열릴 때마다 우리 세 사람은 사전에 철저히 연구해 미래의 이동통신 FMK의 핵심이 될 거라고 믿는 기술 특성들을 논의했다.

유하니 따피올라는 어렵게 보였지만 문자메시지를 무선호출기로 직접 보내는 문제에 관심이 많았고, 나는 포켓전화를 통한 문자메시지에 강한 신념을 갖고 있었으며, 셉뽀 띠아이넨은 이런 추상적인 생각들을 구체적으로 어떻게 실현시킬 것인가를 포착하는 데 집중했다. 우선 우리는 미래의 시스템이 휴대전화에서 무선호출기로 번호를 눌러 메시지를 보낼 수 있어야 한다는 데 일차적 결론을 도출했다. 유하니 따피

올라가 프로그램 입력이 가능한 휴렛패커드 계산기를 주머니에서 꺼내 조금만 조작하면 메시지를 입력하는 데 필요한 버튼의 개수를 쉽게 증명해 보였다. 곧이어 나도 무선호출기가 아닌 휴대전화로도 메시지를 수신할 수 있고, 따라서 무선호출 시스템이 필요 없다는 것을 알아냈다. 우리는 흥분된 기분을 감추지 못했다. 드디어 메시지를 문자화하는 데 사용할 수 있는 여러 방법을 목록으로 만들었고, 핀란드어로 떽스티내뺄린tekstin pellin(문자 누름판)'이라고 이름 붙여진 문자 서비스를 발명해냈다.

물론 그 당시 우리는 15년이 지난 오늘날 문자메시지가 전 세계 어디에서나 회사 업무용뿐만 아니라 가정에서, 그리고 어린이들까지 매일 사용하는 도구가 되리라고는 상상도 못했다.

'FMK 사업'이 현대적 이동통신의 첫 시스템을 개발하고 있을 무렵, 국내적 또는 국제적으로 각기 다른 연구개발팀에서도 유사한 노력을 기울였다. 프랑스-독일 합동개발팀에서도 문자메시지가 연구되었다. 유럽 각국의 여러 팀이 노력해 거둔 성과가 점차 하나의 GSM Group Special Mobiles 시스템 조직으로 이전·통합되면서 '짧은 (문자)메시지 서비스SMS' 분야에서는 프랑스-독일의 제안이 최종 기술표준으로 만들어졌다.

문자메시지 서비스는 급속한 기술 발전, 자유로운 정보의 공유, 새로운 서비스와 시스템을 세밀화하려는 공동의 노력, 그리고 많은 전문가들의 사심 없는 노력이 있었기에 가능했다. 1970년대와 1980년대 초기에 국제 전자통신 개발 분야에서 일한 사람들은 자유로운(무료) 아이디어 공유를 미덕이자 절대적인 필수사항으로 여겼다.

사회적 창안 중 하나로 문자메시지 사용은 아직도 핀란드의 것이라고 말할 수 있다. 1990년대 중반 드디어 휴대전화 고객들에게 문자메시지 서비스가 유용해지면서 핀란드는 이동전화 서비스 보급에서 선도적인 국가가 되었다. 1996년 크리스마스 때에는 휴대전화 사용자들이 이전처럼 크리스마스카드를 주고받으며 인사를 나누는 대신 이동통신망이 다운될 정도로 문자메시지 서비스를 많이 이용했다. 이러한 예를 보면 훗날 어느 곳에서라도 이와 같은 획기적인 일이 일어날 수 있지 않을까 생각한다.

087

야르꼬 오이까리넨 Jarkko Oikarinen
공학박사
인터넷 실시간 채팅 개발자

인터넷
실시간 채팅

전 세계인들의 커뮤니케이션에 일대 혁명을 일으킨
인터넷 실시간 채팅은 핀란드의 한 대학에서 시작되었다.

인터넷 실시간 채팅 Internet Relay Chat, IRC은 1988년 8월 핀란드 오울루 대학교 정보처리학과에서 탄생되었다. 당시 나는 전기공학과 학생으로, 3학년을 막 시작할 무렵 정보처리학과에 여름방학 견습생으로 가 있었다. 지도교수인 헤이끼 뿟꼬넨 Heikki Putkonen 교수가 모뎀 또는 대학교 컴퓨터 망을 통해 누구나 무료로 사용할 수 있는 게시판 체계 Bulletin Board System인 오울루 박스 Oulu Box의 관리를 나에게 맡겼다. 오울루 박스의 다른 사용자들도 읽을 수 있는 메시지를 그곳에 남겨놓음으로써 그들과 토론을 할 수 있는데, 대학교 컴퓨터 망으로 누구나 접근할 수 있기 때문에 많은 사용자들이 동시에 오울루 박스에 남아 있을 수 있었다.

나는 원래 오울루 박스 내에서 실시간 토론을 할 수 있는 솔루션으로 인터넷 실시간 채팅을 개발했다. 이것은 유까 필_{Jukka Pihl}이 개발했던 MUT_{Multi-User Talk} 프로그램의 영향을 받았다. MUT 프로그램은 잠시 동안 오울루 박스의 실시간 채팅 프로그램으로 사용되다가 내가 개발한 인터넷 실시간 채팅으로 대체되었다.

인터넷 실시간 채팅은 처음부터 분산방식 시스템(컴퓨터 용어)이었기 때문에 다수의 서버들이 하나의 공동망을 형성할 수 있었다. 각 사용자는 서버에 연결되고, 서버들이 사용자들 사이의 메시지를 중계하는 것이다. 그래서 인터넷 실시간 채팅 망은 여러 개의 대등한 서버들로 구성된다. 이처럼 실시간 분산 중계가 가능한 동시에 중앙 통제가 없다는 점이 아마도 인터넷 실시간 채팅이 인기를 끈 가장 중요한 기술적 이유인 것 같다. 이것이 당시에 몇 가지 다른 인터넷 채팅 프로그램과 비교될 수 있는 결정적인 요인이었다.

인터넷 실시간 채팅은 제일 먼저 핀란드 내에서 퍼져나갔다. 헬싱키 공과대학, 땀페레 공과대학, 위배스뀔래 대학교, 땀페레 기술대학이 오울루에 이어 인터넷 실시간 채팅 서버를 설치했다. 핀란드 밖에서 맨 먼저 인터넷 실시간 채팅 망에 가입한 곳은 미국의 덴버_{Denver} 대학교와 오리건_{Oregon} 주립대학교였고, 그 후 미국 전체로 급속히 확산되었다. 현재 수많은 사람들이 '개방소스 소프트웨어 개발' 원칙에 따라 인터넷 실시간 채팅의 발전에 활발히 참여하고 있다.

처음에는 오울루 대학교 전기공학과는 물론이고 많은 대학교와 학부에서 인터넷 실시간 채팅 사용을 금지했는데, 이는 인터넷 실시간 채팅 사용자들이 너무 오랫동안 컴퓨터 단말기를 점령한 탓에 다른 학생들이 컴퓨터를 사용할 수 없게 만들었기 때문이었다. 인터넷 실시간 채팅의 가치와는 다른 문제였던 것이다.

1991년에는 이스라엘과 같은 나라의 일반인들이 인터넷 실시간 채팅을 사용해 제1차 걸프전 소식을 전 세계 방방곡곡에 전파하기도 했다. 요즘 인터넷 실시간 채팅은 세계적으로 수백만 명의 개인생활에 영향을 미치고 있다. 인터넷 실시간 채팅을 통해 수많은 사람들이 평생의 반려자를 찾아 만나고 있으며, 많은 정치적·사회적 소수민족들 또는 남녀별 소수 그룹들이 독자적인 사회community를 형성해 같은 생각을 가진 구성원들끼리 자유롭게 토론할 수 있게 되었다.

오늘날 수백 개의 지역적 또는 범세계적 인터넷 실시간 채팅 망이 존재하고 있으며, 그 사용자는 수백만 명에 이르고 있다고 한다.

088

헤이끼 꼬스키|Heikki Koski
1975 핀란드 내무부 장관
1982~1994 알코(ALKO) 사 사장

화염병

소련의 침공에 대항해 핀란드에서
만들어진 화염병은 일명 '몰로토프 칵테일'이라 불린다.

1939년 가을, 겨울전쟁이 발발하기 몇 주 전 핀란드 국방부는 주류전
매회사인 알코Alko 사에 트럭 한 가득 빈병을 주문했고, 전쟁이 시작된
후에는 그런 주문이 더 잦았다. 그러자 당시 공과대학 출신 엔지니어
로 알코 사의 중앙공급처장이었던 마띠 인끼넨Matti Inkinen은 국방부의
오이바 올레니우스Oiva Olenius 소장에게 그 빈병들이 어디로 갔느냐고
물어보았다. 대답은 육군이 전선에서 쓸 화염병 폭탄을 만드는 데 빈
병을 사용했다는 것이다. 그 병들은 핀란드가 전쟁에서 대전차 방어를
위해 쓸 수 있는 유일한 수단이었다. 군인들이 병을 채우려면 비록 시
간이 많이 걸리고 복잡하긴 했지만, 화염병 폭탄의 효과가 이미 증명
되었기 때문이다.

그 당시 전쟁으로 인해 알코 사의 주류상점들이 문을 닫아 주류공장에서도 술을 병에 주입하는 라인 가동이 사실상 중단되었고 근로자들도 전선에 투입되어 있었다. 그래서 인끼넨 처장은 알코 사가 핀란드군을 도울 수 있다고 생각했다. 곧바로 라야매끼Rajam ki에 있는 알코 사 공장은 알코올, 휘발유, 경유와 타르를 섞어 만든 화염병 폭탄을 생산하기 시작했다. 이 화염병 폭탄은 당시 러시아 외교부 장관의 이름을 따서 '몰로토프 칵테일Molotov Cocktail'이라는 별명을 갖게 되었다. 연료인 경유는 모두 군이 조달했고 연료 점화에 필요한 벵골Bengal 화약심지는 다섯 곳의 성냥공장, 특히 뽀리Pori 지방의 성냥공장에서 주로 공급했다.

이렇게 선구자들이 만든 '화염병 폭탄', '가방 폭약', '상자 지뢰' 등은 특히 전쟁 초기에 크게 부족했던 대전차 포탄을 대신해 사용되었다. 당시 국방부 장관이었던 유호 니우까넨Juho Niukkanen은 자신의 회고록에서 '굉장히 용감해야 던질 수 있는 이런 엉성한 도구들에 맞아 적군의 탱크 중 절반 이상이 파괴되었다'라고 썼다. 실제로 화염병의 파괴력은 대단했다. 비록 직접 명중시키지 못하더라도 병이 한번 터지면 점화심지가 연료에 불을 확 붙여 결국 탱크는 화염에 휩싸여 파괴되었다.

나중에는 연료를 혼합하는 기술이 더욱 발전해 탱크 표면에 더 적중할 수 있는 액체무기가 만들어졌고 점화장치도 향상되었다.

러시아와의 겨울전쟁 동안 부녀자 87명과 남자 다섯 명이 근무했던 라야매끼 공장에서는 무려 54만 2,192개의 화염병 폭탄이 생산되었다. 그 때문에 라야매끼 공장은 러시아군의 공격 표적이 되어 결국 폭파되고 말았다. 아마도 초기에 만들어진 화염병 뚜껑에 '알코-라야매

끼'라는 주소가 또렷하게 표기되어 있어 적군이 공격목표를 쉽게 찾아

냈을 것이다.

089

레이노 예르뻬 Reino Hjerppe
정부 경제연구소 소장

핀란드식
품앗이, 딸꼬

보상을 바라지 않고 이웃 간에 큰일을
서로 돕는 '딸꼬' 전통은 공동체의 결속을 다지는 데
중요한 역할을 해왔다.

핀란드 사회에는 '딸꼬Talkoot(핀란드식 품앗이라고 할 수 있다 —옮긴이)'
라고 하는, 자발적으로 남의 일을 돕는 전통이 있다. 이것은 하나의 생
산방식이자 사회상조다. 일반적으로 '딸꼬'는 노동력이 많이 필요한
크고 중요한 일을 완결해주는 것이 목적이며 주로 이웃과 친지, 친척
들이 참여하고 있다.

'딸꼬' 역할에서 꼭 필요한 요소는 완전히 자발적이어야 하고 돈이
오가서는 안 된다는 것이다. 또한 보답으로 어떤 호의를 베풀어야 하
는 직접적인 의무도 없다.

전통적으로 핀란드에서는 큰일을 마쳤을 때 '딸꼬' 참여자들에게 음
식과 술을 대접하고, 대개는 사우나가 곁들여지고, 가끔은 춤과 노래

로 이어져 함께 즐기는 계기가 되었다. '딸꼬' 전통은 생산 증대와 생산성 향상에 크게 영향을 끼쳤고, 공동체 정신을 강화시켜주었다.

아마도 '딸꼬' 일꾼들이 거들어주지 않는 곳은 없었을 것이다. 그중 가장 흔한 경우는 곡식 추수, 건초 묶기, 감자 거두기와 같은 농사일이었다. 또한 건축에서도 '딸꼬' 일꾼들의 역할이 컸는데 목재 운반, 담장과 지붕 올리기, 호수와 바다에 보트를 내리거나 보관하기, 땔감 장만 등이 전형적인 예다. 주로 남자들이 건축에 관여했고 모직물을 짜거나 다듬는 일은 여자들 몫이었다. 하지만 추수, 아마亞麻 거두기, 탈곡 등을 할 때는 모두가 함께 일했다.

'딸꼬' 전통은 특별한 보상 없이 공동체 내에서 집단적인 일에 이웃들이 서로 돕는다는 무언의 합의에 근거한 것이다. 이 전통은 혼자 해내기 힘들고 일손이 많이 필요한 개인이나 집안의 큰일을 치르는 효과적인 방편이 되어왔다. 단기간에 끝내야 하는 추수나 건초 묶기의 경우 '딸꼬' 일꾼들의 손길이 더욱 필요했다. 사실 핀란드의 기후조건에서 건초 묶기는 2주일 안에 마쳐야 하기 때문이다.

지역마다 부르는 이름이 다르지만, 젊은 처녀들이 바느질을 하고 청년들이 방문하는 젊은이들의 저녁 모임도 일종의 '딸꼬'라고 할 수 있다. 핀란드 남서지방의 상부상조는 약간 달랐는데 목초지의 건초 만들기, 그리고 추수와 탈곡을 정례적으로 다른 마을에 거주하는 친척 집안별로 돌아가며 도와주는 형태였다. 또 하나의 '딸꼬'로 집안 잔치를 서로 돕는 전통도 있었다. 마을 사람들이 잔치 음식을 함께 준비하고 실제로 필요한 여러 가지 일을 서로 도운 것이다.

090

라쎄 비이니까 Lasse Viinikka
핀란드 사우나협회 회장

사우나

사우나에서 태어나 사우나에서
죽는다는 말이 있을 정도로
사우나는 핀란드인들의 삶 깊숙이 자리잡고 있다.

오늘날 핀란드에는 약 200만 개의 사우나Sauna가 있다. 핀란드 국민 모두가 동시에 들어갈 수 있을 만큼의 숫자다. 핀란드의 사우나는 농촌에서 시작되었지만 오래 전에 이미 공중사우나 형태로, 다음에는 도회지 주택의 개인 시설 형태로 모든 도시에 퍼져나갔다. 요즘은 원룸 아파트에도 사우나가 설치되고 있다.

핀란드는 세계에 다른 무엇보다도 사우나로 널리 알려져 있다. 전 세계 100여 개국 언어에서 핀란드어 '사우나'는 그대로 차용되고 있다. 사실 핀란드 사람이 사우나를 발명해냈다고 말하지는 않더라도 사우나를 대하는 마음자세는 항상 독특했다. 사우나는 많은 미신과 전설의 원천으로 신성한 장소라 여겨졌고, 사우나에 대한 신앙적인 애착은

핀란드 사람들은 보통 열흘에 한 번 정도 사우나를 즐기며 특별한 휴식의 시간을 갖는다.

오늘날까지 꿋꿋이 살아 있다. '사우나에 들어가면 마치 교회 안에 있는 것처럼 행동하라'는 속담이 있을 정도다.

사우나는 과학과 예술 두 영역에 걸쳐 있으며, 핀란드 문화의 모든 곳에 자리잡고 있다. 그동안 사우나의 생리학적·의학적 효능에 관한 약 20개의 박사학위 논문과 수백 권의 출판물이 발간되었다. 당연히 사우나는 음악과 시각예술의 주제가 되어왔을 뿐만 아니라 핀란드의 민족서사시 『깔레발라』에도 10여 군데나 등장하고 있으며, 핀란드의 모든 중진 작가들이 사우나 안에서의 목욕을 묘사해왔다고 할 수 있다. 남자 사회자 두 명이 유명 인사들을 초청해 함께 사우나를 하면서 진행하는 TV 토크쇼가 수년간 인기리에 방영되었는데, 수십 명의 장관과 의원이 수건 한 장만 몸에 걸치고 출연했다. 현재 핀란드 대통령인 따르야 할로넨도 당시 외교부 장관으로 출연한 적이 있다.

전형적인 농촌의 사우나 형태는 대량 생산되는 회사 제품의 사우나 형태와 크게 다르지만, 사용 절차는 수세기 동안 변함이 없다. 뜨거운 곳과 차가운 곳을 번갈아 오가는 것이 기본이다. 처음에는 섭씨 80도, 심지어 100도까지 데워진 난로가 있는 사우나 방에 앉아 10~15분을 보낸다. 사우나 방의 난로에 채워져 놓여 있는 자갈이 뜨거워지고, 그 위에 물을 끼얹어 순간적으로 증기가 내뿜어지면서 사우나 안이 점점 더 뜨거워진다. 이 뜨거운 증기를 핀란드어로 '뢰일리l yly'라고 한다. 사우나를 하는 사람들은 잎이 달린 가는 자작나무 가지를 묶은 다발로 몸을 두드리기도 한다. 그러고 나서 밖으로 나와 몸을 식히는데, 샤워나 수영을 하고 때로는 눈 위에서 구르기도 한다. 뜨거운 곳과 차가운 곳을 원하는 만큼 계속 오갈 수도 있지만 보통은 두세 번 정도 반복한 다음 샤워하는 것으로 사우나를 끝낸다.

핀란드 사람들은 보통 태어난 지 약 20주가 되었을 때 사우나를 처음 접하고 신체에 무리를 주지 않는 한 오랫동안, 그리고 열흘에 한 번 정도 사우나를 즐기고 있다고 한다. 예전의 핀란드 사람들에게 사우나는 출산할 때, 요리할 때나 옷을 만들 때, 병간호를 할 때, 죽은 사람을 떠나보내려 할 때 등 경조사의 중요한 일부분이었다고 한다. 그러나 요즘 사람들은 휴식을 취하는 방법의 하나로 사우나를 즐기고 있다. 사우나의 위대한 친구라고 할 수 있는 우르호 케꼬넨 전 대통령은 수많은 핀란드 사람들이 사우나에 대해 느끼는 감정을 이렇게 요약했다.

"사우나를 하면서 나는 신체적으로 느슨해지지만 정신적으로는 더 강해진다. 고요한 분위기가 조화를 이루어낸다. 나에게 사우나 없는 삶이란 전혀 불가능할 것 같구나!"

091

유하 니르꼬 Juha Nirkko
핀란드 문학협회 연구원

산타클로스

핀란드의 산타클로스는 하나의 브랜드다.
핀란드인들은 노키아만큼이나
산타클로스에 대해 각별한 자부심을 느낀다.

성탄절 전야가 되면 전 세계 수백만 어린이들은 하얀 수염에 빨간 옷을 입은 인자한 할아버지를 기다린다. 그런데 핀란드에서 산타클로스가 선물을 주는 것은 그리 오래되지 않았다. 산타클로스의 핀란드어인 요울루푸끼 *joulupukki* 는 '크리스마스 염소'라는 의미인데, 인자한 할아버지보다 앞서 존재했던 동물—번식력과 악귀의 상징인 염소를 아직도 연상케 해준다. 옛날에 이집 저집 방문하는 축제 행렬에 끼여 선물을 주는 것이 아니라 오히려 음식을 받아먹는 뿔 달린 염소 말이다. 유럽의 중세 전통을 들여다보면, 악귀를 쫓는 의식으로 신년 축제에 동물들이 등장하는데, 염소가 그런 동물들 중 하나가 된 지는 꽤 오래되었다.

핀란드에서는 20세기에도 사순절 축제에 염소가 등장했다. 동북부 지방의 '께크리Kekri'라는 추수감사절에도 염소광대가 빠지지 않고 등장했는데, 이 염소광대는 털 깎는 가위를 변형해 만든 코를 달고 어린 아이들을 놀래주기도 하고 '먹을 것을 주지 않으면 난로를 뒤집겠다!'며 겁을 주기도 했다. 서부지방의 '성 토마스 날'에는 리수–뚜오마스Risu-Tuomas라는 광대가 가면을 쓴 청년 일당을 끌고 이 동네 저 동네로 다니며 '집에 나쁜 아이가 있느냐?'고 묻거나 마실 것을 요구하는 식으로 겁을 주기도 했다. 성탄절 전야에도 자작나무 껍질 가면을 쓰고 수염과 뿔이 달린, 그래서 진짜 염소와 같은 성탄절 염소가 등장했다. 어린이들은 염소를 따라 이집 저집 다니며 춤도 추고 염소에게 주는 먹을 것과 마실 것을 나눠 먹었다. 집에 있는 주민들은 누군가가 살짝 열린 문 사이로 던져주는 선물을 받기도 했다.

해메 지방의 청년들은 '성 스테판 날'에 여러 집을 다니며 '스테판 나와!'라고 소리를 질렀고, 염소 행세를 하는 이는 털옷을 뒤집어 입고 나무 뿔과 자작나무 다발 꼬리를 달았다. 까렐리아에서는 성탄절과 주현절Twelfth Night 사이에 스무우따smuutta 또는 로파꼬ropakko라는 광대가 돌아다니면서 목소리와 말씨를 바꿔 알지 못하게 하고는 남의 집에 들어가 변장한 것을 기화로 해묵은 다툼을 해결하기도 했다. 남서부지방에서는 주현절이 지난 다음 누우띠푸끼nuuttipukki라는 염소광대가 집집마다 돌아다니며 집에서 만든 맥주를 달라고 보채고, 주지 않으면 술통 마개를 열어버렸다.

전설에 따르면 '성 니콜라스'는 터키 남서부 미라Myra 지방의 주교

전 세계 수많은 어린이들이 산타클로스가 어디에 살고 있는지 궁금해한다. ▶

를 지내며 동방과 서방 교회 양쪽의 존경을 받았다고 한다. 특히 그는 선원, 어부, 상인과 섬사람들의 보호자로 뽑혔는데 북유럽에서는 중세에, 핀란드에서는 12세기 이후에 가톨릭의 가장 중요한 성인이었다. 그 후 그는 핀란드에서 더 중요한 인물이 되어 새들의 보호자, 북방의 영주Master of the North, 숲의 신이 되었다.

그러나 세계적으로 가장 널리 알려진 성 니콜라스는 미국에서 만들어진 성 니콜라스의 산타클로스 버전이다. 그림에서 성 니콜라스는 종종 붉은 망토를 입은 모습으로 묘사되었고, 12월 6일 '성 니콜라스 날'에는 어린이들에게 사탕을 나눠주는 사람으로 그림에 나타났던 것 같다. 성 니콜라스는 네덜란드의 신교도들에 의해 미국의 뉴암스테르담(뉴욕)과 여러 지방으로 전파되었는데, 그곳에서 19세기에 점차 산타클로스—성탄절 가게와 선물의 후원자 역할을 하는 성인, 순록들과 함께 하늘을 날아 한밤중에 굴뚝을 타고 내려가 어린이들에게 성탄절 선물을 주는 동화의 주인공으로 변신하게 되었다. 옛 영국의 파더 크리스마스Father Christmas, 신교 독일의 바이나하쯔만Weihnachtsman, 러시아의 데드 모로즈Ded Moroz는 모두 성 니콜라스에서 일부 전래된 것이고, 핀란드의 산타클로스 역시 같은 형제관계의 일부다.

핀란드 동부의 라플란드 지방에 '귀의 산Ear Fell'이라는 뜻의 꼬르바뚠투리Korvatunturi로 불리는 산이 있다. 이름이 말해주듯, 이 산은 아이들이 올바르게 행동하는지 아닌지 잘 들을 수 있다고 한다. 1920년대에 어린이 라디오 프로그램의 인기 진행자 마르쿠스 라우띠오Markus Rautio는 어린이들의 올바른 품행을 얘기하며 산타클로스가 확실히 꼬르바뚠투리에 산다는 믿음을 전했다. 그때 핀란드 초등학교에서도 어린이들에게 똑같은 얘기를 해준 것이 성탄절과 산타클로스의 전통이

사방에 퍼지는 데 일조했다. 당시에 벌써 산타클로스는 결혼을 했고 뿔이 사라졌지만, 아직 양털 옷을 입고 이집 저집 돌아다닐 수 있었으며 조수 노릇을 하는 일단의 꼬마요정을 데리고 다닐 수 있었다. 이 꼬마요정들은 핀란드 민속에 나오는 집과 건물을 보호하는 동물과 비슷한 것으로, 일찍이 선행을 장려하는 역할을 맡아 어린이들의 행동을 관찰하기에 안성맞춤이었다.

1930년대 초기에 코카콜라의 성탄절 상품 광고 기획에 미국인 헤이든 순드블롬 Haddon Sundblom 은 기본적 서양문화의 형상으로 빨갛고 땅딸막한 모습의 산타클로스를 설정했다. 그분의 아버지는 핀란드의 올란드 출신으로, 성탄절과 산타클로스의 상업화에 핀란드가 초기에 한몫했음을 부인할 수 없을 것이다. 오늘날 산타클로스는 전 세계를 통틀어 하얀 털 장식을 한 빨간 옷을 입는데—몇 차례에 걸쳐 산타클로스의 겉모습을 공식적으로 규정하려 했지만—핀란드도 예외가 아니다. 심지어 산타클로스를 위한 전문 강좌에서 개별 가정을 방문하는 방법과 산타클로스가 등장하는 각종 광고, 홍보, 판촉 요령 등을 교육받기도 한다.

사람들은 모두 성탄절 선물을 가져다주는 사람이 먼 북쪽의 신비한 곳에 산다고 생각한다. 그러나 산타클로스가 북극에 사는지 혹은 캐나다, 노르웨이, 스웨덴 아니면 핀란드의 로바니에미에 사는지는 수많은 어린이들이 궁금해하는 사항이다. 세계 도처의 어린이들이 매년 수많은 성탄절 편지를 보내고, 그래서 북쪽 지방 상인들을 바쁘게 만들고 있다. 물론 핀란드 사람들은 산타클로스의 고향이 핀란드의 꼬르바뚠투리이고, 관광객들의 진짜 성탄절 방문지는 핀란드의 라플란드 지방에 위치할 수밖에 없다고 확신한다. 이러한 확신은 다른 나라에 더 넓게 퍼져 있다. 하얀 눈, 순록들이 사는 북방의 자연, 그리고 한겨울의 어둠—이들 모두가 산타클로스를 위한 훌륭한 배경이다. 선물을 만들고 배달하는 신비한 인물, 때로는 낯설고 때로는 친근하게 와닿는, 그리고 어린 시절의 두려움과 희망이 그 속에서 교차했던 인물이 바로 산타클로스다.

092

마르야리이사 까우삐넨 Marjaliisa Kauppinen
'성탄절 길'의 창시자

세우라사아리
성탄절 길

성탄절 길 행사는 핀란드의
모든 어린이들에게 그 옛날 동화 같은 분위기의
성탄절을 선물하고자 기획되었다.

모든 사람이 산타클로스는 핀란드에서 오는 줄 알고 있다. 그리고 세상의 모든 어린이처럼 핀란드 어린이들도 성탄절을 준비하면서 선물을 기다리고 산타클로스를 돕는 도우미가 되고 싶어한다. 그런데 핀란드의 성탄절에는 특별한 무엇이 하나 더 있다.

요즘 아이들, 특히 대도시에 사는 어린이들은 동화 같은 성탄절 분위기와 과거의 전통을 경험하지 못하는 것 같아 너무나 안타깝다. 그래서 우리는 헬싱키에서 어린이들을 위한 성탄절 행사를 열어주면 어떨까 고민했다. 어린 시절 우리가 만끽하고 즐겼던 모든 것을 함께 가져다놓으면 더욱 좋겠다는 생각도 했다.

이런 아이디어는 불과 10여 년 전에 두세 사람이 창안해냈다. 처음

엔 이것을 헬싱키 교외에 있는 세우라사아리Seurasaari 섬의 '옥외 박물
관'에서 여러 행사를 주관하는 세우라사아리 재단에 위촉하려 했지만
재단 측은 관심을 보이지 않았다. 우리는 단지 공식적인 기관으로부터
지원을 받지 못한다고 이 훌륭한 생각을 포기할 수는 없었다. 그래서
관심 있는 사람들과 단체들을 결집해 비공식적인 방법으로나마 실행
키로 했다. 우리가 필요로 했던 것은 이 생각에 대한 절대적인 믿음과,
그것을 관철하려는 열정뿐이었다.

이 일을 처음 추진한 사람은 두세 명이었지만 이들은 다양한 '정보
망'을 가동해 친구, 이웃, 대학교와 헬싱키 시 당국, 국가유물위원회,
NGO 대표들, 교육기관과 교회 등과 접촉해 그 뜻을 전파했다. 이러한
사명을 띤 작업이 1년 정도 계속되었고, 어린이가 있는 가정을 위한 비
상업적인 성탄절 이벤트를 마련한다는 아이디어가 드디어 가치를 인
정받아 상당수의 개인 참여자와 기관 참여자를 확보하게 되었다.

처음부터 '성탄절 길'은 성탄절 직전 마지막 일요일에 하루만 행사
를 연다는 계획은 분명했지만 행사장을 찾기가 쉽지 않았다. 우리는
지난 시절을 떠올리려면 경치 좋은 야외에서 행사를 열어야 하고, 그
런 측면에서 세우라사아리의 옥외 박물관이야말로 최적의 장소라고
생각했다. 우리의 제안에 모든 사람이 기발한 아이디어라고 여기진 않
았지만, 드디어 우리가 그 기회를 잡자 모두가 두 손을 들어 환호했다.
우리에게 이 사업을 위한 돈은 한 푼도 없었지만, 모든 연줄을 동원해
헬싱키 시 당국으로부터 물건 구입과 운송 등을 위한 재정 지원을 어
느 정도 받아낼 수 있었다.

만약 이 행사를 선전하기 위해 스폰서를 찾았다면 훨씬 더 수월했겠
지만, 우리는 그것을 원치 않았다. 다행히 몇몇 협찬기관을 찾아냈고,

크리스마스 시즌이면 세우라사아리 섬 입구에 성탄절 길이 열리고, 수많은 인파가 그 길을 다녀간다.

그들은 우리의 생각을 믿었을 뿐 자신들의 이익을 따져 지원하지는 않았던 것 같다. 우리가 원한 것은 돈이 아니라 장비와 전문적 식견, 그리고 자원봉사였다. 그들 덕분에 운송, 전기, 교통안내원, 휘황찬란한 조명과 홍보 포스터, 어린이들에게 무료로 나눠줄 성탄절 죽(우유에 끓인 쌀죽)과 생강 비스킷 등을 확보할 수 있었다. 홍보예산이 따로 없었기에 홍보에서도 훌륭한 협찬을 받았다. 많은 사랑을 받고 있던 동화책 삽화가 마이야 까르마 Maija Karma가 동화 『성탄절 숲』에 나오는 그림—우리가 탁아소나 학교에 기증한 포스터에 사용했던 그런 그림을 그려주었다. 그리고 우리가 특히 감사해야 할 분으로 유력 전국 일간지 〈헬싱긴 사노마트 Helsingin Sanomat(헬싱키 신문)〉의 이사 한 분을 꼽을 수 있는데, 곧 개막될 '세우라사아리 성탄절 길'에 관한 글을 행사 며칠 전에 써주었다.

　그럼 '성탄절 길'은 방문객들에게 무엇을 제공하는가? 길을 따라 노래와 음악 연주, 동화 들려주기, 놀이 코스, 연극, 짚단으로 만든 미로, 물론 산타클로스도 있었다. 또한 내가 기억하기로 첫해에는 말이 끄는 썰매도 있었다. 처음부터 우리는 어린이들이 참여하기를 바랐기 때문에 아이들이 만든 크리스마스트리 장식물, 성탄절 죽을 먹는 데 필요한 그릇, 숟가락 등을 가져오게 했다.

　야외행사를 준비하는 데 따르는 위험부담도 있었지만 다행히 날씨는 우리 편이었다. 금요일에 비가 억수같이 왔지만 '성탄절 길'이 열리는 일요일에는 행사장이 눈으로 뒤덮였고 세우라사아리에 이르는 다리에는 수많은 인파가 몰렸다. 아이, 어른 할 것 없이 모두 '성탄절 길'을 즐겼다. 가장 놀라웠던 점은 이윤을 추구하는 요즘과 달리 모든 것이 무료였고 그 후에도 늘 그랬다는 것이다. '성탄절 길' 행사를 주관하면서 우리가 보상받은 것은 아무것도 없다. 진정한 보상은 돈이 아니라 행복한 마음으로 측정되기 때문이다.

　한 번 하고 나면 이듬해에도 꼭 다시 하고 싶어져 이 행사는 지금까지 열두 해나 개최되었다. 길을 따라 새로운 활동이 많이 추가되어 요즘은 숲 속의 동물, 꼬마요정, 평화촛불공원, 천사와 생강 비스킷 전시 같은 것들이 펼쳐진다. 우리는 점점 더 많은 젊은이들이 이 행사를 준비하는 데 참여하고 있다는 사실을 무척 기쁘게 생각한다. 여러 단체의 학생들이 매우 적극적이고 2006년에는 길을 따라 30개가 넘는 이벤트가 열렸다. 이벤트마다 서로 다른 사람이 담당했기 때문에 행사 협조 조정이 비교적 쉬운 편이었다.

　행사 첫해부터 거의 빠짐없이 영부인 또는 대통령이 '성탄절 길'의 후원자가 되어왔고 여러 해에 걸쳐 직접 방문해주었다. 헬싱키 시장과 주교 두 분도 계속 참석해주었고, 행사장 중앙 가로에서는 수년 동안 교파를 초월한 성탄절 기념행사가 열렸다.

　매년 2만 명 이상이 '세우라사아리 성탄절 길'을 찾아주었다. 그런데 재미있는 사실 하나는 다른 도시에서도 이와 비슷한 행사를 시작했다는 것이다. '성탄절 길'의 진가가 발휘되고 있다는 증거다. 대담성, 열정, 그리고 협조정신을 갖고 우리가 기적에 가까운 일을 할 수 있다는 것을 증명해 보였다.

093

유하 꼬르께아오야Juha Korkeaoja
2003~2007 핀란드 농림부 장관

만인의 권리

핀란드의 오랜 관습법인 '만인의 권리'는
핀란드인뿐만 아니라
핀란드를 방문하는 누구에게나 인정되는 권리이다.

핀란드에서 '만인의 권리everyman s right'는 전통에 근거한 관습법이자 실정법으로도 일정 부분 규정되고 있다. 이것은 누가 주인인가에 상관없이 모든 땅과 물에 난 길way에 자유롭게 접근할 수 있는 권리다. 넓은 땅에 비해 인구가 적은 핀란드가 다른 북유럽 국가들에게도 좋은 선례를 제공했다. 모든 북유럽 국가에서 '만인의 권리'가 관습에 근거한 제도에서 실정법에 명문화된 제도로 발전했다. 이것은 벨기에, 영국 등과 같이 많은 유럽 국가들의 경우 사유지 침입이 범죄가 되는 것과 크게 비교된다.

　가장 전통적인 '만인의 권리'는 아마도 국유지건 사유지건 상관없이 자유롭게 왕래할 수 있는 권리일 것이다. 땅주인의 허락을 받아야만

시골마을을 가로질러 걷거나 크로스컨트리 또는 자전거를 타고 갈 수
있는 것은 아니라는 뜻이다.

각종 '만인의 권리'에는 공통되는 특징이 몇 가지 있다. 사용료를 받
지 않는 것, 무단출입을 하더라도 남에게 해를 끼쳐서는 안 되고 보통
은 일시적이어야 한다는 것—돌아다니더라도 가능한 한 남에게 피해
를 주지 않아야 한다는 것이다. 정원이나 곡물이 자라는 밭에서는 걷
거나 크로스컨트리, 자전거를 탈 수 있는 '만인의 권리'가 인정되지 않
는다. 그곳에서 함부로 돌아다녀서는 안 되며, 스노모빌을 타는 경우
에는 항상 허가를 받아야 한다. 여럿이 즐기는 크로스컨트리나 오리엔
티어링 경기 등은 일반적으로 '만인의 권리' 범주에 들지 않으며 땅주
인의 허가를 받아야 한다.

수로waterways에 접근할 수 있는 권리는 '공수면법Water Act'에 법제화
되어 있다. 원칙적으로는 어떤 종류의 교통수단도 사용할 수 있고 결
빙된 수로에 누구나 들어갈 수 있다. 그러나 몇몇 구역에서는 물가에
사는 사람들과 제트스키 또는 수상스키처럼 시끄러운 모터보트를 타
는 사람들 사이에 마찰이 일어나곤 했다. 물가에 너무 가까이, 그것도
수시로 그런 보트를 타기 때문에 주로 벌어지는 일이다. 그래서 '공수
면법' 개정작업이 진행되고 있다. 물 가장자리 주택 구내에 직접 면해
있는 공수면 구역에도 형법상 개인 가정의 안녕에 관한 규정을 확대
적용함으로써 물가에 사는 주민들을 보호하자는 수정안이 제출되어
있다.

하루나 이틀 정도의 캠핑은 '만인의 권리'이지만, 야외에서 불을 지
피는 경우에는 땅주인의 허가가 있어야 한다. 캠핑을 하면서 남에게
방해 또는 피해를 줘서는 안 되고 쓰레기를 함부로 버려서도 안 된다.

365

캠핑용 카라반을 주차하려면 단기간이라도 땅주인의 허가를 받아야 한다.

또 하나의 전형적인 '만인의 권리'가 있다면 야생딸기, 버섯, 야생화 등을 무상 채취할 수 있는 권리인데, 들어갈 수 있는 곳이라면 어디에서나 채취할 수 있다. 핀란드 가정 중 절반 이상이 각종 야생딸기를 따 먹고 있으며 매년 약 5,000만 킬로그램이 채취되고 있다. 그러나 몇몇 식물은 '자연보존 행정명령'에 의해 채취를 금지함으로써 잘 보존해나가고 있다. 가정에서 사용하거나 동물 사육 등을 위해 공공수역에서 물을 끌어다 쓸 수는 있지만, 공공수역의 바닥에서 또는 어느 곳에서라도 토양 채취는 금지되고 있다.

대낚시, 미끼낚시, 그리고 얼음낚시 등 고기잡이도 '만인의 권리' 중 하나로 '어업법'에 규정되어 있다. 전체 인구의 약 40퍼센트인 200만 명의 핀란드 사람들이 어떤 종류의 고기잡이든 간에 매년 한 번 이상 즐기고 있다.

어쨌든 핀란드에서는 '만인의 권리'가 일반적으로 받아들여지고 있으며, 이에 관한 포괄적 법률 없이도 이 권리의 행사는 잘 확립되어 있다. 매우 오랜 사회적 창안에서 비롯된 이러한 권리를 단지 핀란드 사람들만 향유하고 있지는 않다. 핀란드를 방문하는 어느 누구에게도 이 권리는 인정되고 있다.

094

까리 라야매끼 Kari Rajamäki
2003~2007 핀란드 내무부 장관
핀란드 의회 재무위 부위원장

얼음낚시

얼음낚시는 지루한 겨울날을 보내는
매력적인 취미활동으로
핀란드인들의 꾸준한 사랑을 받고 있다.

약 9,500년 전에 핀란드에서 빙하기는 사이마아-삐에린넨 Saimaa-Pielinen 분지를 남겨놓고 사라졌다. 핀란드에서 고기잡이는 늘 중요했는데, 심지어 약 8,500년 전에 이 지역으로 이동해온 첫 핀-위구르족 사냥꾼들도 고기잡이의 가치를 알았을 것이다. 고고학 연구에 의하면, 이미 4,000년 전에 핀-위구르족은 나무에 뼈를 달아 갈고리낚시를 만들었다고 한다. 석기시대 주거지에서 발견된 낚시추는 당시 사람들이 예리한 낚싯바늘을 추의 기능을 했던 돌과 막대자루에 연결하는 법을 알고 있었음을 보여준다.

뾰족한 낚시 화살촉도 약 5,000년 전의 주거지에서 발견되었다. 낚싯줄은 아마도 쐐기풀, 동물의 힘줄 또는 털 등으로 만들어졌을 것이다. 또한 사슴 뼈로 만들어진 꼬챙이가 발견되었는데, 그 당시의 어부들이 얼음을 깨고 고기잡이를 한 것이 틀림없다.

얼음낚시의 역사는 수천 년 전으로 거슬러 올라가지만, 지난 수십 년간의 절대적인 수치로 보나 다른 취미생활자 수와 비교해보았을 때 얼음낚시꾼은 크게 늘어났다. 전해오는 구전에 따르면 카자흐스탄 사람들이 19세기에 현대적인 형태를 갖춘 얼음낚시를 했다고 하지만, 핀란드에서도 수세기 동안 대구와 농어를 잡는 얼음낚시를 전문적으로 해왔기 때문에 핀란드 사람들이 그들에게 얼음낚시를 배운 것은 아니다.

헤르만 카우프만 Herman Kaufman은 자서전에서 1864~1866년에 땀페레 시 앞바다 하딴빼애 Hatanp 만에서의 경험을 기록하면서, 겨울 아침마다 수많은 도시 장인들과 상인들이 모여 얼음낚시 하는 모습을 이렇게 묘사했다.

'오락 중에서 가장 단조로운 이 오락을 즐기기 위해 떼 지어 붐비고 있다.'

또 이렇게도 표현했다.

'그들은 얼음썰매 위에서 전혀 움직이지 않고 앉았는데, 아무도 고기 한 마리를 못 잡은 것 같았다.'

저녁 무렵에는 농장 일꾼들이 와서 지쳐 있는 상인들을 끌고 가야 했기 때문에 얼음썰매가 유용했을 것이다. 그리고 내가 생각하기에도 얼음꼬챙이로 얼음 위에 구멍을 뚫어주는 데 농장 일꾼들이 한몫했을 것 같다. 카우프만은 '지루한 겨울 나날을 쉽게 지내는 데 도움이 되었던 이 건강하고 재미있고 유익한 스포츠가 아마 이젠 영원히 사라질 것이다. 시대가 변하고 우리도 시대와 함께 변한다'라고 말했는데, 아마도 그는 얼음낚시가 그 후에 가져다준 사회적 의미를 제대로 평가하지 못했던 것 같다.

얼음낚시를 반대하는 사람도 많았다. 1902년 핀란드 대공국은 물고기에 해롭다는 이유로 낚싯대 사용을 금지하는 '어업법'을 제정해 얼음낚시를 못하게 했다. 그 당시 사람들은 물고기의 몸통을 무참히 찌르는 갈고리가 달린 낚싯대를 사용했기 때문이다. 그러나 낚시는 제2차 세계대전 전에 핀란드 전국으로 퍼져나갔고, 특히 전쟁 후에는 급속도로 발전했다. 까렐리아 지역에서 온 이주민들이 함께 가져온 낚시기술, 산업화에서 비롯된 근로시간과 여가시간의 명확한 구분, 그리고 낚시를 '만인의 권리' 중 하나로 인정한 '신 어업법'에 힘입은 바 컸다. 전쟁에 참전했던 남자들은 마치 연료 공급을 하듯 끝없이 술을 마시면서 마음껏 얼음낚시를 즐겼다. 얼음낚시를 요즘은 핀란드어로 '삘끼Pilkki'라고 하는데, 1950년대에 스웨덴어를 따온 것이다. 핀란드에서 대부분의 수역water areas은 사유지로 지방자치단체에서 관리하고 있다. 특히 1950년대 초에 얼음낚시도 허가를 받아야 한다는 법이 공포되었다. 그 당시 얼음낚시를 했던 사람들은 '고기를 잡는' 것보다 '허가를 잡는' 데 더 많은 시간을 보내야 했다. 그러나 낚시협회와 얼음낚시협회가 설립되면서 허가를 받기가 훨씬 수월해졌고, 이들 단체는 토지나 호수를 소유하지 못한 사람들이 낚시할 수 있는 권리를 쟁취하는 데도 많은 노력을 기울였다.

핀란드 사회에는 좋은 일을 위해 싸우면 악착같이 물고 늘어지는 경향이 있다. 1982년 지방 당국에 낚시허가권을 주는 제도가 생기자 일부 사람들은 얼마 지나지 않아 어업자원이 고갈되고, 나아가 개인 선착장과 사우나도 없애도록 만들겠구나 하는 생각을 했다. 1996년 '어업법'에 반대했던 사람들도 비슷한 논거를 들이대며 사유재산권, 더나아가 헌법상 다른 기본권에도 부정적인 영향을 줄 것이라고 주장했

얼음낚시는 핀란드의 대표적인 겨울철 레저다. 그들은 추위에도 아랑곳하지 않고 낚시를 즐긴다.

다. 돌이켜보면 1982년에 의회 헌법위원회가 '호수 소유권으로부터 나오는 낚시의 권리는 매우 특정한 형태의 재산권에 불과하다'는 주장을 펴야 했던 것도 같은 맥락이다. 그러나 사실은 '만인의 권리' 또는 지방 당국에 의해 허용되는 소규모 낚시와 얼음낚시는 호수 수역 소유권자들의 어로권 행사 또는 다른 재산권 행사에 커다란 피해를 주지 않았고, 핀란드 사회의 분열을 초래하지도 않았다.

　지방정책의 관점에서 보더라도 가족이나 동호인들 간의 얼음낚시대회나 어떠한 형태든 오락적인 낚시는 수없이 행해지더라도 자원의 보고를 고갈시킬 염려가 전혀 없다.

095

빠울라 코꼬넨 Paula Kokkonen
헬싱키 시 부시장

겨울수영

차가운 물에서 수영하며 느끼는 특별한 행복감.
클럽 활동을 통해 좋은 기분을 함께 즐긴다.

한번은 어머니가 내게 "네가 어렸을 때 어느 늦가을 양손 장갑이 물에 흠뻑 젖어 집에 들어왔지"라고 말씀하셨다. 어머니가 "네 손이 얼지 않았느냐?"고 물었지만, 나는 "추워서 웅덩이에 손을 넣으니 따뜻했다"라고 대답했다고 한다. 우리의 조상들도 나와 똑같은 경험을 통해 어떤 조건하에서는 차가운 물도 따뜻하게 느끼는 효과를 알고 지내왔을 것이라고 상상해본다.

나는 어린 시절 경험은 많이 잊어버렸지만, 수십 년 전 싸늘한 한겨울 추위 속에서도 얼음 구멍 속으로 풍덩 들어가는 사람들을 많이 보았다. 보는 것만으로도 오싹하게 느꼈던 것 같다.

수십여 년 전 어느 12월 저녁, 헬싱키 끄루우눈하까 Kruununhaka에 있는 오래된 공중사우나에 갔을 때의 일이다. 한 여자가 "오늘은 정말 얼음수영을 하고 싶다"고 말하며 들어왔다. 그러나 전날 밤 성탄절 파티에 참석하느라 너무 피곤했는지 그렇게까지는 못했다. 우리는 얼음수영과 그 효과에 대해 얘기하기 시작했다. 나도 꼭 한번 시도해보고 싶다고 오랫동안 원했지만 어디에 가야 할지를 모른다고 말하자, 그 여자는 자기가 가입해 있는 겨울수영클럽을 치켜세워 자랑하면서 히에따니에미Hietaniemi 공동묘지 뒤쪽에 있는 조그만 섬이 얼마나 좋은 곳인지, 그리고 어떻게 가서 해볼 수 있는지를 말해주었다. 또 여름철의 오아시스와 같은 곳, 그리고 도시에서 여름별장을 대신할 만한 훌륭한 곳이라고 극찬했다.

그래서 이듬해 8월 어느 날 밤 나는 오우리트사아리Ouritsaari 섬으로 자전거를 타고 가서 그 클럽의 문을 열고 안으로 들어갔다. 그러고는 별장의 부엌으로 올라가 회원 가입에 관해 얘기해줄 리이사Liisa를 찾았다. 당시 그녀는 80세였지만 겨울수영 전문가였다. 이 할머니는 우리 레슨 그룹에 겨울수영을 가르쳐주고 명목적이나마 사례를 받았지만, 대신 우리에게 생선수프와 팬케이크를 만들어주기도 했다.

나는 가족과도 같은 따뜻한 대접을 받았고 곧바로 클럽의 안락한 분위기에 매료되었다. 그때 막 가족과 친구들을 뚜르쿠에 남겨놓고 헬싱키로 와서 대학 졸업 후 처음 일을 시작할 무렵인데, 겨울수영클럽에 가입한 것이었다. 이 클럽은 겨울수영을 하는 사람들과 함께 어울릴 수 있는 단체로 회원들을 항상 가족의 일원으로 환영해주었다. 항상 가까이에 이야기를 나눌 사람이 있는가 하면, 자신만의 시간을 가질 수도 있었다.

이 겨울수영클럽에서는 공동체주의communalism가 잘 기능하고 있어서 현대 핀란드 사회 전체로 확산되면 좋겠다고 생각할 정도였다. 그 당시의 사우나는 나무로 불을 때는 난로를 사용했는데, 그 관리는 은퇴한 세대의 클럽 회원들이 맡았고 그만큼 세대 간의 관계가 자연스러웠다. 직장인이 난로에 불을 때기 위해 근무 중에 빠져나올 수 없다는 것을 누구나 잘 이해했다고 할까. 이미 은퇴해 자유로운 시민이 된 사람들이 난로를 관리하는 것은 당연시되었고, 젊은 세대가 그들의 뒤를 이을 것임을 누구나 잘 알고 있었다.

겨울수영의 필수요건은 아니라도 이러한 사우나 덕분에 차가운 물에 여러 번 들락날락할 수 있는 것이다. 사실 겨울수영에는 사우나가 있든 없든 별다른 차이가 없다. 사우나를 하지 않고 수영만으로도 금방 가볍고 행복한 기분을 느낄 수 있다. 그러나 사우나를 함께하면 사람들과 어울릴 수 있을 뿐만 아니라 충분한 휴식을 취할 수 있다.

내 경험에 의하면, 사회의 인간관계를 형성하는 데 겨울수영은 최고의 스포츠다. 그러나 겨울수영을 일상적인 취미로 즐기지 않는 사람에게 차가운 물에서 수영하는 것이 얼마나 큰 행복감을 가져다주는지 설명하기란 무척 어렵다. 내가 '늘 실행하는 사람'을 말하는 이유는 단지 시험해보는 것만으로는 겨울수영이 가져다주는(일단 신체가 차가운 온도의 물에 계속 반응하면서 알게 되는) 기분을 이해할 수 없기 때문이다. 겨울수영을 여러 차례 경험해온 사람은 예외 없이 얼음 구멍에서 나오면서 의기양양하게 숨을 헐떡거린다. 이들은 클럽에 계속 나오지 않는 사람이 누군지를 묻고 안부 이야기를 주고받는가 하면, 그 사람들이 어떻게 지내는지 통 알 수 없는 경우엔 직접 전화를 걸어 클럽에 나오라고 말하기도 한다. 현재 겨울수영을 즐기는 사람들 중에는 90세가 넘은 분들도 있다.

우리 클럽에서는 수영복을 꼭 입게 해 남녀가 혼성으로 사우나와 수영을 할 수 있도록 한다. 많은 사람들이 배우자와 함께 오거나 가족을 데려오기도 한다. 사우나를 하면서 우리는 뉴스를 교환하고, 시사문제를 토론하고, 최근 유행하는 유머와 농담을 즐기기도 한다.

겨울수영은 하루 동안 쌓인 긴장을 풀기에 좋은 방법이다. 여러 해 동안 겨울수영을 하면서 나는 수많은 슬픔을 물속에 던졌고, 많은 스트레스를 풀었고, 새로운 아이디어를 떠올렸다. 삶의 새로운 시야를 얻기까지 했다.

최근 들어 겨울수영을 즐기는 사람들이 급격히 늘어나고 있으며 인기 스포츠로 자리잡아가고 있다. 내가 오우리트사아리에서 처음으로 겨울수영을 시작하면서 무엇이 필요하냐고 묻자 "늘 입던 수영복 하나, 수건과 모직양말 하나씩만 있으면 된다"고 대답해주었다. 그러나 어느덧 세상이 많이 변해 요즘은 겨울수영에 적합한 신발이나 장갑도 준비한다. 이 스포츠는 계속 유행하고 있어, 겨울수영을 시작한 유명인사들이 방송 인터뷰에 나와 얼마나 자주 겨울수영을 하는지, 왜 하는지 질문공세를 받고 있다. 우리의 공통적인 대답은 오직 "좋은 기분을 함께 즐긴다"는 것이다.

마르꾸 뿔리넨 Markku Pullinen
1974~2006 뻬시스 협회 사무총장

096

핀란드 스포츠, 뻬시스

뻬시스는 농경사회에서 탄생한 스포츠이지만
정보화 사회에서 또 다른
사회적 창안으로 핀란드인들은 그것을 즐기고 있다.

17세기 핀란드에 이미 공을 가지고 노는 오락이 있었다고 하며, 핀란
드식 야구인 '뻬새빨로pes pallo' 또는 '뻬시스Pesis'의 기원도 수세기 전
으로 거슬러 올라간다. 몇몇 공놀이는 중세 스칸디나비아와 독일의 놀
이만큼 오래되었다. 이런 공놀이들은 19세기 후반 도시나 농촌 사람들
이 재미있고 놀기 좋은 오락을 통해 단합하면서 절정에 달했다.

　1922년 따흐꼬 삐흐깔라 Tahko Pihkala가 뻬시스를 창안했는데, 방망
이와 공을 갖고 즐기는 옛날의 경기 형태를 모방해 발전시킨 것이었
다. 팀 경기인 뻬시스는 단체활동의 오랜 전통을 대표하기도 했다. 삐
흐깔라가 만든 경기의 특징은 각 베이스 간의 진루를 더 어렵게 만드
는 좁은 외야, 외야수가 공을 잡았을 때 주자가 베이스에 있지 않으면

핀란드식 야구 뻬시스는
여성들 사이에서
더 큰 인기를 누리고 있다.

아웃되는 규칙 등이 있고 미국식 야구의 면면을 포함시키기도 했다.
뻬흐깔라가 특히 핀란드의 국가 스포츠로 뻬시스를 창안해낸 것은 젊
은이들에게 스포츠를 권장하고, 국가를 단합시키며 국토방위 능력을
향상시키기 위해서였다고 한다.

뻬시스는 하나의 국가 스포츠일 뿐 국제경기로 관심을 끌지 못하고
있음에도 꾸준한 인기를 유지하고 있다. 뻬시스는 모든 연령층과 신체
조건이 다른 모든 사람에게 적합하고 값비싼 장비나 전용 구장을 필요
로 하지 않는다는 점에서 자산적 가치가 높다. 이 운동은 각급 학교에
서 확고한 위치를 차지하고 있으며, 최고 수준의 경기가 전국적으로
열리고 있는 만큼 관전하며 즐기기 좋은 스포츠이기도 하다.

삐시스는 현재 핀란드, 스웨덴, 스위스, 영국, 노르웨이, 호주, 독일, 에스토니아, 뉴질랜드 등에서 경기가 치러지고 있지만 에스토니아를 제외하고는 주로 핀란드 이민자들이 본국과 민족·문화적 유대관계를 유지하기 위한 방편으로 활용되고 있다.

삐시스는 전후 수십 년간 특히 핀란드의 급격한 산업화가 이루어진 시기에 그 인기가 절정에 달했지만, 운동의 성격상 농업이나 산업사회보다는 현재와 같은 정보화 사회에 가장 잘 맞는 것 같다.

삐시스 역시 경기에 해당하는 종목의 스포츠로, 일반적인 경기스포츠의 발전 과정을 거쳐왔다. 그러나 1990년대 후반에 너무나 상업적으로 변해버렸는데, 공동체적 성격으로 출발한 이 스포츠에 아무런 도움도 되지 못했다. 간혹 터져나온 이윤 추구와 결과 조작 스캔들은 이 운동을 파괴 지경으로 몰고 갔다.

하지만 삐시스 옹호자들은 위기를 기회로 만들었다. 삐시스가 원래모습으로 돌아가야 하고 현대사회에 맞게 변화해야 한다는 결론이 모아졌고, 지방의 삐시스 클럽을 총망라하는 '삐시스 홈클럽 전국조직Pesis Home Club Network, PHCN'이 결성되어 모든 연령의 사람들에게 공동체 활동으로 활용될 만큼 발전했다. 이 삐시스 홈클럽 전국조직을 통해 삐시스는 경기스포츠로뿐만 아니라 삶에 대한 의미 부여를 돕는 활동으로도 인식된 것이다.

삐시스 홈클럽 전국조직은 핀란드의 사회적 변화에 중대한 영향을 미치고 있으며, 특히 체육과 경기스포츠 분야의 발전과 시민활동의 향상에 이바지하고 있다. 홈클럽 활동을 통해 스포츠는 국민건강과 평생학습을 증진시킬 수 있다. 뚜르쿠 대학교의 체육학자 유하 헤드만Juha Hedman은 스포츠를 국민건강 모델에 포함시켜 분석하면서 다음과 같이 주장했다.

"뻬시스의 열성팬들은 홈클럽을 창설하는 새로운 도전에 나섰다. 이것은 평생학습 프로그램, 국가 전통스포츠, 그리고 특히 차세대 육성에 바탕을 둔 것이다. 이러한 맥락에서 개인별 학습은 책임(겸손)과 전략적 시각(자아 확신)을 통해 이루어진다. 개인과 단체 모두에 관련되는 전략적 학습의 일차적 기능은 이들 두 가지의 기본적 특징 사이에 최적의 균형을 찾는 것이다."

뻬시스는 다기능적이고 상상력이 넘치는 스포츠에 그치지 않는다. 핀란드의 창의성과 사회적 필요의 산물로, 농경사회에서 탄생된 사회적 창안이었지만 요즘 발전하는 정보화 사회에서 또 다른 사회적 창안이 될 수 있는 것이다.

뻬시스 홈클럽 전국조직은 2006년 당시 딴야 까르펠라 Tanja Karpela 문화부 장관에게 제출한 「시민참여 정책 프로그램 Citizen Participation Policy Program」 보고서에서 새로 활력을 얻고 있는 시민활동의 대표적 사례로 채택되었다.

097

까롤리이나 라우따꼬르삐
Karoliina Rautakorpi

사단법인 일로메뜨리(Ilometri Ltd.) 이사

여성 10킬로미터 달리기

소그룹 조깅에서 출발한
'여성 10킬로미터 달리기'는 참가자들의 열성적인
분위기에 힘입어 핀란드의 연례행사가 되었다.

핀란드어로 '나이스뗀 뀜삐 Naisten Kymppi'라고 불리는 '여성 10킬로미터 달리기 Ladies 10km Run'의 시초는 1980년대 초반에 어느 소그룹의 여성들이 함께 조깅을 시작했던 데서 찾을 수 있다. 생활여건이 나아지면서 그들은 새로운 도전과 목표를 찾았고, 달리기 경주에 참여하기로 결정했다. 그러나 참가자 복장에 번호표를 붙이고 달리는 경기를 그들 모두 좋게 보지만은 않았다. 이 그룹의 여성들은, 그러한 경주에서는 기쁨이나 재미를 크게 느끼지 못한다고 생각했다. 그래서 그들은 여성 스포츠를 장려하고 많은 여성들이 조깅을 시작하도록 용기를 북돋아주기 위해 유오끄수아이까 JuoksuAika라는 여성단체를 창설했다. 이 단체는 회원들이 더 많은 기쁨과 즐거움과 건강 유지의 기분을 갖게 되기를 바랐다.

이 여성단체가 세운 1984년의 활동계획 중 하나는 '여성 10킬로미터 달리기' 행사로, 5월 19일에 개최되었다. 여성들이 편안한 분위기에서 운동에 감명을 받도록 만드는 것이 목표였다. 이 행사에는 특히 공원에서의 아침식사, 음악, 달리기, 그리고 생길지도 모르는 부상과 상처에 관한 설명 등이 포함되었다.

이 여성단체는 1984년 봄 헬싱키의 까이보뿌이스토Kaivopuisto 공원의 아름다운 경치를 따라 달리기와 미술 전시회를 개최할 수 있는 허가를 받고 도시 안팎에 행사 전단을 배포했다. 그 첫 번째 달리기 행사에는 368명의 열성적인 여성이 참가해 친근한 풍경과 시원한 바닷바람을 뚫고 달렸다. 새로 끓인 따끈한 커피, 나무에 진열한 미술작품, 귀를 즐겁게 하는 관악 앙상블이 그들을 맞이했다. 달리기를 끝내고 잔디밭에서 먹는 식사는 꿀맛이었다.

애초에 이 행사는 일회성으로 기획되었지만, 열성적인 분위기가 고조되어 이듬해 봄에도 똑같은 행사를 개최하기로 했다. 그 후 참가자가 급속히 늘어났으며 1988년에는 1만 명에 이를 만큼 연례활동으로 발전되었다. 바로 그해 10월에 개최된 '아테네 마라톤' 대회에 이 단체 소속 여성 300명이 전세기를 타고 가 참가하기도 했다.

1988년 11월에는 이 단체와 '여성 10킬로미터 달리기' 행사가 핀란드 체육회 산하로 들어갔다. 그동안 아이디어를 처음으로 개발한 여성들이 행사 운영과 조직을 책임지게 하고 사단법인 일로메뜨리IloMetri Ltd.가 운영을 맡았지만, 참가자가 점점 늘어나는 바람에 더 크고 강력한 조직이 필요했다. 그런 다음에는 이익금 중 대부분을 아동 및 청소년 체육 지원에 사용되도록 했다.

10킬로미터 달리기에 참가한 여성들 모두가 즐거운 표정으로 가볍게 뛰고 있다.

1990년대 초 핀란드가 경제침체를 맞기 전까지 이 행사의 참가자 수는 매년 기록을 갱신할 정도로 불어났다. 1989년과 1990년에는 각각 3만 명이 넘는 여성이 참가함으로써 전 세계 그 어느 체육행사보다도 참가자 수가 많았다. 이 행사가 개최되어오는 동안 개인별로 계산해 통산 10만 명이 넘는 여성이 참가한 것으로 파악되고 있다.

1994년 '여성 10킬로미터 달리기'는 그간 아홉 차례나 이용해온 까이보뿌이스토 공원에 안녕을 고하고 핀란드 체육의 요람인 올림픽 스타디움으로 장소를 옮겨 개최했는데, 2만 명의 여성이 참가해 뜨거운 열기를 내뿜었다. 이 달리기의 20주년 행사가 헬싱키 음악의 전당인 핀란디아 홀Finlandia Hall에서, 그리고 최근 3년간 개최지로 이용해온 인근의 오로라 필드Aurora Field에서 성대히 열리기도 했다. 헬싱키 시내 중심과 연결된 공원의 아름다운 경치는 '여성 10킬로미터 달리기' 행

382

사가 시작될 때부터 견지해온 취지를 나타내는 가장 중요한 대목이다.

이 행사는 모든 여성에게 꼭 맞게 구성되어 있다. 나이 어린 여자아이들은 별도로 구성된 띠또옌 큠삐Tytt jen Kymppi(소녀 10킬로미터 달리기)에 참가할 수 있다. '소녀 10킬로미터 달리기' 행사의 참가비 대부분은 매년 국제구호협회에 기부금으로 전달되고 있으며 '여성 10킬로미터 달리기' 행사의 수익금은 핀란드 아동 및 청소년 체육 진흥을 위한 지원금으로 제공되고 있다. 매년 여러 명의 핀란드 여성 장관이 이 달리기에 참가하고 있으며, 따르야 할로넨 대통령도 여러 차례 '여성 10킬로미터 달리기'에 참가했다.

098

에에로 아까안-뺀띨래Eero Akaan-Penttilä
핀란드 의회 의원
핀란드 의회 노르딕 워킹 클럽 회장

노르딕 워킹

지금 유럽 전역에선 양쪽 손에 워킹용 막대를 짚고 걷는
핀란드식 노르딕 워킹이
폭발적인 인기를 누리고 있다.

오랫동안 핀란드에서는 노르딕 워킹 Nordic Walking이 유행했고, 이제는 운동 형태로 자리잡았다. 추산해본 바로는 현재 매주 약 80만 명의 핀란드인이 노르딕 워킹을 하고 있으며, 150만 명 이상의 핀란드인이 이 걷기를 해본 적이 있다고 한다. 핀란드인을 본보기 삼아 중부 유럽 전역과 다른 북유럽 국가에서 이 걷기가 가히 폭발적이라 할 만큼 붐이 일어나고 있으며 세계 다른 지역으로도 퍼져나가고 있다.

성 바울이 야생동물을 쫓기 위해 지팡이를 사용했다는 성경 이야기가 있고 알프스 사람들이 항상 막대기를 짚고 걸어다녔을 것이라지만, 노르딕 워킹이 언제 시작되었는지 정확히 말하기는 어렵다. 1950년대 이후 '언덕 오르기' 운동경기에 막대기가 사용되어오기는 했다. 그러

나 지팡이가 스포츠의 한 부분이 된 것은 1980년대에 이르러서였다. 핀란드 오락스포츠 - 옥외활동중앙협회Suomen Latu가 핀란드의 대표적 체육운동가인 따흐꼬 뻬흐깔라의 동상 건립 기념을 위한 크로스컨트리 여행을 주최했을 때였다. 때마침 그날 눈이 오지 않아 스키 대신 발로 걸어가되 스키용 스틱을 사용해 걷게 되었다. 이 아이디어의 제안자는 그 협회Latu의 뚜오모 얀뚜넨Tuomo Jantunen 회장이었다.

사람들은 이런 식의 걷기에 점점 더 흥미를 갖게 되었고, 그에 적합한 장비가 개발되면서 1990년대 중반 노르딕 워킹용 막대pole가 시중에 판매되기 시작했다. 2001년 나는 핀란드 의회에 노르딕 워킹 클럽을 창립했다. 이 클럽이 노르딕 워킹에 매우 적극적인 사람들을 많이 만들어냈고 그 수가 꾸준히 증가했다. 이 클럽에서는 매년 '올해의 의회 노르딕 워킹 선수'를 선발하기도 한다.

노르딕 워킹이 신체건강에 미치는 효과에 관한 연구도 많았다. 그 결과, 건강에 매우 유익하다는 결론이 압도적이었다. 기본적으로 노르딕 워킹은 걸을 수 있는 사람이 자신의 신체적 한계를 테스트하기에 적합하다. 자신의 키에 맞는 길이의 폴을 사용하고 올바른 자세를 갖춰 걷는다면, 보통 걷기보다 40~50퍼센트 이상의 운동효과를 더 가져다줄 뿐만 아니라 무릎에 주는 압박감을 약 30퍼센트 줄여주는 이점이 있다. 또한 노르딕 워킹은 어린이나 노인을 비롯해 모든 연령층에 적합한 운동이다.

일반적으로 숨을 헐떡거리지 않고 이야기하면서 걸을 수 있는 '한 시간 걷기'가 권장된다. 매주 2회 정기적으로 '한 시간 걷기'를 하면 기초체력을 유지할 수 있고 좀더 자주 하면 체력이 향상된다.

노르딕 워킹은 사람들의 신체 단련 외에 긍정적인 성격 함양을 도와

노르딕 워킹은 어린이나 노인을 비롯해 모든 연령층에 적합한 운동이다.

주며 정신건강과 체중 조절에도 유익하다고 한다. 실제로 체지방은 한 시간 이상 걸었을 때부터 산화되므로 노력 여하에 따라 노르딕 워킹으로 체중 감량할 수 있다. 각계각층의 그룹이 노르딕 워킹 시범테스트를 해보았다. 2000년 11월 핀란드 군장교연합이 발간하는 잡지 〈소띠라스-아이까까우스레흐띠Sotilas-aikakauslehti(군인저널)〉가 육군방위연대에서 노르딕 워킹 테스트를 실시했다. 이 연대에 속한 방위군 체육학교 사병들이 완전군장을 하고 7킬로미터 걷기에 참여한 것이다. 이 테스트에서 그냥 걷는 것보다 폴을 갖고 걷는 것이 3분 빠르고 피로감도 덜 느끼는 것으로 확인되었다. 주로 오르막길을 걸을 때 폴의 효과가 나타나 시간이 단축된 것이었다. 사병들은 이 실험을 매우 긍정적인 경험으로 생각했다.

　노르딕 워킹이 단지 일시적인 유행으로 그치지는 않을 것 같다. 노르딕 워킹에 대한 열정이 클 뿐만 아니라 즐기는 사람이 더욱 증가하고 있기 때문이다. 1998년 조사에서 노르딕 워킹이 자신의 취미라고 대답하는 사람은 거의 없었지만, 최근에는 유럽 전역에서 수백만 명이 노르딕 워킹을 즐긴다고 한다. 핀란드 오락스포츠-옥외활동중앙협회, 핀란드 체육연구소 등 단체뿐만 아니라 노르딕 워킹 기술지도 강사와 전문 폴 제조업체들이 모두 이 다목적 운동의 창안과 보급에 참여함으로써 사람들이 쉽게 건강을 유지할 수 있도록 해주고 있다.

099

삐르꼬 까사넨 Pirkko Kasanen
핀란드 노동효율화연구소 연구부장

식기 건조 캐비닛

정부 차원의 부엌 합리화 연구의 일환으로
개발된 식기건조 캐비닛은
가사노동의 효율성을 획기적으로 높여주었다.

핀란드 노동효율화연구소Work Efficiency Institute, TTS는 1940년대에 부엌의 합리적 개선을 위한 연구를 진행했다. 그 시작이 다소 도전적이었던 데는 나름대로 이유가 있었다. 그 당시 도시 아파트의 경우 부엌과 가정부의 방이 아파트 뒷마당 쪽의 가장 어두운 구석에 위치해 있어 식당까지의 거리가 멀고 복잡했다. 시골에서는 거실과 부엌이 합쳐진 곳에서 음식을 조리했는데, 이것은 다른 일을 하면서 음식을 조리해야 했기 때문인지도 모른다. 많은 공간이 있었지만, 실용성에는 아무런 생각이 미치지 못했다. 식기수납공간도 모자랐고 여기저기 흩어져 있었으며, 접시도 금속제 세척물통에 넣어 닦았다.

가정에서 여러 일을 하는 데 얼마나 시간이 걸리고 힘이 드는가에 근거해 부엌 합리화 연구가 진행되었다. 가사의 절반 가량이 식품 관리와 조리에 관한 것이었다. 서 있거나 손을 뻗고 허리를 구부리며, 물건을 나르는 데 힘이 들고 시간이 걸렸다. 마이유 게브하르드Maiju Gebhard(1943년 노동효율화연구소의 가정경제부 창설자)의 추산에 따르면, 여성들은 일생 동안 접시를 닦느라 2만 9,900시간을 소모하는 것으로 나타났다. 이것은 매일 여덟 시간씩 하루도 쉬지 않고 일해도 10년에 해당하는 기간이다.

게브하르드와 마이야 코꼬 Maija Kokko 는 생각 없이 꾸며진 구식 부엌에서 걸리는 시간과, 같은 부엌이지만 효율적인 설비와 용기를 갖춘 후 똑같은 일을 하는 데 걸리는 시간을 비교해보았다. 그에 따라 주방 구조를 개선했더니 하루 세 시간씩이나 음식조리시간을 줄일 수 있었다. 그들은 수납공간의 위치도 크게 향상시켰다.

시골에서 집안일을 편하게 하는 첫 번째 조건은 수도배관 설비였다. 온수 공급도 중요했다. 당시에는 자동식기세척기가 미국에서만 볼 수 있는 뉴스거리였지만, 게브하르드는 그릇을 쉽게 닦을 수 있는 세 가지 방법을 생각했다. 첫 번째는 음식조리용 그릇을 예쁘게 만들어야 하고, 조리 후엔 그 그릇을 그대로 식탁에 내놓음으로써 세척할 그릇의 수를 줄이는 것이었다. 두 번째는 식사로 더럽혀진 그릇을 잠시 놓아두는 공간을 따로 마련하고, 좋은 세척용기와 온수를 사용하며, 우측에서 좌측으로 닦는 등 가능한 한 실용적으로 그릇을 닦는 것이었다. 세 번째는 세척한 식기류를 주방용 수건으로 물기를 닦아내는 과정을 없애는 것이었다.

노동효율화연구소가 수행한 연구 결과에 따르면, 닦은 그릇을 따로 만든 건조대에 얹어 말리는 것이 매일 30~120분의 작업시간을 줄여주었다. 그릇을 건조대에 얹어 말리면 젖은 식기류를 닦고, 또한 닦는 수건을 세탁해야 하는 수고를 줄일 수 있었다.

조리공간이 필요했으므로 싱크대에 달린 하단 선반 위에 식기 건조대를 두기보다는 벽 상단을 활용하자는 아이디어를 냈다. 아울러 식기류에 먼지가 쌓이지 않도록 하기 위해 개가식 건조대를 캐비닛 방식으로 개조한 식기 건조 캐비닛이 탄생하게 된 것이다. 처음 나온 건조 캐비닛 속의 식기 놓는 선반은 나무로 만들어졌다. 이 건조 캐비닛은 많은 가정에서 사용하는 특별한 부엌용품들 중 하나였다.

노동효율화연구소의 가정경제부에서는 1940년대 중반에 부엌용 가구의 모델들을 개발했다. 미국과 스웨덴에서의 연구와 핀란드 국내에서의 실험 결과가 여러 차원의 부엌가구를 만드는 데 응용되었다. 노동효율화연구소는 자체 공장에서 생산한 캐비닛뿐만 아니라 기술도면도 판매했다.

부엌 캐비닛이 산업적으로 생산되기 시작한 것은 1948년이었다. 엔소-굿차이트Enso-Gutzeit 사의 또르나토르Tornator 공장에서 처음으로 노동효율화연구소의 연구 결과에 따른 엔소-캐비닛을 생산하게 되었다. 식기 건조 캐비닛은 포크, 숟가락, 나이프 등을 넣는 작은 목조 서랍이나 냄비뚜껑 수납 칸을 따로 마련하는 등 실용적으로 설계되었다.

요즘 핀란드에서는 전기(자동)식기세척기가 일반화되어 있지만, 아직도 식기 건조 캐비닛이 수많은 가정의 부엌에서 사용되고 있다. 지금은 주로 냄비, 냉동고의 얼음용기, 꽃병, 나무 또는 은그릇 등을 건조하는 데 사용된다. 1990년대 초반에 노동효율화연구소는 사용자 설문조사 연구를 기초로 이 식기 건조 캐비닛을 개조했다. 그릇을 놓는 선반은 작은 그릇들이 떨어지지 않도록 가는 격자로 만들어졌고 세척

제와 솔을 두는 공간, 유아 젖병과 같이 가벼운 플라스틱 용기를 두는
문 안쪽의 선반, 병들을 두는 특별한 바구니가 추가되었다. 가장 낮은
선반에는 크고 무거운 것들을 두도록 했고, 접시를 넣는 선반은 위쪽
에 두었다.

100

까리 만네를라 Kari Mannerla
보드게임 '아프리카의 별' 고안자

아프리카의 별

아프리카 지도에서 자유롭게 루트를 개척해가는
독특한 방식의 이 보드게임은
50년 넘게 핀란드인의 사랑을 받고 있다.

1951년 가을 '아프리카의 별'이라는 보드게임이 처음으로 만들어졌다. 까리 만네를라 Kari Mannerla 라는 청년은 세계에서 가장 큰 다이아몬드인 '아프리카의 별'에 관한 글을 읽고 영어로 된 아프리카 지도를 손에 넣었다. 그는 이 지도에 마음 내키는 대로 도로와 해로와 항공로를 그렸다. 그러고는 보드게임에서 꼭 정해진 길로 가야 하는 것은 아니라는 규칙을 만들었다. 게임 참가자 마음대로 자기 루트를 개척할 수 있게 했다. 게임을 더욱 흥미롭게 하는 중요 요소로 보드를 뒤집어보는 핀을 추가했다. 뒤집으면 무엇이 나올지 아무도 몰랐다. 재미를 더하기 위해 게임의 변수로 작용할 수 있는 강도와 말편자를 추가했다.

까리 만네를라는 열네 살 때부터 수십여 종의 게임을 만들어왔다.

'강도를 잡아라Catch the Gangsters', '화성의 라듐전쟁Radium War on Mars', '해상의 공포Horror of the Seas', '잉카의 보물Treasure of the Incas' 등. '아프리카의 별'은 그가 만든 마지막 보드게임이었다. 그는 열아홉 살 때 이 게임을 만들었고, 분명히 히트할 거라고 확신했다. 당시 그는 대규모 출판사인 틸그만Tilgman 사에 이 게임을 판매하려고 2년여 동안 가격을 흥정했다. 결국 그는 기대와 달리 형편없는 가격에 계약해야 했고, 게임은 1만 개가 제작되었다. 그러나 다시 제작할 경우 새로운 조건으로 협상해야 한다는 조건을 내걸었다. 그 이전까지 보드게임 관련 소송이 제기된 적이 없었기 때문에 틸그만 사는 별말 없이 그의 조건을 수락했다. 그런데 게임이 인기를 끌면서 이듬해에 1만 개를 더 제작했고, 해를 거듭할수록 그 수가 늘어갔다. 그렇게 7년간 '아프리카의 별'은 10만 개 이상이 판매되었다.

그런데 1971년 틸그만 사가 게임 제작을 그만두자 판권은 빠레트Palet 사로, 1992년에는 뻬리코Peliko 사로 넘어갔다. 뻬리코 사의 설립자인 에스꼬 에로넨Esko Eronen은 빠레트 사에서 '아프리카의 별' 마케팅 담당자였으니 30여 년간 이 게임의 판매를 맡아온 장본인이었다.

1968년 100만 번째 '아프리카의 별'이 판매되었다. 그 100만 번째 게임을 구입한 사람은 꾸우사모Kuusamo에 사는 한 여학생이었는데, 경품을 받는 행운의 주인공이 되었다. 이제 이 게임은 160만 개 이상이 판매되었고, 전 세계적으로 판매된 숫자까지 합하면 무려 350만 개에 이른다. 스웨덴, 노르웨이, 덴마크 등에서 '아프리카의 별'은 핀란드 못지않은 인기를 누리고 있다. 오스트리아에서도 20여 년 전부터 판매되었고 러시아, 에스토니아, 헝가리, 체코 등이 새로운 판로로 개척된 나라다.

아직까지 '아프리카의 별'은 대규모 시장으로 진출하지 않았다. 아마도 그 진출 시기가 너무 늦지 않았나 싶다. 1980년대에 이미 전 세계 게임시장의 선두주자가 된 미국은 '1950년대의 게임은 이제 인기가 없을 것이다'라며 부정적인 입장을 취했다. 어느 독일 회사는 '아프리카의 별'은 일반적인 보드게임과 별반 다르지 않다고 했다. 영국의 대규모 출판사가 관심을 보였지만 원조게임을 잘못된 방법으로 수정하는 우를 범했다. 스위스에서는 독일어, 프랑스어, 이탈리아어로 출시했지만 무슨 이유에선지 2년 후 판매가 중단되었다.

은퇴 연령에 이른 까리 만네를라는 '아프리카의 별'을 카드게임으로 개조해 1996년 이후 5만 개 이상을 판매했다. 1998년에는 핀란드 베이까우스Veikkaus(핀란드 로또 운영회사) 사와 3년 계약을 맺어, 긁어서 당첨을 확인하는 '아프리카의 별' 로또복권을 1,000만 개 이상 판매하기도 했다. '잉카의 보물'은 '아프리카의 별'을 남아메리카에 적용한 보드게임으로, 이 게임 역시 출시하자마자 큰 인기를 끌었다. 또한 아메르 사가 컴퓨터 게임 형식으로도 출시했지만 타이밍이 좋지 않았는지 성공을 거두지는 못했다.

100 sosiaalista innovaatiota Suomesta
© 2006 Ilkka Taipale ja kirjoittajat

Ulkoasu ja suomennokset englannin kielet
Pilvi Riikka Taipale / Zona Sur, www.zonasur.fi

Kuvitus Joonas Luotonen, www.jod.fi

Hakapaino, Helsinki

ISBN 952-99772-0-4

핀란드가 말하는
핀란드 경쟁력 100

엮은이 | 일까 따이팔레
옮긴이 | 조정주

초판 1쇄 발행일 2010년 2월 12일
초판 3쇄 발행일 2016년 3월 21일

발행인 | 한상준
편집 | 김민정 · 이경민 · 이현령
마케팅 | 이정욱
디자인 | 양시호 · 디자인포름
종이 | 화인페이퍼
제작 | 第二품

발행처 | 비아북(ViaBook Publisher)
출판등록 | 제313-2007-218호(2007년 11월 2일)
주소 | 서울시 마포구 월드컵북로6길 97 2층 (연남동 567-40)
전화 | 02-334-6123 팩스 | 02-334-6126 전자우편 | crm@viabook.kr
홈페이지 | viabook.kr

Korean translation copyright © 조정주, 2010
ISBN 978-89-93642-12-4 03300